JN111019

Copywriting Ultimate Guide

# コピーライティング技術大全

百年売れ続ける
言葉の原則

神田昌典
衣田順一

ダイヤモンド社

# はじめに（神田昌典）
## 生きる力の源泉となる、すべての社会人のための国語力

### コピーライティング技術とは？

申し訳ないが……、
人生は、不条理の連続だ。

「なんで、あいつが、頑張っている自分より、高収入なんだ？」
「なんで、あいつが、チヤホヤされ、自分には誰も振り向かないのか？」
「なんで、自分が、大切な人を失わなければならないのか？」
「なんで、自分が、深刻な病に苦しまなければならないのか？」
「なんで、政府は、格差を放置し続けるのか？」

このように生きていくうちには、誰でも、「なんで？　なんで？」と、天に向かって悪態をつきたくなるときがある。

しかし、そうした**不条理をきっかけに富を創出し、社会変革を促す技術**がある。
それが本書で、あなたに届ける「コピーライティング技術」だ。

コピーライティングとは、一般的には、商品・サービスを魅力的に伝える文章術といわれている。
しかし、この分野に、四半世紀（25年）にわたって取り組んできた私の実感からすれば、もっと根源的なものである。
この技術を、一文に凝縮して説明するなら、

**「焼け野原に立たされたとしても、翌日には紙とペンだけで稼ぎ始める力」**

である。
すなわち、「変化の激しい社会を生きるための言語技術」であり、**現代社会人のための国語力**と言っても過言ではない。

「国語力？　小学校のときから学んだから、国語はもう十分だ」
と言う読者が多いと思う。

しかし、今さらながら振り返ってみると、**盲点**があったことに気づく。
学校で習う国語の９割以上が「読解力」なのだ。
そして、それを向上させるための漢字と古典、以上。

これだけでは、人生100年時代を生き抜くうえで、まったく足りないことは、読解力の本質を問うことで明らかになる。

## 人生100年時代に必要な「４つの力」

そう、**読解力とは、指示を理解する力**である。

テキストに書かれた指示を正確に理解する読解力は、上司の指示どおり正確に働くサラリーマンを大量生産するうえでは効果的だった。
しかし、今や、それだけでは就職できないどころか、簡単に失職してしまう。

私たちが、長いキャリアにおいて価値を提供し続けるには、読解力に加え、次の**４つの力**が必要だ。

「どうすれば、情報を正しく判断できるのか？」**【判断力】**
「どうすれば、自分ならではの価値をつくれるのか？」**【思考力】**
「どうすれば、その価値を、必要な相手に伝えられるのか？」**【表現力】**
「どうすれば、広く遠くまで届けられるのか？」**【発信力】**

このように**判断・思考・表現・発信**という相互に連動する力、すなわち**自分の意志で生きる力**については、**不当**に**軽視**されてきたわけだ。

**■自分の意志で生きる力を回復するコピーライティング技術**

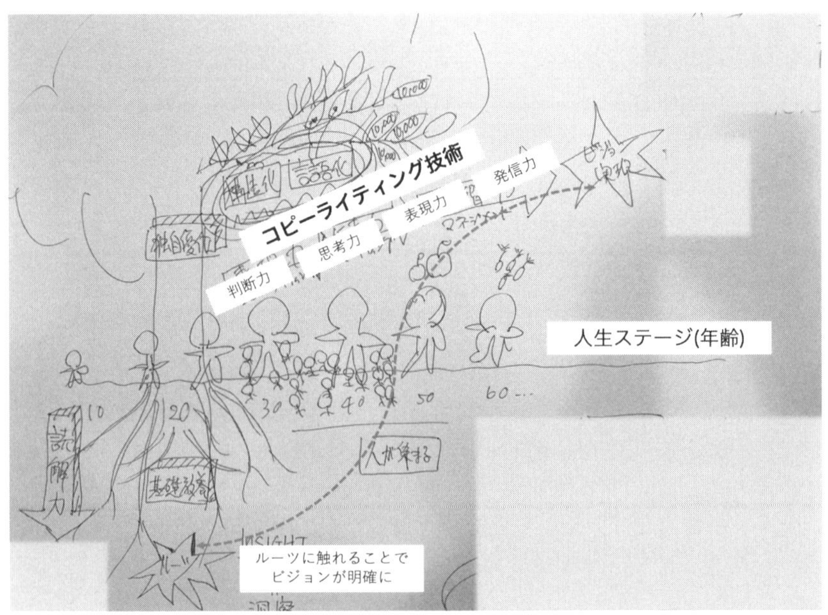


（「読解力」は力強く生きるための根を生やすが、枝葉を茂らせ、自分らしいビジョンを実らせるためには、コピーライティング技術により、「判断力」「思考力」「表現力」「発信力」の４つの力を養わなければならない）

## いかに「国語の不完全性」が、あなたの可能性を制限してきたか

もしも国語の授業で、私たちがコピーライティングを学んでいたとすれば、４つの能力がすべて磨かれるので、次のようなことが、当たり前にできるようになる。

**《コピーライティング力で広がる可能性》**

**★学生時代には……**

□行きたい学校に行くことをあきらめずに、**奨学金に応募する文章**を、自信を持って書けるように

□通っている**学校や住んでいる場所の魅力**を掘り起こし、遠くの人にまで届くよう発信できるように

□夢中になっているプロジェクトを立ち上げるため、**クラウドファンディングで協力者**を集められるように

□**採用面談**で、自分が提供できる価値をわかりやすく伝えられるように……

**★さらに社会人になってからは……**

□自社の理念や商品を深く理解し、**新しい顧客を開拓**するために効果的な文章を書けるように

□今取り組んでいるプロジェクトを広く告知するために、**マスコミ向けにプレスリリース**を発信できるように

□政府が提供する様々な**補助金や助成金などに応募**するため、整理された文章を書けるように

□**スタートアップ事業の資金調達**のために、投資家に説得力あるプレゼン資料がつくれるように

□**SNSでシェアされる投稿や映像シナリオ**を自由に書き、影響力を持てるように……

このように読解力を超えた国語教育を受けられていたら、今頃は、誰もが経済的不安から解放され、豊かで創造的な社会に生きていただろうと思えることばかりだが……、

**まだ遅くはない。**

読者に、朗報がある。

このコピーライティングという専門技術を習得するのは、実は難しくない。公認会計士や弁護士や医師などの資格試験に合格するには膨大な書籍を

読まなければならないし、美容師・理容師、理学療法士や作業療法士などが一人前になるほうがよっぽど長い時間がかかる。

また、プログラミングや英語を習得するには新しい言語を学ぶ必要があるが、コピーライティングは、使い慣れている国語を研鑽するスキルだから、大いなるアドバンテージがある。

しかも、あなたがすでに持っている専門的経験や技術を、コピーライティングの技術により、**自らの価値を明確に伝えられるようになると、価格競争に陥らないし、顧客にも困らなくなる**。

唯一のボトルネックは、あちこちにノウハウが散在していることだ。

今、プロのコピーライターたちが、バイブルとして手に取っているのは、『ザ・コピーライティング――心の琴線にふれる言葉の法則』(ジョン・ケープルズ著、神田昌典監訳、齋藤慎子＋依田卓巳訳、ダイヤモンド社、2008年)である。この原書の初版は1932年。実に90年以上読み継がれている伝説の名著で、現在でも売上に直結する言葉の宝庫である。

だが、さすがに変化の激しいデジタル時代に、この一冊だけで成果を挙げるには、限界がある。

また日本では、数々のコピーライティング関連書が出版されているが、それらは、かつての原理原則を、より効果的に使うための実践書だ。

私自身も、『稼ぐ言葉の法則』(ダイヤモンド社)、『禁断のセールスコピーライティング』(フォレスト出版)、『売れるコピーライティング単語帖――探しているフレーズが必ず見つかる言葉のアイデア2000』(共著、SBクリエイティブ)などの著書を出してきたが、それぞれコピーライターやブロガーを対象とする指南書の範疇を大きく超えることはなかった。

コピーライティングは、それだけでめざましい効果が上がるので、今まで長い間、孤立した分野で発展してきたが、デジタル時代では、もはやそのような「**引きこもり**」**は許されない**。

効果的なコピーをつくり上げるには、**商品開発**や**事業戦略**にまで関わっていく必要があるのだ。

そこで今、デジタル環境下の複雑な世界で、未来を切り拓く「言葉の紡ぎ手たち（コピーライター）」が頼れる教科書を、ゼロから著（あらわ）すことに挑戦したのが、本書『コピーライティング技術大全――百年売れ続ける言葉の原則』である。

## 守るべきものを守るために、ペンを手にする

タイトルを「大全」としたのは、誇張ではない。

26ページにある「本書で扱うコピーライティング技術100」を見ればわかるように、従来のコピーライティングにとどまらない広範な分野――事業戦略、マーケティング戦略から、効果計測・分析、テキストデザイン、表現技術や発想法まで――を漏れなくカバーしている。

総計100に及ぶコピーライティング技術を横断的につなぎ合わせ、実用しやすい体系にまとめあげるには、果てしない作業が必要となった。

そのモチベーションを持続できた理由を、こっそりと明かせば、著者たちの個人的な事情がある。

実は、共著者２人は、人生の先行きが見えず、大きな壁にぶちあたっていたときに、**コピーライティングに救われた**からだ。

私、神田は、第一子が生まれたばかりのときに、外資系メーカーで、日本市場の立ち上げを担った。半年間で実績が出せなければクビ、という厳しい環境に追い込まれ、なんとしても売上を上げなければならない。

**いったいどうすれば、顧客が見つかるのか？**

そのとき、すでにMBA（経営学修士）を取得していたものの、ゼロから顧客を獲得するためには、無力だった。

そんなとき、海外出張中に立ち寄った書店で、たまたまビジネス雑誌を手に取ったところ、一つの記事が目に飛び込んできた。

**「人を動かす言葉の原則に従えば、小さな広告でも顧客が集まる」**

そんな都合のいいことがあるはずはないと当初は疑ったが、背に腹は代えられず、新聞に少額で広告を出してみた。

はじめは手酷(てひど)く失敗したが、試行錯誤の末、ほどなく爆発的な反響を得るようになった。

結果、私は、このノウハウを元手に独立。

それからは、コピーライティング技術により、次々と新規事業を成功させてきた。結果、会社創設23年経った今では、中小企業の経営指標を格付した古田土式『社長の成績表®』でオール５を取得。2405社中ダントツトップの超優良企業と評価されるまでになった。

共著者の衣田(きぬた)も、コピーライティングに救われた。

彼は大手企業でバリバリの管理職だったが、障害を抱えている子どものために、時間と場所が自由になるセカンドキャリアを求めていた。

しかし自分の経験が活かせる仕事が見つからず、今までの仕事とはまったく異なる整体師になることや、洋菓子店を開くことも検討した。

**資本もかからず、習得も比較的簡単で、世界中どこにいても、いつどんな時間でも仕事ができる**ことを条件に、ありとあらゆる職業を調査。その結果、最終的にたどり着いたのが、コピーライティングだった。

後からわかったことだが、この書く仕事は、衣田が今まで取り組んできた営業や営業企画の知識・経験が、そのまま活かせたという。

このように著者たちは、書くことをきっかけに、人生の危機を脱し、大きな未来へと転換できたが、今度は、救われた私たちが、この力を、必要な方たちに引き継ぐ番になったと考えている。

## 書けば書くほど、自分の新しい価値を発見できる

今、誰もが、数えきれないほどの問題を抱えている。

コロナ禍、デジタル変革、働き方改革、副業解禁、ジョブ型雇用、テレワーク、AI社会の到来……といっためまぐるしい変化の中で、これまで学校で教えられたことや、仕事で積み重ねてきた経験がほとんど役に立たない……。

こうした人生の複雑さに耐え、それでも果敢に生きていこうとする人たちが、コピーライティング技術を使い始めると、他人の痛み（ペイン）を深く理解し、自分の痛みとしてとらえ直すようになる。

そして、その痛みを解消するために、自分の内に「何か提供できる価値はないか？」と探究することで、今まで言葉にできなかった自分の「才能」を言葉にできるようになる。

すると、その言葉をきっかけに、自分の「才能」を必要とする顧客に出会えるようになる。

つまり、人を助けようという意図で、**書けば書くほど、どんなに時代が変わっても、自分の内に、新しい価値を発見し続けられる**ようになるのだ。

この言葉の技術は、短期的な事業成長を会社にもたらすだけではなく、長期的な経済成長を地域にもたらす。

学校に通う子どもたちが、表現力を身につけることによって、今まで忘れ去られていた、自分たちの学校の「強さ」や地域の「よさ」、また自分が夢中になっている分野の「喜び」が探究され、周りへ伝達しやすい言葉が明らかにされていく。

その過程で、子どもたちの内なる才能が浮かび上がり、それを必要とする人々や会社から求められるようになっていく。

このように、今まで忘れ去られていた国語を思い出すプロセスで、**富の源は、自分の外ではなく、「内」にあることに気づく**。

だから今、私たちが経験している日々が、どんなに不条理に感じられても、それは私たちの国語を取り戻し、自分の意志で生きる力を甦（よみがえ）らせるための魔法のような時間なのである。

それでは、未来の富の源泉に触れる、コピーライティングの世界にご案内しよう。

**神田昌典**

# 本書の構成

本書は、私、神田が1995年から四半世紀以上にわたって培(つちか)ってきた**コピーライティング技術の集大成**である。

これからコピーライティングを学びたい人の「**教科書**」であるとともに、経験者には「**実践マニュアル**」として使えるように構成している。

コピーライティング未経験者や経験の浅い人は、最初から読んでいくことを推奨する。すでに実践中の人は、必要な部分を活用することで、訴求力の高い＝売れるコピーが書けるようになる。

なぜ、この構成にしたのか？
コピーライティングは「技術」なので、一足飛びに上達するわけではなく、ステップがあるからだ。

まず、大半の人は、①コピーライティングの技術の存在を知らない。次に、②コピーライティングを学び、コピーがひととおり書けるようになる。その後、③技術を磨き、売れるコピーが書けるようになる。

多くの人は①から③にいきなり行こうとして挫折する。柔道で、受け身の練習もろくにせずに、ともえ投げをやろうとするようなものだ。
基礎をしっかり身につけることが、売れるコピーライティングへの最短距離となる。各章の構成とポイントは次のとおりである。

## 【各章の構成とポイント】

<table>
<tr><td>【解説付】おもなコピーライティング用語105<br>（19ページ）</td><td rowspan="2">本書掲載の用語と技術を集約。理解の確認や自分に必要な箇所を把握</td></tr>
<tr><td>本書で扱うコピーライティング技術100<br>（26ページ）</td></tr>
<tr><td>コピーライティングの全体像<br>（第1章）</td><td>コピーライティングとマーケティングで売上が上がる仕組みを理解</td></tr>
<tr><td>インパクトのある見出しのつけ方<br>（第2章）</td><td>文章は見出しが命。読まれる見出しを書けるようにする</td></tr>
<tr><td>LP・セールスレターの基本構造<br>（第3章）</td><td>LP（ランディングページ）・セールスレターの基本構造を理解することが、ライティングの大幅スピードアップの秘訣</td></tr>
<tr><td>LP・セールスレターを書く前に最低限考えておくべき「PMM」のつくり方<br>（第4章）</td><td>LP・セールスレターを書く大前提として考えておくべきPMMを理解する。PMMとは「Product Market Matching」の略。売る側の提供価値と顧客のニーズ・欲求をマッチさせること。このPMMが本書のキモ中のキモとなる</td></tr>
<tr><td>「PASBECONA（パスビーコーナ）テンプレート」でLPをサクッとつくる方法<br>（第5章）</td><td>LPがないのは、営業マン不在で売ろうとするようなもの。テンプレートに沿ってひととおりLPを書けるようにする</td></tr>
<tr><td>「PMMサーチシート」でPMMを洗練し、訴求力を高める方法<br>（第6章）</td><td>売上を最大化するために、PMMの技術にさらに磨きをかける</td></tr>
<tr><td>成約率を高める技術<br>（第7章）</td><td>LPが書ける段階から、成約率の高いLPが書けるよう技術を磨く</td></tr>
<tr><td>コピーライティングをインターネットで活用する方法<br>（第8章）</td><td>メール、広告、動画など、インターネットで幅広く使える技術を知る</td></tr>
<tr><td>神田昌典コピーライティング至言集<br>（第9章）</td><td>神田昌典の至言からコピーライティングの普遍（不変）の真理を知る</td></tr>
</table>

『コピーライティング技術大全——百年売れ続ける言葉の原則』目次

## 第5章 人を動かす文章の構造「PESONA(ペソナ)」がウェブ時代に深化した「PASBECONA(パスビーコーナ)」



## 第6章 PMMを見出す「PMMサーチシート」

## 第7章 成約率を高める32のライティング技術

# 【解説付】
# おもなコピーライティング用語105

＊ここでは、その用語を最も端的に解説しているページを挙げている。各用語の詳細は巻末の索引(452〜458ページ)を参照いただきたい

## 【A〜Z】

1. **A/Bテスト**〈1か所だけ変えた2つの広告をテストする方法〉………402
2. **BTRNUTSS**（バターナッツ）〈見出しにインパクトを出す8要素。Benefit(有益性)、Trust(信頼性)、Rush(緊急性)、Number(数字)、Unique(独自性)、Trendy(話題性)、Surprise(意外性)、Story(物語性)〉………106
3. **CPA(Cost Per Acquisition)**〈新しく顧客一人を獲得するためにかかるコストを金額で表したもの〉………74
4. **CTA(Call To Action)**〈行動への呼びかけ〉………153
5. **CTR(Click Through Rate)**〈クリックされる比率〉………388
6. **CV(Conversion)**〈一般的に「成約」と理解されるが、メールアドレス取得などメッセージのゴールが達成されること〉………71
7. **CVR(Conversion Rate)**〈一般的に「成約率」と理解されるが、メルアド取得などコンバージョンされた割合〉………71
8. **FAQ**〈よくある質問〉………418
9. **HTMLメール(HyperText Markup Language)**〈画像などデザインが可能なメール形式〉………381
10. **LP(ランディングページ)**〈ウェブ版のセールスレター〉………63
11. **LTV(Life Time Value)**〈一人の顧客が顧客でいてくれる期間に、どれだけの利益をもたらしてくれるかを金額で表したもの〉………72
12. **Meメッセージ**〈自分(書き手・売り手)中心のメッセージ〉………172
13. **PASBECONA**（パスビーコーナ）〈「PESONAの法則」をランディングページの基本構造として再構成したもの。Problem(問題)、Affinity(親近)、Solution(解決)、Benefit(利得)、Evidence(証拠)、Contents(内容)、Offer(提案)、Narrow(適合)、Action(行動)〉………188
14. **PESONAの法則**〈説得力のある文章の構造をProblem(問題)、Empathy(共感)、Solution(解決)、Offer(提案)、Narrow(適合)、Action(行動)の6つの要素に集約し、その並び順を定義したもの〉………185

心臓部があぶりだされる〉………226

32. **間接競合**〈自社と業種・業態は違うが、広い意味で競合となる他社のこと〉………246

33. **客単価**〈顧客一人あたりの売上〉………76

34. **キャプション**〈画像の下に書く短い解説文〉………347

35. **クリック率**〈メールのリンクや広告がクリックされる比率。CTRと同じ〉………388

36. **クロージング**〈契約をまとめること〉………152

37. **クロスセル**〈ベースとなる商品・サービスの関連品を売ること〉………76

38. **経験工学**〈注意深い言葉づかいで、顧客が内容をどう解釈するかを改善すること〉………418

39. **現状維持バイアス**〈人は未知のものを避け、現状を維持したくなるという行動経済学の理論〉………240

40. **限定**〈手に入らないかもしれない危機感から行動を促すことが狙い〉………148

41. **行動経済学**〈経済学に心理学を融合した学問。コピーライティングの原理原則が裏づけられる理論が多い〉………117

42. **顧客育成**〈継続した取引の中でファンを囲い込み、育成すること〉………80

43. **顧客の声**〈既存客の感想、推薦などにより、販売者の主張が裏づけられる〉………321

44. **顧客の定義**〈見込客、浮遊顧客、固定顧客、優良顧客、超優良顧客の5種類〉………80

45. **コマーシャルインサイト**〈自分が常識だと思っていたことが間違っていたのか！　と気づきを与える究極の意外性〉………279

**【さ行】**

46. **サブヘッド**〈LP・セールスレターの文中に配置される小見出し〉………159

47. **シズル感**〈読み手がリアルに情景を思い浮かべられる表現〉………310

48. **締切**〈締切を設けることで成約率アップにつながる〉………150

49. **写経**（しゃきょう）〈売れた実績のあるセールスレターを手書きで書き写すこと〉………47, 367

50. **条件**〈限定性を出すために、資格など購入に一定条件をつけるときに使う〉………245
51. **証拠**〈書き手の主張が事実であることを示すもの。多くは顧客の声〉………138
52. **ジョン・ケープルズ**〈アメリカの伝説のコピーライター(1900〜1990)で、『ザ・コピーライティング』の著者〉………45
53. **ステップメール**〈同じ人に複数回送るメール〉………394
54. **ストーリーチャート**〈まず、何を書き、次に何を書くかという趣旨の骨子だけを、最初から順番にまとめたもの〉………304
55. **スワイプファイル**〈売れた実績のあるセールスレターやLPを集めたもの〉………61
56. **セールスレター**〈セールスを目的とした手紙〉………44
57. **セグメンテーション(セグメント化)**〈読み手にメッセージがマッチするよう、ターゲットをいくつかのグループに分けること〉………397
58. **損失回避性**〈あるものを失うときのみじめさは、それを得るときの幸福感のおよそ2倍になるという行動経済学の理論〉………238

**【た行】**

59. **ターゲット**〈売ろうとする顧客層をグループでとらえたもの〉………172
60. **ダイレクト・レスポンス・マーケティング(DRM)**〈顧客から直接反応を得るマーケティング手法〉………35
61. **ダウンセル**〈ベースとなる商品・サービスの廉価版を売ること〉………78
62. **「誰が・何をして・どうなった?」**〈PMMを凝縮した表現。誰に、どんなオファーをして、どんなベネフィットが得られるかを表現したもの〉………169, 260
63. **ダン・S・ケネディ**〈アメリカのコピーライター(1954〜2020)。著書に『究極のセールスレター』など多数〉………284
64. **直接競合**〈自社と同じ業種・業態の競合他社のこと〉………246
65. **追伸(P.S.)**〈行動を促すためにLP・セールスレターの最後に配置する文章〉………155
66. **2(ツー)ステップマーケティング**〈まず見込客を集めてから売る2段階の販売

81. **フューチャーペーシング**〈先の見通しをあらかじめわかるように表現する手法〉………325
82. **プライミング効果**〈言葉を出すことで連想が誘発され、行動が促進される行動経済学の理論〉………117
83. **プリヘッド**〈ヘッドライン上部に配置され、ヘッドラインの情報を補足する役割を果たす〉………131
84. **ブレット**〈箇条書き〉………161
85. **フロントエンド(集客商品)**〈初めての顧客が買いやすい価格設定の商品・サービス〉………67
86. **ヘッドライン**〈LP・セールスレターの最初にくる大見出し〉………129
87. **ベネフィット**〈商品・サービスを購入した結果得られるもの〉………37
88. **ペルソナ**〈ターゲットの中から特定の個人を設定したもの〉………272
89. **ポジショニング**〈マーケットにおける自社の位置づけ〉………245
90. **ボディコピー**〈オープニングの後に続く文章で商品内容、ベネフィット、証拠、オファー、その他販売条件を書く〉………135

**【ま行】**

91. **マーケティング**〈セールスを有利にするための施策〉………35
92. **マーケティング・コピーライター**〈マーケティングの部分をより重要視するコピーライター〉………170
93. **見込客**〈一定の関心があり買ってくれそうな人〉………68
94. **見出し**〈メッセージの本文が読まれるか否かが決まる重要アイテム〉………84
95. **ミドルエンド**〈フロントエンドとバックエンドの中間価格帯の商品・サービス〉………68
96. **メルマガ**(メールマガジン)〈メッセージが読まれるか否かが決まる重要ポイント〉………379
97. **問題・理想・痛み**〈これらを的確にとらえ、表現することがLP・セールスレターの成否のカギ〉………236

**【ら行】**

98. **リード**〈買う可能性のある人＝見込客〉………67
99. **リサーチ**〈LP・セールスレターを書く前の情報収集〉………224
100. **リスクリバーサル**〈各種保証が代表的だが、それに限らず買い手が感じるリスクを取り除くのが狙い〉………144
101. **リスト**〈顧客名簿のこと〉………170
102. **リンゴとミカン**〈価格を違うものと比べて割安感を演出する手法〉………329
103. **レスポンシブデザイン**〈表示される機器の画面サイズに合わせて横幅を自動的に調整する機能〉………338
104. **レスポンス広告**〈顧客から直接反応をもらう広告〉………33
105. **ロバート・コリアー**〈アメリカのコピーライター(1885〜1950)であると同時に、デール・カーネギー(1888〜1955)やジョセフ・マーフィー(1898〜1981)らと並び称される成功哲学の権威〉………165

# 本書で扱うコピーライティング技術100

## ★売れる仕組みをつくるマーケティング技術

## ★読み手を購入へと導くライティング技術

## ★コピーライティングを応用する技術

# 第 1 章

# コピーライティングで売上が上がる理由

売上を上げるには、コピーライティング技術が必要不可欠だ。
そもそも、なぜ、コピーライティングで売上が上がるのか？
理由は４つある。

1. 広告で**直接販売（直販）**できる
2. 顧客の救世主「**ベネフィット**」を提供する
3. **24時間365日営業**できる
4. **収益の上がる仕組み**がつくれる

では、それぞれ見ていこう。

## 1. 広告で直接販売（直販）できる「レスポンス広告」

### 「JR東海」のイメージ広告と「再春館製薬所」のレスポンス広告

広告には２種類ある。**イメージ広告**と**レスポンス広告**だ。
ほとんどの人が、広告と聞いて思い浮かべるのは、前者のほうだろう。
芸能人・スポーツ選手、イメージ画像などのビジュアル＋キャッチコピー＋商品名で、駅のポスターや新聞・雑誌に出ている。
**JR東海**のイメージ広告を見てみよう（右ページ上）。

この広告のメインコピーは、左下の「**そうだ　京都、行こう。**」。
また、
「**春はあけぼの。枕草子は最高のガイドブックでした。**」
も右上にある。あとは京都の景色のビジュアルだ。

この広告を見て、「京都に行こう」と思い立つ人は多いだろう。
関東から京都に行くなら、東海道新幹線が便利だが、この広告から、何人

出所：東海旅客鉄道株式会社ウェブサイト

が、飛行機や夜行バスを使わず、新幹線で京都に行ったかを把握することはできない。だから、この広告にかけた費用と新幹線利用者の増加効果を測ることはできない。

この広告は新幹線の利用を呼びかけると同時に、企業のブランドイメージ効果もある。だから直接の費用対効果だけではなく、金額で測れない効果も含んでいる。非常に有効だが、費用も莫大なため、個人事業主や小さい会社は簡単にマネできない。

一方、**再春館製薬所**(本社・熊本県、1932年創業)のレスポンス広告はどうだろう(次ページ)。

売りたい商品を出して、具体的にどんなものか説明している。

最後に「お申し込みはこちら」と、「無料お試しセット(約3日分)」があり、インターネットからダイレクトに申し込める。この場合、この広告から何人が購入したのか、最終的にどれだけ売上を上げたかを、正確に把握できる。

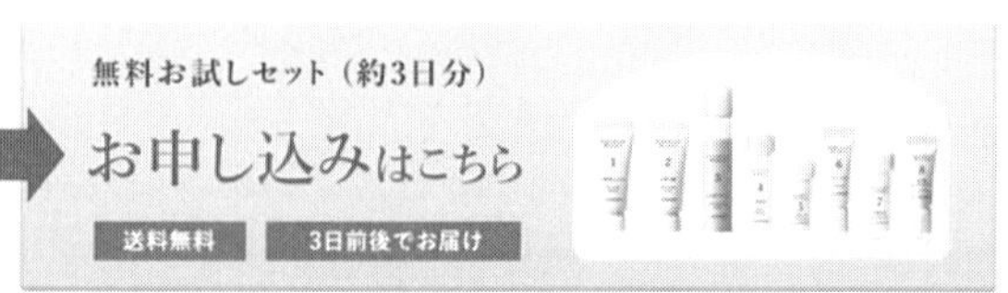


出所：株式会社再春館製薬所ウェブサイト

JR東海の事例は認知やイメージ向上を狙うことを目的とした「**イメージ広告**」。

一方、再春館製薬所の場合は顧客から直接反応（レスポンス）を得る「**レスポンス広告**」だ。

本書で扱うコピーライティング技術は、「レスポンス広告」で活用するのが前提となる。

「イメージ広告」と「レスポンス広告」の違いをまとめると、次のようになる。

## ■イメージ広告とレスポンス広告

| | イメージ広告 | レスポンス広告 |
|---|---|---|
| 目的 | 認知度・イメージアップ | 顧客に直接販売(直販) |
| 特徴 | 文章は極めて少ない。<br>写真、グラフィック等のアート性、洗練されたイメージを重視 | 伝えるべきことはすべて文章で書く。<br>具体的な商品を販売条件とともに提案 |
| 期待する顧客の反応 | 小売店で購入 | 注文または問合せ、資料請求などダイレクトに反応がある |
| 効果の計測 | 収益貢献を数字で計測するのは困難 | 広告効果が数値で把握できる |

## ドラッカーと神田昌典が定義する「マーケティング」と「セールス」

レスポンス広告を使い、顧客から直接反応を得るマーケティング手法のことを「**ダイレクト・レスポンス・マーケティング**」(DRM)という。

一般的にマーケティングというと、「調査」をイメージすることが多い。

だが、本質は違う。

いったいマーケティングとは何だろう?

マーケティングとセールスは何が違うのだろうか?

ピーター・F・ドラッカーは、こう言っている。

**「マーケティングの理想は、販売を不要にすることである。**
**マーケティングが目指すものは、顧客を理解し、製品とサービスを顧客に合わせ、おのずから売れるようにすることである」**

出所:『マネジメント【エッセンシャル版】――基本と原則』(P.F.ドラッカー著、上田惇生訳、ダイヤモンド社)

要するに、製品とサービスを顧客のニーズに合わせ、顧客自らに「ほしい！」と思わせることで、「売り込まなくても売れる」ようにするのが、マーケティングなのだ。

私、神田はマーケティングとセールスをこう定義している。

**「マーケティングとは、自分の商品がほしい人に手を挙げてもらうこと」**
**「目の前の顧客に売るのがセールス。目の前に顧客を連れてくるのがマーケティング」**

端的にいえば、マーケティングはセールスよりも前段階にあり、セールスを優位にするためのものだ。

では、コピーライティングとダイレクト・レスポンス・マーケティング（以下、DRM）はどのような関係にあるのか？

両者はいわば一体のもので、区別して考える必要はない。

下の図のようにDRMの中にコピーライティングがあり、中心的な役割を果たしている。

**■コピーライティングとダイレクト・レスポンス・マーケティング**

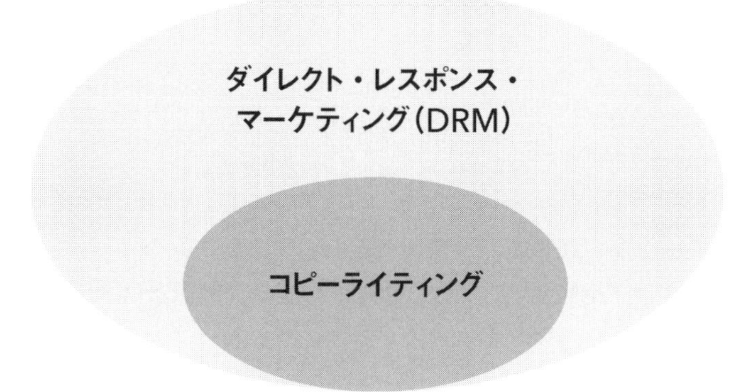

# 2. 顧客の救世主「ベネフィット」を提供する

## ベネフィットとは何か？

コピーライティングで売上が上がる第2の理由は、「**ベネフィット**」を提供するからだ。

ベネフィットという言い方自体、なじみがなく、普通はメリットや特長(特徴)と表現するだろう。

「特長」とは「特にすぐれたところ」。

「特徴」とは「他と異なって特別に目立つしるし」(いずれも『広辞苑 第七版』)。

メリットとは「長所」＝優れた点だが、メリットと特長はほぼ同義。特徴は必ずしも優れているとは限らないが、目立つ点だ。

それに対して、ベネフィットの定義はこうなる。

**その商品・サービスを購入すると、購入者にとってどんないいことがあるのか？**

コピーライティングの世界では、メリットではなく「ベネフィット」という言葉が使われてきた。これは、

「**人は商品・サービスそのものがほしいのではなく、それを買った結果得られるものがほしい**」

からだ。

コピーライティングでよく引き合いに出されるベネフィットの例に、「**顧客はドリルがほしいわけではない。穴を開けたいのだ**」がある。

違う例を挙げよう。

あなたは、本書でコピーライティングの技術を習得したいと思っている。

しかし、あなたは「コピーライティング自体を学びたい」わけではない。

コピーライティングを学んだ結果、あなたの商品・サービスが売れるようにしたいのだ。だから、本書のベネフィットは、「コピーライティングが学べる」ではなく、「商品・サービスが売れるようになる」である。

このように、**困っている問題を解決したり、かなえたい理想を実現したりできるのがベネフィット**だ。

ベネフィットは顧客にとっての、いわば「救世主」の役割を果たす。

このベネフィットを読み手にアピールすることで売上が上がるようになる。

ベネフィットを理解し、実際に使えるようになることが、コピーライティングの第一歩であると同時に、究極の目標でもある。

セールスメッセージは、ともすれば、

「この商品はこんなところがすごいんです」

「こんなところが優れているんです」

と、アピールしてしまいがちだが、それらの特長(特徴)が読み手(買い手)にとって、どんないいことがあるのか？　が明確でないと購入にはつながらない。

よく「使ってさえくれれば、絶対によさがわかってもらえるんだけどな～」と言う人がいるが、残念ながらこれではまったく意味がない。

モニターやお試しなどを除けば、この商品を買おうと決めるのは、「使う前」だからだ。使う前によさを実感してもらう必要がある。そのために必要なのがベネフィットであり、**買う前にベネフィットを理解**してもらわなければならない。

『究極のセールスレター――シンプルだけど、一生役に立つ！お客様の心をわしづかみにするためのバイブル』(ダン・S・ケネディ著、神田昌典監訳、齋藤慎子訳、東洋経済新報社)にこんなエピソードがある。

**「やり手セールスマンのこんな逸話がある。新型の住宅暖房システムを小柄な老婦人に売り込もうとしたときのこと。熱出力・構造・保証・サービスなど、言うべきことをすべて説明し終わると、老婦人が尋ねた。**
**『ひとつだけおうかがいしますけど、それは私みたいなおばあちゃんでも暖がとれるものなの？』」**

熱出力や構造が他社製品と比較してどれだけ優れているかは、特長(特徴)にすぎない。特長があることで、他のものではなく、この商品を買った人にどんないいことがあるのか、どんな悩みや苦しみから解放してくれるのか？どんな願いをかなえてくれるのか？　これらがベネフィットとなる。

この場合、「部屋が暖かくなるまで、今までの10分の１の時間しかかからず、すぐに暖まる。だから寒い屋外から帰ってきたとき、寒いのを我慢しなくてよくなる」というのがベネフィットだ。

また、ベネフィットはあくまでも、「**読み手(買い手)にとってどんないいことがあるか？**」**が重要であって、書き手(売り手)にとっていいことではない**ことを肝に銘じておこう。

ただし、通称「薬機法」(旧・薬事法、正式名称「医薬品、医療機器等の品質、有効性及び安全性の確保等に関する法律」)をはじめとした法規制の対象となる商品・サービスでは、ベネフィットをダイレクトに表現できないケースが多々あるので注意が必要だ。

## 「特徴」と「ベネフィット」の違い

では、ベネフィットはどうやって見つければいいのか？

それには、まず、その商品・サービスの**特徴**を**把握**する。

そして、**その特徴があることによって、顧客にどんないいことがあるのか**を考える。特徴とベネフィットの違いは次のようになる。

### ■特徴とベネフィットの違い

| 特徴 | ベネフィット |
| --- | --- |
| （デジカメ）<br>広角レンズ25mmを備えている | 大勢の集合写真で端の人まで撮れるので、「もっと寄って」と言わなくてもすばやく撮れ、シャッターチャンスを逃さない |
| （HDD レコーダー）<br>記憶容量が2TBある | 番組がたくさん保存できるので、家族が多くても、みんなが好きな番組を残しておける |
| （学習塾）<br>実績のあるベテラン講師が教える | 教え方がわかりやすいと評判なので、生徒の理解が進み、成績アップ。志望校にスピード合格できる |
| （エアコン）<br>2 秒で起動する | 設定温度になるまで時間がかからないので、帰宅時の暑さ、寒さがすばやく和(やわ)らぐ |

特徴からベネフィットに変換するには、次の公式にあてはめてみるといい。

> **〇〇（という特徴）によって、**
> **あなたは〇〇することができます。**
>
> **あるいは、**
>
> **〇〇（という特徴）によって、**
> **あなたは〇〇することができます。**
> **だから（その結果）、こんなHappyな状態になれます。**

上の事例を公式にあてはめると、こうなる。

このデジカメは、広角レンズ25mmを備えているので
通常より横幅が広い範囲まで撮影できます。
だから、大勢の集合写真で、「もっと寄って」と言わなくてもすばやく撮れ
シャッターチャンスを逃しません。

---

このHDDレコーダーは、記憶容量が２TBあるので
番組をたくさん保存できます。
だから、家族が多くても、いちいち消す煩（わずら）わしさがなく
みんなが好きな番組を残しておけます。

---

当学習塾は、実績のあるベテラン講師が教えるので
授業がわかりやすいと評判です。
だから、生徒の理解が進み、成績アップ。
志望校にスピード合格できます。

---

このエアコンはスイッチを入れると、たった２秒で起動するので
すぐにすずしくなったり、暖かくなったりします。
だから、帰宅時の暑さ、寒さがすばやく和らぎます。

実は、ベネフィットを見つけるのは、コピーライティングで最も難しい作業の一つだ。

なぜなら、自分の頭の中ではベネフィットになったつもりでも、掘り下げが浅く、顧客にはベネフィットになっていないケースが大半だからだ。

よくありがちなベネフィットのとらえ方が浅いケースを、養豚場向け飼料の事例で紹介しよう。

## ■ベネフィットのとらえ方が浅い事例

| 特徴 | 飼料に特殊な成分が配合されている |
|---|---|
| ベネフィット | 成長促進剤なしでも早く育つ |

成長促進剤なしでも早く育つのは、養豚場の経営者にとってはいいことだ。しかし、これではまだベネフィットの掘り下げ方が浅い。

成長促進剤なしでも早く育つから、何がいいのかを考える必要がある。

この場合は、次のように表現してみる。

通常よりも１か月早く育つので、出荷までの期間が短くなる。
その結果、年間出荷数が５％アップし、売上アップできる。

「飼料に特殊な成分が配合されている」という特徴から、売上アップにつながるところまでを表現できて初めてベネフィットといえる。

このようにベネフィットは簡単そうに見えて、奥が深い。
しかし、今までコピーライティング技術を知らなかったから、見えていなかっただけ。慣れれば、必ずできるようになる。
ベネフィットをどれだけ魅力的に表現できるかによって、顧客の反応は違ってくる。結果、売上も大きく変わってくるのだ。

ベネフィットは最重要ポイントなので、あえてもう一度言おう。
**人は商品・サービスそのものがほしいのではなく、それを買った結果得られるもの(効能)がほしい**のだ。

## ニーズは必要性、ウォンツは欲求

ベネフィットを考えるうえで重要なのが、「**ニーズ**」と「**ウォンツ**」の違いである。
ニーズは「**必要性**」、ウォンツは「**欲求**」。
一般的に、ニーズに対応する商品・サービスは価格が低く、ウォンツに対応する商品・サービスは価格が高くなる傾向がある。
食料品、衣類、日常雑貨などの生活必需品の価格は低くなり、スポーツや娯楽関連など、**ウォンツ＝欲求を満たすものは価格が高く**なる。

自動車でも、移動手段として使えればいいと最低限のニーズを満たすだけなら軽自動車で十分。あえてポルシェを選択する理由はない。
しかし、虚栄心(人からよく見られたい)を満たしたい、高性能の車を気持ちよく乗りたい欲求があれば、ポルシェが選択肢に入ってくる。

高級腕時計も同じ。時間を知るだけなら、ロレックスは選択肢に入らない。

他にも宝石は必要なものではないが、欲求＝ウォンツが高いので、価格が高い。もちろん、需要と供給のバランスで、宝石は供給量が少ないので価格が高くなる。しかし、買うか買わないかでは、ニーズではなくウォンツが決め手となる。

**「あなたは○○の理由でこれが必要です」**

という切り口より、

**「あなたは○○の欲求が満たせます」**

のほうが顧客の心に刺さりやすくなる。

人の欲求はいつの時代もほぼ変わらない。

ほぼ次のようなものに集約される。

- 収入を増やす（儲かる、稼げる）
- お金を節約する
- 退職後（老後）の生活の安心
- もっと健康に
- 仕事やビジネスで成功する
- 名声
- 喜び
- 家事・仕事などをもっとラクに
- 快適さ
- やせる
- 心配から解放される
- 異性にモテる
- みんなと同じでいたい
- 人と違っていたい
- 人気者になりたい
- 人からよく見られたい
- 注目されたい

出所：『ザ・コピーライティング』をもとに著者加筆

読み手が持っているこれらの欲求から、具体的なものを的確なコピーで表現できたときに、読み手の心に「刺さる」のだ。

では、必要性(ニーズ)は不要なのか？

そうではない。

「**差し迫った必要性＝ニーズ**」があれば、十分売れる要素になる。

新型コロナウイルス問題で、マスクが不足した時期があった。それまではマスクに大したウォンツはなかったが、当時、マスクには差し迫ったニーズがあった。マスクは価格が上がっても売れた。

差し迫ったニーズがあれば確実に売れる。ただ、この場合、コピーに関係なく、「そこで買える」ことがわかればすぐ売り切れてしまう。

このような緊急時以外では、読み手(買い手)が「自分には、今、これがぜひとも必要だ」という「差し迫った必要性」を喚起できると購買意欲が高まるのだ。

## 3. 24時間365日営業できる「印刷された営業マン」

### (1)印刷された営業マンとは?

ダイレクト・レスポンス・マーケティング(DRM)が古くから発達してきたアメリカでは、コピーライティングの研究が100年以上前からさかんである。

DRMではなく、「通信販売(通販)」と理解するとわかりやすい。

アメリカは国土が広く、日本の「御用聞き」のように、一軒ずつ家を回ってセールスするのは効率が悪いため、通信販売、つまりセールスのための「手紙」が使われてきた。それが「**セールスレター**」だ。

セールスレターは「セールスマンシップ・イン・プリント」、つまり「**印**

**刷された営業マン**」とも呼ばれている。

これはどういうことか？

営業マンは一から教育しないと営業はできない。それに、教育したからといって、みんなが同レベルで売れるとは限らない。

どうしても個人差が営業成績の差となって表れる。しかも、一度の訪問数も限られ、店舗での対応人数も限界がある。

だが、セールスレターは違う。

一度つくってしまえば、何度も使い回せる。セールスレターをつくるプロセスではある程度の手間がかかるが、一度発送してしまえば、**24時間365日、営業活動をしてくれる**。おまけに、仕事がキツイ、パワハラだと言われることもない。

さらに、個人のスキルに頼ることなく、みんな同じ最高レベルのセールストークを再現できる。これが大きな特長だ。

ここに、世界的に有名で最も活用されているセールスレターが３つある。

一つは「**ピアノコピー**」と呼ばれるセールスレター。

もう一つは、「**英語の間違い**」のセールスレター。

そして、最後に「**２人の若者**」のセールスレターだ。

## 伝説の３大セールスレター「ピアノコピー」「英語の間違い」「２人の若者」

最初の「**ピアノコピー**」は、アメリカの伝説のコピーライターで『ザ・コピーライティング』の著者であるジョン・ケープルズ(1900〜1990)が、25歳のときに書いた「音楽スクール」の勧誘セールスレターである。

「私がピアノの前に座るとみんなが笑いました
でも弾き始めると――！」

で始まる印象的なレターでは、楽器なんか弾けるものかとバカにされていた男が、公衆の面前でピアノの腕前を披露し、拍手喝采を浴びる。

みんながその秘訣を知りたがっていたとき、男はある音楽スクールの存在を打ち明ける。

そして、どうやって弾けるようになったかを話しつつ、音楽スクールへの入会を促す。みんなからバカにされていた男が、周囲をあっと驚かせる典型的な「ヒーロー・ストーリー」だ。

次の「**英語の間違い**」は、アメリカの有名なコピーライター、マックスウェル・サックハイム(1890～1982)によって書かれたセールスレターだ。

そのヘッドライン「**あなたは英語でこんな間違いをしていませんか？**」はよく知られ、今でも頻繁に活用されている。

このヘッドラインは、1919年の『ニューヨーク・タイムズ』の広告に登場して以来、1959年まで、なんと**40年間**も使われた。

当時のアメリカは、成人の10人に２人は読み書きができない状況だった。そんな時代背景にあって１日15分で正しい英語がマスターできる方法がヒットし、累計15万人以上に支持された。

このヘッドラインは非常に応用しやすく、様々な商品・サービスにあてはめて使える。「英語で」の部分を「採用で」「ホームページのデザインで」「スマホ選びで」など、いくらでも言い換えられ、汎用性が非常に高い。

３つ目の「**２人の若者**」は、**『ウォール・ストリート・ジャーナル』購読のセールスレター**だ。

これは、アメリカのコピーライターであるマーティン・コンロイ(1922～2006)が書いたものだ。

驚くべきことに、**同じものが20年以上使われ、総額数千億円**を売り上げ、**世界で最も売れたセールスレター**といわれている。

このレターは、冒頭部分で学生時代のよく似た２人の男が描写される。

そして25年後も相変わらずよく似ていたが、一人は社長で、一人は管理職だった。その違いを分けたのは、『ウォール・ストリート・ジャーナル』を読んでいたかどうかの差だったというストーリーに絡めて新聞購読を促す流れだ。『改訂版 金持ち父さん　貧乏父さん――アメリカの金持ちが教えてくれるお金の哲学』（ロバート・キヨサキ著、白根美保子訳、筑摩書房）に見られるように、この対比構造は、今でも随所に使われているが、その大元がこのレターにある。

下記に、実際の英文セールスレターと日本語訳を紹介しよう。

この有名な3つのセールスレターはよく目にするが、その日本語訳はコピーライティングに精通していない人によるものも多い。そこで、我々がコピーライティングの原理原則を理解したうえで丁寧に訳した。

よくできたセールスレターを声に出して読んだり、書き写したりするのは、スキルアップトレーニングの基本だ。

セールスレターを手書きで書き写すことを「**写経**（しゃきょう）」という。写経することで、セールスレターが持つ、独特の書き方とリズムが自然と身につくのだ。

## ■ジョン・ケープルズが25歳のときに発表した「ピアノコピー」

February, 1927　　MONEY MAKING OPPORTUNITIES SECTION

*"Can he really play?" a girl whispered. "Heavens no!" Arthur exclaimed. "He never played a note in his life."*

# They Laughed When I Sat Down At the Piano But When I Started to Play!—

ARTHUR had just played "The Rosary." The room rang with applause. I decided that this would be a dramatic moment for me to make my debut. To the amazement of all my friends, I strode confidently over to the piano and sat down.

"Jack is up to his old tricks," somebody chuckled. The crowd laughed. They were all certain that I couldn't play a single note.

"Can he really play?" I heard a girl whisper to Arthur.

"Heavens, no!" Arthur exclaimed. "He never played a note in all his life. . . . But just you watch him. This is going to be good."

I decided to make the most of the situation. With mock dignity I drew out a silk handkerchief and lightly dusted off the piano keys. Then I rose and gave the revolving piano stool a quarter of a turn, just as I had seen an imitator of Paderewski do in a vaudeville sketch.

"What do you think of his execution?" called a voice from the rear.

"We're in favor of it!" came back the answer, and the crowd rocked with laughter.

### Then I Started to Play

Instantly a tense silence fell on the guests. The laughter died on their lips as if by magic. I played through the first bars of Liszt's immortal Liebesträume. I heard gasps of amazement. My friends sat breathless—spellbound.

I played on and as I played I forgot the people around me. I forgot the hour, the place, the breathless listeners. The little world I lived in seemed to fade—seemed to grow dim—unreal. Only the music was real. Only the music and the visions it brought me. Visions as beautiful and as changing as the wind blown clouds and drifting moonlight, that long ago inspired the master composer. It seemed as if the master musician himself were speaking to me—speaking through the medium of music—not in words but in chords. Not in sentences, but in exquisite melodies.

### A Complete Triumph

As the last notes of the Liebesträume died away, the room resounded with a sudden roar of applause. I found myself surrounded by excited faces. How my friends carried on! Men shook my hand—wildly congratulated me—pounded me on the back in their enthusiasm! Everybody was exclaiming with delight—plying me with rapid questions. . . . "Jack! Why didn't you tell us you could play like that?" . . . "Where **did** you learn?"—"How long have you studied?"—"Who **was** your teacher?"

"I have never even **seen** my teacher," I replied. "And just a short while ago I couldn't play a note."

"Quit your kidding," laughed Arthur, himself an accomplished pianist. "You've been studying for years. I can tell."

"I have been studying only a short while," I insisted. "I decided to keep it a secret so that I could surprise all you folks."

Then I told them the whole story.

"Have you ever heard of the U. S. School of Music?" I asked.

A few of my friends nodded. "That's a correspondence school, isn't it?" they exclaimed.

"Exactly," I replied. "They have a new simplified method that can teach you to play any instrument by mail in just a few months."

### How I Learned to Play Without a Teacher

And then I explained how for years I had longed to play the piano.

"It seems just a short while ago," I continued, "that I saw an interesting ad of the U. S. School of Music mentioning a new method of learning to play which only cost a few cents a day! The ad told how a woman had mastered the piano in her spare time at home—and **without a teacher!** Best of all, the wonderful new method she used, required no laborious scales—no heartless exercises—no tiresome practising. It sounded so convincing that I filled out the coupon requesting the Free Demonstration Lesson.

"The free book arrived promptly and I started in that very night to study the Demonstration Lesson. I was amazed to see how easy it was to play this new way. Then I sent for the course.

"When the course arrived I found it was just as the ad said—as easy as A. B. C.! And as the lessons continued they got easier and easier. Before I knew it I was playing all the pieces I liked best. Nothing stopped me. I could play ballads or classical numbers or jazz, all with equal ease. And I never did have any special talent for music."

* * * *

**Pick Your Instrument**

Piano / Organ / Violin / Drums and Traps / Mandolin / Clarinet / Flute / Saxophone / 'Cello / Harmony and Composition / Sight Singing / Ukulele / Guitar / Hawaiian Steel Guitar / Harp / Cornet / Piccolo / Trombone / Voice and Speech Culture / Automatic Finger Control / Piano Accordion / Banjo (5-String, Plectrum and Tenor)

### Play Any Instrument

You, too, can now **teach yourself** to be an accomplished musician—right at home—in half the usual time. You can't go wrong with this simple new method which has already shown almost half a million people how to play their favorite Instruments. Forget that old-fashioned idea that you need special "talent." Just read the list of instruments in the panel, decide which one you want to play and the U. S. School will do the rest. And bear in mind no matter which instrument you choose, the cost in each case will be the same—just a few cents a day. No matter whether you are a mere beginner or already a good performer, you will be interested in learning about this new and wonderful method.

### Send for Our Free Booklet and Demonstration Lesson

Thousands of successful students never dreamed they possessed musical ability until it was revealed to them by a remarkable "Musical Ability Test" which we send entirely without cost with our interesting free booklet.

If you are in earnest about wanting to play your favorite instrument—if you really want to gain happiness and increase your popularity—send at once for the free booklet and Demonstration Lesson. No cost—no obligation. Right now we are making a Special offer for a limited number of new students. Sign and send the convenient coupon now—before it's too late to gain the benefits of this offer. Instruments supplied when needed, cash or credit. **U. S. School of Music, 82 Brunswick Bldg., New York City.**

**U. S. School of Music,**
**82 Brunswick Bldg., New York City.**

Please send me your free book, "Music Lessons in Your Own Home," with introduction by Dr. Frank Crane, Demonstration Lesson and particulars of your Special Offer. I am interested in the following course:

. . . . . . . . . . . . . . . . . . . . . . . . . . . . . . .

Have you above instrument? . . . . . . . . . . . . . . . .

Name . . . . . . . . . . . . . . . . . . . . . . . . . . . . . .
(Please write plainly)

Address . . . . . . . . . . . . . . . . . . . . . . . . . . . .

City . . . . . . . . . . . . . . . . . State . . . . . . . . . . .

出所：『ザ・コピーライティング』

## 私がピアノの前に座るとみんなが笑いました　でも弾き始めると——！

アーサーが『ロザリオ』を弾き終わった。室内には拍手が鳴り響いていた。私はこの場を、自分のデビューを飾るドラマチックな瞬間にしようと決心した。友人すべてが驚きあきれる前を、私は自信たっぷりにピアノに向かって歩みを進め、その前に座った。

「ジャックはくだらない、いたずらをたくらんでいるんだ」と誰かがクスクスと笑った。聴衆も笑った。彼らは皆、私が一音たりとも弾けないと確信していた。

「彼は本当に弾けるの？」と、ある少女がアーサーに向かってささやいているのが聞こえた。アーサーは「とんでもない」と、叫んだ。

「彼は人生でピアノを弾いたことなんて一度もないさ……でも、見てみろよ。これは面白いことになりそうだ」

私はこの状況を最大限に楽しむことにした。あざけりの中、私は貫禄たっぷりにシルクのハンカチを取り出し、ピアノの鍵盤のチリを軽く払った。そしてかつて見たことがある、パデレフスキというピアニストのモノマネが、寄席の寸劇でやっていたように、立ち上がって、ピアノの椅子を４分の１回転させた。

後ろのほうから「彼の演技をどう思う？」という声が聞こえた。

「面白いじゃないか」と呼応する声が上がり、聴衆は大笑いだった。

### そして私が弾き始めると

一瞬にして聴衆は張り詰めた静けさに包まれた。

まるで魔法にかかったかのように、笑いは彼らの口元から消え去った。

私はリストの不朽の名作『愛の夢』の１小節目を弾いた。

聴衆が驚きで息を呑むのを感じた。私の友人はうっとりして固唾（かたず）を呑んで座っていた。

私はピアノを弾き続け、そして弾いているうちに、周りに人がいることも忘れていった。私は時間も場所も、息も漏らさぬ聴衆のことも忘れていた。自分の住むちっぽけな世界は次第に薄れ、ぼんやりとしてきて、現実のものではなくなったように思えた。音楽だけが現実のものだった。音楽と音楽がもたらす幻影だけが私を包んでいた。その幻影は、はるか昔、偉大な作曲家にひらめきを与えた、風にたなびく雲のように美しく、漂う月明かりのように移ろう感じのものだった。それはまるで偉大な作曲家自身が音楽を通して私に語りかけている、言葉ではなく和音で語りかけているようだった。文章ではなく洗練されたメロディを通して。

## 完全なる勝利

『愛の夢』の最後の旋律がゆっくりと消えていくと、室内にはいきなり拍手喝采が響きわたった。

気がつくと私は、興奮した顔の聴衆に囲まれていた。友人たちの興奮といったら！　男たちは私と握手をし、荒々しく祝福を表し、熱狂的に私の背中をドンドン叩いた。誰もが喜びの声を上げ、矢継ぎ早に質問してきた。

「ジャック！　どうしてこんなにピアノが弾けることを今まで教えてくれなかったの？」

「どこで習ったの？」

「どのくらい習っていたの？」

「先生は誰？」

それに対して私は「一度も先生についたことはないよ」「少し前までまったく弾けなかったよ」と答えた。

「冗談はよせよ」と熟練したピアニストであるアーサーは笑った。

「君は数年間習っていたに違いない。わかるさ」「ほんの短期間習っていただけだよ」と私は言い張った。

「私は君たちみんなを驚かそうと思って内緒にしていたんだ」

そして彼らにすべてを話した。

「U.S.音楽スクールという名前を聞いたことはあるかい？」

と聞いた。友人の何人かはうなずいて、「あそこは通信制の学校だよね？」と叫んだ。

「そのとおりだよ」と答えた。

「その学校では、どんな楽器でもたったの2、3か月、楽譜だけで弾けるようになる、新しく簡単な方法を提供しているんだ」

## どうやって先生なしでピアノの弾き方を習ったのか?

それから私が何年もの間、ピアノを弾くことに憧れていたことを話した。

「ほんの少し前のことだったと思うんだけど」と私は続けた。

「1日わずか数セントで楽器を習う新しい方法をうたったU.S.音楽スクールの興味深い広告を目にしたんだ。その広告には、ある女性が、家で空いた時間を見つけて、しかも先生なしで、どうやってピアノをマスターしたかが書いてあったんだ。特に、彼女が実践したそのすばらしい方法は、骨の折れる味気ない音階練習や、退屈な練習も必要なかった。これはとても説得力があるように思えたので、無料デモレッスン申込用のクーポンに必要事項を書き込んで送ったんだ」

「すぐに無料冊子が届いて、その夜早速デモレッスンを始めた。私はこの新しい方法でいかに簡単にピアノを弾くことができるかを知って驚いた。そしてコースに申し込んだのさ」

「教材が届いたとき、広告でうたわれていたとおり、アルファベットのABCを習うくらい簡単だということがわかった。そしてレッスンが進むにつれ、どんどん簡単になっていった。いつのまにか私はお気に入りの曲を、通しで弾けるようになっていた。もうやめられなかった。バラードもクラシックもジャズも同じように簡単に弾けた。音楽の特別な才能などまったくなかったのに」

## どんな楽器も弾ける

あなたも独学で、自宅で、通常の半分の時間で、熟練したミュージシャンになることができます。すでに約50万人もの人たちに示した、好きな楽器を楽譜だけで弾くこの簡単な方法は間違いのないものです。

あなたに特別な才能が必要だという古びた考えは忘れましょう。パネルに書いてある楽器のリストを見て、どれを弾きたいか決めてください。そうすれば、後のことはU.S.音楽スクールにお任せください。どの楽器を選んでいただいてもよいことを覚えておいてください。どれを選んでも料金は同じ、1日数セントです。初心者でもすでに優れた演奏家であってもかまいません。この新しくすばらしい方法にご興味を持っていただけるでしょう。

### 無料冊子とデモレッスンをお取り寄せください

何千人もの成功した生徒さんたちも、興味深い無料冊子と一緒に、完全無料でお送りするすばらしい「音楽能力テスト」で明らかになるまで、自分に音楽的才能があるとは夢にも思っていませんでした。

もし本気で、好きな楽器を弾けるようになりたい、もしあなたが本当に幸せを手に入れ、人気者になりたいと思うなら、今すぐ無料冊子とデモレッスンを取り寄せてください。費用は一切かからず、購入の義務はありません。便利なクーポンに今すぐご署名のうえお送りください。ご要望があれば楽器も提供します。現金またはクレジットカードでお支払いいただけます。

楽器をお選びください

| | |
|---|---|
| ピアノ | 和声と作曲 |
| オルガン | 楽譜の初見歌唱 |
| バイオリン | ウクレレ |
| ドラムや打楽器類 | ギター |
| マンドリン | ハワイアンスチールギター |
| クラリネット | ハープ |
| フルート | コルネット |
| サキソフォン | ピッコロ |
| チェロ | トロンボーン |
| 声と演説の文化 | |
| オートマチックフィンガーコントロール | |
| ピアノアコーディオン | |
| バンジョー(5弦、ピックまたはテノール) | |

U.S.音楽スクール
812ブランズヴィックビルディング、ニューヨークシティ
フランク・クレーン博士が紹介文を書いた無料冊子『自宅で音楽のレッスンを』を送ってください。デモレッスンと詳しい案内書も送ってください。以下のコースについて知りたいです。

上記の楽器を持っていますか？

名前
（はっきりとお書きください）

住所

市　州

■「英語の間違い」のセールスレター

# Do You Make These Mistakes in English?

**Sherwin Cody's remarkable invention has enabled more than 115,000 people to correct their mistakes in English. Only 15 minutes a day required to improve your speech and writing.**

MANY persons say, "Did you hear from him today?" They should say, "Have you heard from him today?" Some spell "calendar" "calender" or "calander." Still others say "between you and I" instead of "between you and me." It is astonishing how often "who" is used for "whom," and how frequently the simplest words are mispronounced. Few know whether to spell certain words with one or two "c's," or "m's," or "r's," or with "ie" or "ei." Most persons use only common words—colorless, flat, ordinary. Their speech and their letters are lifeless, monotonous, humdrum.

Every time they talk or write they show themselves lacking in the essential points of English.

## Wonderful New Invention

For many years Mr. Cody studied the problem of creating instinctive habits of using good English. After countless experiments he finally invented a simple method by which you can acquire a better command of the English language in only 15 minutes a day. Now you can stop making the mistakes which have been hurting you. Mr. Cody's students have secured more improvement in five weeks than previously had been obtained by other pupils in two years!

## Learn by Habit—Not by Rules

Under old methods rules are memorized, but correct habits are not formed. Finally the rules themselves are forgotten. The new Sherwin Cody method provides for the formation of correct these habit-forming practice drills can be carried out. You can write the answers to fifty questions in 15 minutes and correct your work in 5 minutes more. The drudgery and work of copying have been ended by Mr. Cody! You concentrate always on your own mistakes until it becomes "second nature" to speak and write correctly.

SHERWIN CODY

## FREE—Book On English

A new book explaining Mr. Cody's remarkable method is ready. If you are ever embarrassed by mistakes in grammar, spelling, punctuation, pronunciation, or if you cannot instantly command the exact words with which to express your ideas, this new free book, "How You Can Master Good English—in 15 Minutes a Day," will prove a revelation to you. Send the coupon or a letter or postal card for it now. No agent will call. SHERWIN CODY SCHOOL OF ENGLISH, 60 Searle Building, Rochester, N. Y.

SHERWIN CODY SCHOOL OF ENGLISH,
60 Searle Building, Rochester, N. Y.

Please send me, without any obligation on my part, your new free book, "How You Can Master Good English—in 15 Minutes a Day."

出所：『Do You Make These Mistakes in English?——The Story of Sherwin Cody's Famous Language School』（Edwin L. Battistella著、OXFORD UNIVERSITY PRESS）

## あなたは英語で こんな間違いをしていませんか？

シャーウィン・コーディの驚くべき発明によって、11万5000人以上の人々が英語の間違いを正すことができるようになりました。

１日たった15分で、あなたの「話す力」と「書く力」を改善することができます。

多くの人が"Have you heard from him today?"と言うべきところを、"Did you hear from him today?"と言います。また、"calendar"のスペルを"calender"や"calander"と書いてしまいます。

さらに、"between you and me"と言うべきところを"between you and I"と言う人たちもいます。"whom"を使うべきところで、しばしば"who"を間違って使ったり、ごく簡単な単語の発音間違いが頻繁に起こったりするのには驚きます。

また、１つか２つのc、m、rがつく特定の単語の場合、「ie」か「ei」のどちらのスペルにすべきかを知っている人はごく少数派です。ほとんどの人々は、変化の乏しい、単調で、ありふれた言葉を使います。そのような人の話し方や手紙は、生気がなく、単調で、退屈なものです。

彼らは、話したり書いたりするたびに、極めて重要な英語のポイントが抜けていることをさらけ出してしまいます。

### すばらしい新発明

何年もの間、コーディ氏は正しい英語を使う本能的な習慣をつくり出すという難問について研究しました。そして、数えきれないほどの実験の結果、ついに彼はシンプルな方法を発明したのです。それは、１日たった15分で英語をより自由に使いこなす力が身につく方法です。今こそ、あなたを不快にさせてきた間違いをやめることができるのです。コーディ氏の生徒たちは、古い教え方では２年間かかるところを、５週間で確かなものにしました。

## 文法ではなく習慣で学ぶ

古い教え方では、文法を覚えさせられますが、正しい習慣はできません。しまいには、文法そのものが忘れ去られてしまうのです。新しいシャーウィン・コーディの教え方は、練習問題をやることで、正しい習慣形成を可能にするのです。あなたは15分間で50個の質問の答えを書き、もう5分で答え合わせができます。コーディ氏のおかげで、退屈な書き取りはもう終わりです。あなたは、正しく書いたり話したりすることが「第2の習慣」になるまで、いつも自分自身の間違いだけに集中すればいいのです。

## 無料――英語についての小冊子

コーディ氏の驚くべきメソッドを解説した新しい小冊子が準備できています。もしあなたが今までに、文法、スペル、句読点、発音の間違いで恥ずかしい思いをしたことがあるなら、あるいは、あなたのアイデアを表現する適切な言葉を使いこなせないのなら、この新しい無料小冊子『どうすれば、1日15分で正しい英語がマスターできるのか』があなたに驚くべき新発見をもたらすでしょう。クーポンまたは手紙、官製ハガキを今すぐお送りください。業者が電話することはありません。

シャーウィン・コーディ英語学校　60番シアールビルディング、ロチェスター、ニューヨーク

＊＊＊＊＊＊＊＊＊＊＊＊＊＊＊＊＊＊＊＊＊＊＊＊＊＊＊＊＊＊＊＊＊

シャーウィン・コーディ英語スクール
60番シアールビルディング、ロチェスター、ニューヨーク
私のほうには一切の義務なく、新しい無料小冊子『どうすれば、1日15分で正しい英語がマスターできるのか』を送ってください。

## ■「2人の若者」のセールスレター

# ウォール・ストリート・ジャーナル

## アメリカンドリームのデイリーダイアリー

読者の皆様へ

25年前のあるうららかな晩春の昼下がり、2人の若者が同じ大学を卒業しました。彼らはとてもよく似ていました。2人とも平均的な学生より成績がよく、人柄もよく、そして大学を卒業した大半の若者がそうであるように、彼らは将来に向け大きな夢に満ちていました。

最近、この2人は卒業25周年の同窓会で大学にやってきました。

彼らは今でもとてもよく似ていました。2人とも幸せな結婚をしていました。2人とも子どもが3人いました。さらにわかったことですが、2人とも卒業後は同じ中西部のメーカーに勤め、今でもそこで働いていたのです。

しかし違いが一つありました。

一人はその会社の小さな部署の管理職でした。

もう一人はその会社の社長でした。

## 何がその違いを生んだのでしょうか?

あなたは今までに、人間の生涯で何がこのような違いを生むのかということを考えたことがありますか?

その違いは、持って生まれた知性や才能、はたまた懸命な努力によって生まれるとは限りません。一人が成功を望み、もう一人が成功を望まなかったわけでもありません。

その違いは、どんな知識を持っていたか、そしてその知識をどのように活用したかという点から生まれたのです。

これこそが、あなたや、あなたのような人々に対して『ウォール・ストリート・ジャーナル』について手紙を差し上げている理由です。ジャーナルは読者に知識を、ビジネスに使える知識を提供することが目的なのです。

## 他とは違う出版物

ご存じのとおり、『ウォール・ストリート・ジャーナル』は他に類を見ない出版物です。これは全米唯一の全国版日刊ビジネス紙です。ビジネスニュースの専門家による世界最大規模のスタッフチームによって平日は毎日編集されています。

毎号ジャーナルの各ページには、たとえ出身がどこであろうと、ビジネスマインドを持つ人々にとって面白く、重要な、幅広い情報が掲載されています。その情報源は驚くほど多岐にわたっています。株式市場や金融のみならず、めまぐるしい速さで動くビジネスの世界に関することすべてが載っています。『ウォール・ストリート・ジャーナル』には、あなたが必要とするビジネスニュースのすべてが載っています。

## 知識は力なり

私は今、ジャーナルの１面を読んでいます。そこでは、その日のすべての重要なニュースが、深く掘り下げられた特集記事と一緒にまとめられています。インフレ、卸売価格、車の価格、ワシントンやその他の都市での大規模開発に携わる産業向けの税制優遇など、ビジネスニュースのあらゆる方面が網羅されています。

（ページをめくってください）

また、ジャーナルのページというページがすべて、あなたに役立つ魅力的で重要な情報で埋め尽くされています。日々の個人資産管理のコラムは、あなたが賢明な貯蓄家、よりよい投資家、賢い消費者となることに役立ちます。他にも小規模ビジネス、マーケティング、不動産、科学技術、地域開発に関する週刊コラムもあります。『ウォール・ストリート・ジャーナル』を一度も読んだことがなければ、あなたにとってどれだけ役立つものか想像もつかないでしょう。

ジャーナルに掲載されているたくさんの情報は、他では得られません。ジャーナルは全米を横断する多くの工場で印刷されているので、あなたは毎日朝早く受け取ることができます。

## 28ドルで購読

28ドルで13週間ジャーナルを購読してください。そうすれば、私たちの言っていることが本当だと証明されるでしょう。これは私たちが提供する購読期間のうち、最も短いものですが、ジャーナルをよく知るためにはこれが最適な方法です。あるいはあなたはもっと長期の購読期間でもっと割引のメリットを受けたいと思うかもしれません。年間購読料は107ドルで定価より20ドルの割引です。最も割引率が高いのは2年購読で185ドル、最大69ドルの割引です！

綴じ込みの申込書に必要事項を記入して、同封の切手不要の封筒に入れて投函するだけの簡単さです。ジャーナルは次のことを保証します。ジャーナルがご期待に添わない場合はお試し購読期間のいつの時点でも解約でき、まだお届けしていない分についてはご返金します。

これが適正で良心的な提案だと思われるなら、『ウォール・ストリート・ジャーナル』が何百万人もの読者の役に立っているように、あなたにも役立つのかを今すぐ試してみてください。さあ、どうぞ綴じ込みの申込書を送ってください。ただちにジャーナルをお送りします。

この手紙の冒頭でお話しした大学の2人のクラスメートについてですが、彼らはともに大学を出て、ともにビジネスのキャリアをスタートさせたのです。何が彼らのビジネスにおける人生に違いをもたらしたのでしょうか？

知識です。役に立つ知識です。そして、その活かし方です。

## 成功への投資

『ウォール・ストリート・ジャーナル』の購読を始めたからといって、すぐに成功するということは約束できません。しかし、このジャーナルがあなたにとって、常に面白く、頼りになり、役立つということは保証できます。

ピーター R. カーン
バイスプレジデント
共同発行人

P.S.：最後に大事なことですが、ジャーナルの購読料は税金控除できる場合があります。

（＊現存している英語版は出所不詳のため未掲載）

## コラム スワイプファイル

ここで、紹介した3つのセールスレターのように、売れた実績のあるLP(ランディングページ、63ページ)・セールスレターの実物を集めたものを「スワイプファイル」という。

「スワイプ」とは「借用する」という意味で、元の文章を参考にしながら、書くためのもの。

スワイプファイルは、レター全体のものもあれば、ヘッドラインだけ、オープニングだけというように、パーツごとのものもある。

本書にある、**見出しの「ゴールデンパターン15」と「66の型」**(101〜103ページ)もスワイプファイルの一種だ。

スワイプファイルは、コピーライティングの「貴重な道具」の一つ。

特にコピーライティングをやり始めたばかりの頃は必須アイテムだ。徐々に慣れてきて、頭の中にデータベースができてくれば、頻繁に見なくても書けるが、初期の頃はいい見本として、スワイプファイルを活用するのが効果的。

スワイプファイルは、自分オリジナルのものを持っているのが理想だ。スワイプファイル集は出来合いのものもあるが、それを活用するときは、自分が気に入って使えそうなものを抜き出しておくのがいい。

これも道具なので、自社の商品・サービスにあてはめると使いやすいもの・そうでないもの、使う頻度の高い・低いが出てくる。

スワイプファイルをたくさん持っていれば、それだけでいい文章が次々書けそうな幻想に襲われる。しかし、道具箱の中に道具がたくさんあるほど探すのに苦労するし、どんなときにどれを使うべきか迷う。

だから、多すぎるのも問題で、厳選したものを少量持っているほうがいい。もちろん、アイデアを広げるために、幅広いバリエーションを持っておくのはいい。だが、コレクターになってしまうと宝の持ち腐れだ。

大事なのは、一定の成果が挙がっているものだけを集めること。

では、一定の成果が挙がっているものを、どうやって見分けるのか？

「2人の若者」(『ウォール・ストリート・ジャーナル』)のセールスレタ

一のように、何十年も使い続けられているLP・セールスレターは少ないが、継続的に効果が出ていれば、基本的な「型」を大きく変える必要はない。だから、長く目にするものは効果があるのだ。

あとは、自分が気に入ったもの、フィーリングに合うものを集めるのもいい。多くのLP・セールスレターを見ていけば、徐々に「見る目」は養われ、よし悪しを判断できるようになってくる。

優れた文章に出会い、読むことは、スキルアップへの重要な一歩だ。

## (2) セールスレターの歴史

アメリカでは、1917年にDMAA(Direct Mail Advertising Association)というダイレクトメールの団体が設立されている。

DMAAはその後、DMA(Direct Marketing Association)となり、現在は全米広告主協会(ANA)の一部門(Data Marketing & Analytics Division)となっている。

そして今でも、1929年から続く世界で最も権威あるマーケティング賞である国際ECHO賞を主催するなど、百年以上の歴史を持っている。

また、1923年に、クロード・C・ホプキンス(1866~1932)が『広告マーケティング21の原則』(臼井茂之＋小片啓輔監修、伊東奈美子訳、翔泳社)を出版し、コピーライティングについて解説している。1923年といえば第一次世界大戦(1914~1918)の少し後、日本では関東大震災(９月１日)があった年だ。

ホプキンスの著書では、すでに**広告をテストする重要性**が書かれており、顧客から直接反応を得る「ダイレクト・レスポンス・マーケティング」という手法がすでに確立されていたことがわかる。

さらに、「広告の父」デイヴィッド・オグルヴィ(1911~1999)が「いままでで１番役に立つ広告の本である」と評し、コピーライティングの名著として90年読み継がれている『ザ・コピーライティング』の原書“Tested Advertising Methods(５th Edition、1997年)”の第１版が出版されたのが

1932年。ケープルズが32歳のときに書いた本だ。世界大恐慌の引き金となったウォール街の大暴落から3年、日本では五・一五事件で犬養毅首相が暗殺された頃である。

コピーライティングがこれほど長く生き続けているのは、「モノを買う」という人間の営みは、昔も今も原理原則がほぼ変わらないことを示している。

日本では、1995年に、私、神田がアメリカでコピーライティングの存在を知り、それを日本で普及させ、一般のビジネスパーソンにも徐々に認知されるようになった。とはいうものの、学校や職場で習う機会はなく、まだまだ一部の人たちにしか知られていないのが現状だ。

当時、私は、外務省職員から外資系家電メーカーに転職し、家電製品を売ることになった。だが、思うように売れず、このままではクビというピンチに立たされた。そのとき、おもいきってコピーライティングを使ってみたのだ。

アメリカで流行っている手法が、本当に日本でも通用するのか？

はじめは半信半疑だった。

だが、試行錯誤の末、劇的に売れるようになった。それで効果を確信し、コピーライティングをコンサルティングにも取り入れ、クライアント先の業績をぐんぐん伸ばしていったのである。

## (3) LP（ランディングページ）とは？

アメリカでは、当初、紙のセールスレターやチラシを郵送していたが、FAXの登場により、セールスレターをFAXで送る「FAX-DM」が出てきた。

その後、ネットの発達でウェブサイトで商品・サービスを売るようになると、セールスレターをサイトに載せる手法が爆発的に普及した。

セールスレターのウェブサイト版を「**ランディングページ（LP）**」と呼ぶ。「ランディング」とは「Landing」で「着陸する」という意味。

どこか別のところからやってきて着陸するイメージで「ランディングページ」と呼ばれている。だから、別のメディアや画面から遷移してたどり着くページは、セールスメッセージに限らず、「ランディングページ」と呼ぶこともある。

ランディングページ(LP)はサイトに掲載されるため、画面下のほうにスクロールする縦長の構造になっている。

また、画像が多用されているため、見た目はセールスレターとはだいぶ違う印象だ。

ネット経由で商品を購入する際はLPを見て判断するが、読み手を説得に導くコピーがなく、単に商品画像と特徴が記載されただけのものも多い。

我々が見る限り、コピーライティングの技術に基づき、しっかり訴求できている広告は現時点でも意外と少ない。

ここで、LPとはどんなものか、事例を紹介しておこう(右ページ)。

## (4) LPとホームページの違い

サイト上のページで真っ先に思い浮かぶのは、**ホームページ**(以下、HP)だ。今やHPがないビジネスはありえない。

では、LPとHPはどう違うのだろう。最も大きな違いをまとめてみた。

**■LPとホームページ(HP)の違い**

| | LP | HP |
|---|---|---|
| 目的 | 売ること | 会社案内+販売 |
| 取扱商品 | 原則一つ | 多数 |
| 検索性 | あまり重視しない | 非常に重要 |

HPは会社概要から個別商品まで、会社全体をカバーする。

そのため、会社にある商品・サービスをすべて網羅する。66ページの上にあるのがHPの一例だ。

HPがあらゆる商品・サービスや会社概要まで対象となるのに対し、LPは、**一つのLPで扱う商品・サービスは基本的に一つだけ**になる。

これが最大の違いだ。

■LPの事例

出所:株式会社ロイヤルオートサービスLP

## ■HPの事例

出所：株式会社セールスフォース・ドットコムウェブサイト

LPは「ランディングページ」というとおりランディングするので、メールや広告など**LPへのなんらかの導線が別にある**。

そのため、直接LPを検索してもらうのはメインの流れではない。

だから、検索性自体はあまり重視しない。

一方、**HPは検索性が生命線**。検索のしやすさを重視し、買いたいものがすぐ見つけられることが重要だ。

ただHPから個別のLPにつなぐ場合は、LPにも検索性が求められる。

HPを作成する際にも、ベネフィットなどコピーライティングの技術を活用すれば、訴求力の高いHPができる。

## 4. 収益の上がる仕組みがつくれる

ここでは、利益の計算などマーケティングの基礎に触れるが、「コピーを書くことと何の関係があるのか？」と思うかもしれない。

しかし、ここにはコピーライティングの本質が含まれる。

それは、コピーライティングとは、顧客をあおって、ダマして、「いいものであるかのように見せかけて売る」技術とは真逆である点だ。

コピーライティングは「顧客と良好な関係を築き、継続した取引の中で利益を上げる」もの。それを十分意識して書くために、マーケティングの理解が必須となる。

### (1)リード、フロントエンド、バックエンド

DRMには、根幹となるマーケティングフローがある。次の図だ 。

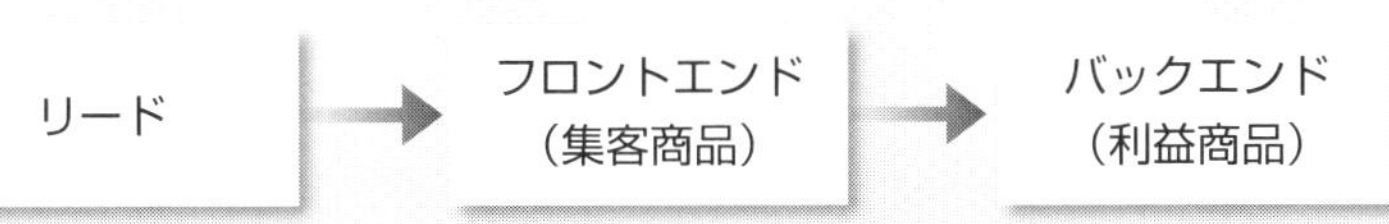


一連の流れは下記のとおり。

ステップ1：**リード**(買う可能性のある人を探して集める)

ステップ2：**フロントエンド**(買いやすい商品を一回買ってもらい、あなた個人や会社のことを信用してもらう)

ステップ3：**バックエンド**(高額商品の購入や継続購入で利益を出す)

次ページの上の表でもう少し詳しく解説しよう。

## ■リード、フロントエンド、バックエンド

| | |
|---|---|
| **リード** | リードとは、買う可能性のある人のこと。日本語では「見込客（みこみきゃく）」と呼ぶ。見込客を獲得する活動を「リードジェネレーション」という |
| **フロントエンド** | フロントエンドは「集客商品」と呼ばれる。集客する＝新規客を集めるのが目的だ。初めての顧客が買いやすいように、比較的安価な商品・サービスを用意。購入を通じて顧客と信頼関係を構築するのが狙いだ。信頼関係ができると、継続して同じ商品を購入したり、違う商品を購入したりしてくれる。だから、利益は重要視しない |
| **バックエンド** | バックエンドは、「利益商品」と呼ばれる。フロントエンドで構築した信頼関係をもとに、高額商品や継続購入で利益を出していく |

なかには、フロントエンドとバックエンドの間にもう一つ、商品・サービスを入れて「**ミドルエンド**」とする場合もある。

フロントエンドの役割は**集客**であり、**信頼関係構築**。だから、価格以上の商品・サービスを用意し、**払った金額以上の価値を確実に感じられるものにする**ことが必要だ。価格が安いからテキトーなものにしようとすると絶対にうまくいかない。

典型的なフロントエンドとして、100円お試し、ワンコイン（500円）お試しなどがあるが、フロントエンドからバックエンドにスムーズに流れるように設計していくことが大切だ。いくつか事例を挙げてみよう。

## ■フロントエンドとバックエンド

| フロントエンド | バックエンド |
|---|---|
| お試しセット：500円 | 定期購入：１か月3,000円 |
| 雑誌創刊号：１冊390円 | 定期購読：１冊1,500円 |
| 講座Ａ：5,000円 | 講座Ｂ：５万円 |

フロントエンドの事例をいくつか見ておこう。

こちらは500円お試しの事例だ。

■「500円お試し」の事例

出所：ソニーネットワークコミュニケーションズ株式会社「NURO 光」ウェブサイト

下記は、創刊号を安くして、バックエンドで定期購読につなげるパターン。

このように、**リード→フロントエンド(→ミドルエンド)→バックエンドという流れをスムーズにつくることで、収益の上がる仕組みがつくれる。**

■バックエンドで定期購読につなげる

出所：株式会社デアゴスティーニ・ジャパンウェブサイト

## コラム 2（ツー）ステップマーケティングとCVR

「リード→フロントエンド→バックエンド」の流れに関連するものとして「2ステップマーケティング」がある。

これは、**一発で売るのではなく、2段階で売る方法**だ。

通常は、商品・サービスを売ると、その引き換えにお金をもらう。

しかし、自動車や住宅など単価が高くて、購入頻度が低い場合は、購入段階でかなり慎重になる。なかでも、「その会社から買って大丈夫か」という不安や不信感は大きなウエイトを占めている。

そのため、いきなりメインの商品・サービスを販売するのではなく、**買う可能性のある人＝見込客（リード）を見学会や説明会などの形式でまず集め、その見込客に対してメインの商品・サービスを販売する**。これが「2ステップマーケティング」だ。

「リード→フロントエンド」の流れと「2ステップマーケティング」は明確に区別されるわけではない。あえて違いを言うなら、リードからフロントエンドの流れは、安いものであっても売ることが前提なのに対して、2ステップマーケティングは、いきなり売らずに、説明会などで先に無料で見込客を集める点だ。だから、フロントエンドを無料にすると、2ステップマーケティングと同じになる。たとえば、「アマゾンプライム」の30日無料体験の事例だ。

**■「アマゾンプライム」30日無料体験の事例**

出所：アマゾンジャパン合同会社ウェブサイト

このあたりはあまりナーバスになる必要はない。肝心なのは、一発で売るのではなく、見込客を集めて売る手法がある点を理解しておくことだ。

２ステップマーケティングは、何も高額商品に限定されるわけではない。今すぐ買ってくれる「**今すぐ客**」と、そのうち買ってくれそうな「**そのうち客**」では、アプローチ法が変わってくる。

「そのうち客」を対象にする場合は、２ステップマーケティングのほうが、成果が挙がるケースが多い。

化粧品の広告で「今すぐ客」を集める広告と、お試し用無料サンプル進呈で「そのうち客」を狙った広告では、後者のほうの**購入数が12倍になった**事例もある（『あなたの会社が90日で儲かる！――感情マーケティングでお客をつかむ』神田昌典著、フォレスト出版）。

「そのうち客」には「**ナーチャリング（nurturing：育成）**」が有効だ。ナーチャリングとは、**情報を提供し、購入に向けて理解と期待を高める（＝教育していく）こと**。

ちなみに、１回で売ってしまう形を「**1ステップマーケティング**（ワン）」というが、マーケティングの世界ではあえて１ステップマーケティングとはいわない。

１回で売るのが難しそうな場合や、１ステップで成果が挙がらない場合、２ステップをやると打開策につながることがある。

もちろん、何がなんでも２ステップにする必要はなく、１ステップで売れるなら１ステップで行くほうがいい。

「売る」ことに関連して、もう一つ「**CVR**」を知っておこう。

顧客からの「レスポンス」は、多くは購入を意味する。

しかし、２ステップの場合、無料サンプルの請求や、メールアドレス（以下、メルアド）取得などがゴールになるケースがある。

このように顧客がなんらかのレスポンスをすることを、「**コンバージョン**」という。Conversionを略して「**CV**」ともいう。

**どのくらいの割合でコンバージョンしたかを把握する指標が**「**CVR**」だ。

CVRとは、「**Conversion Rate**」の略。

ここでの「Conversion」は「転換」という意味。CVRは、一般的に

**「成約率」**といわれる。しかし、メルアド取得を目的に、無料で資料をダウンロードするケースでは、コンバージョンは購入ではなく、メルアドの取得。この場合のCVRは「メルアド取得率」なのだ。ただ、メルアドを取得できた時点を「成約」とみなす場合は「CVR＝成約率」といってもいい。

CVRの計算方法は簡単だ。

**CVR＝コンバージョン数÷対象となるアクション数×100**

「対象となるアクション数」は、メールやDMなら、全体の送信数、広告ならクリック数などだ。たとえば次のように計算する。

**■CVRの算出法**

| | |
|---|---|
| **メール送信数** | 20,000人 |
| **商品購入者数** | 100人 |
| **CVR** | 0.5%<br>(100人÷20,000人×100) |

この場合、CVRは0.5%となる。

## (2)「LTV」と「CPA」とは何か?

フロントエンドは、顧客との信頼関係構築が目的なので、利益は度外視でいい。しかし、何のアテもなく度外視するわけではない。

**バックエンドで利益が出る仕組みになっていることが前提**だ。これを考えるうえで、まず理解しておくべきなのが「LTV」である。

LTVは「Life Time Value」の略で、「**顧客生涯価値**」と呼ばれる。

ここでいう「生涯」とは、必ずしも「死ぬまで一生」ということではない。「**一人の顧客が顧客でいてくれる期間**」を指す。一般的には1年程度が目安。商品・サービスにより、3か月だったり、数年になったりする。顧客は、はじめ気に入っていたとしても、飽きてきたり、転居などの環境変化ですぐ離脱するので、「**顧客期間**」という考え方をする。

あなたも行きつけの理美容室をリピートしているかもしれない。

その場合でも、何年か経てば変わるだろう。これが「顧客期間」だ。

単発で1回販売したときの利益ではなく、「**一人の顧客が顧客でいてくれる期間(顧客期間)に、どれだけの利益をもたらしてくれるかを金額で表す**」。これがLTVなのだ。

ここでいう「利益」とは、一般的には「**粗利益**」を指す。粗利益は損益計算書(P/L)上で「**売上総利益**」という。

利益には、限界利益、営業利益、経常利益、税引前利益、純利益などがある。それぞれコストや税金をどのように入れるかで変わってくるが、LTVを考える際は、一般的に**粗利益**を使う。

粗利益は**売上から原価を引いたもの**。個別商品なら販売単価から原価を引いたものになる。その場合、原価に何を入れればいいのか疑問が湧いてくるが、業種によって違うので、ここではシンプルに4000円で仕入れ5000円で売る場合を考えてみよう。この場合、販売単価5000円で原価4000円なら粗利益は1000円となる。

また、LTVを把握するときの「リピート」とは必ずしも同じ商品のリピートではなく、同じ会社から別のものを買ってくれる場合も「リピート」に該当する。LTVの計算自体は簡単だ。

## ■LTVの算出法

| | |
|---|---|
| **顧客一人あたり1回購入時の粗利益** | 1,000円 |
| **平均リピート回数** | 6回 |
| **LTV** | 6,000円<br>(1,000円×6回) |

この場合のLTVは6000円だ。

LTVと密接に関連するもう一つの重要概念が**CPA**だ。

**CPA**は「Cost Per Acquisition」の略で、「**顧客獲得コスト**」と呼ばれる。要するに、**顧客一人を獲得するためにかかるコスト**だ。

LTVは、「一人の顧客が顧客でいてくれる期間に、どれだけの利益をもたらしてくれるかを金額で表したもの」だった。

一方、CPAは、「**新しく顧客一人を獲得するためにかかるコストを金額で表したもの**」だ。

見込客を集め、最終的に顧客になってもらうには広告費がかかる。だから、一人の顧客を獲得するために、いくらコストがかかっているのかをCPAでとらえることが大切だ。こちらも計算は簡単。

**CPA＝顧客獲得に要した費用÷獲得した顧客数**

ここではダイレクトメール(DM)を郵送するケースを考えてみよう。

- DM発送料が切手代その他で1通あたり100円
- DM1000通を送付
- そのうち50人が購入

この場合のCPAは次のとおり。

### ■CPAの算出法

| | |
|---|---|
| **DM発送コスト** | 10万円<br>(1,000通×100円) |
| **獲得した顧客数** | 50人 |
| **CPA** | 2,000円<br>(10万円÷50人) |

この場合のCPAは2000円だ。

DMの送付だけでなく、広告を出して顧客を集める場合も含め、かけたコスト総額を獲得した顧客数で割ったものがCPAとなる。

「LTV」と「CPA」を押さえたところで、両者の関係を見てみよう。

LTVもCPAも「顧客一人あたり」という定義は同じ。そして、LTVが利益(粗利益)で、CPAはコスト。そうすると、次の関係が成立しないと、ビジネスとして成立しないことがわかる。

LTV＞CPA

つまりLTVがCPAより大きくないと赤字になる。CPAがLTVより大きいままだと、広告を出せば出すほど赤字が拡大する。

たとえば、次のようなケースだ。

| | |
|---|---|
| LTV | 15,000円 |
| CPA | 7,000円 |
| 収益* | 8,000円 |

＊粗利益と区別するため、LTV－CPAは「収益」としている

この場合、顧客一人を獲得するために7000円かかっているが、その顧客は一定期間に1万5000円の粗利益をもたらしてくれるので、8000円の収益がある。これなら何も問題はない。

では、逆のケースを考えてみよう。

| | |
|---|---|
| LTV | 15,000円 |
| CPA | 20,000円 |
| 収益 | ▲5,000円 |

この場合、LTV＜CPA、つまりLTVよりCPAが上回り、一人あたり粗利益の総額(＝LTV)より、一人あたり集客コスト(＝CPA)のほうが大きいので、収益はマイナス5000円。つまり赤字。顧客獲得コストをかけすぎているのだ。この場合は、CPAを下げるか、LTVを上げるか、あるいは両方併せ技にするかの対応が必要になる。

現状LTV＜CPAという図式になっていても、次項のアップセル、クロスセルなどのLTVアップ施策があれば、戦略的に仕掛けられる。一番避けたいのは、LTVもCPAもわからず、やみくもにやることだ。

## (3) アップセル、クロスセル、ダウンセルの仕組み

LTVを最大化するには、**購入回数を増やす方法**と**客単価(顧客一人あたりの売上)を上げる方法**がある。この単価を上げる定番が、**アップセル、クロスセル**だ。

アップセルとは、**ある商品・サービスの上位にあり、単価が高いものを売ること**。クロスセルとは、ある商品・サービスの**関連商品を売ること**だ。

アップセル、クロスセルを知らなくても、これらを使った事例は身の回りにたくさんある。たとえばこんなものだ。

### ■アップセルとクロスセル①

| ベース商品 | チーズバーガー |
|---|---|
| アップセル | ビッグバーガー |
| クロスセル | フライドポテト |

昔はハンバーガーを単品で注文した客に、ポテトやドリンクを勧めて買ってもらっていたが、今では、ハンバーガーとポテトとドリンクをはじめからセット販売することで、客単価を上げるのが主流となっている。

別の例も見てみよう。

### ■アップセルとクロスセル②

| ベース商品 | 64GBのスマホ |
|---|---|
| アップセル | 128GBのスマホ |
| クロスセル | 専用カバー |

ネットショッピングなどでも、「この商品をチェックした人はこんな商品もチェックしています」などと表示されるが、これもアップセル、クロスセルの一種。

下の事例はアマゾンのものだ。

### ■アマゾンの事例

よく一緒に購入されている商品

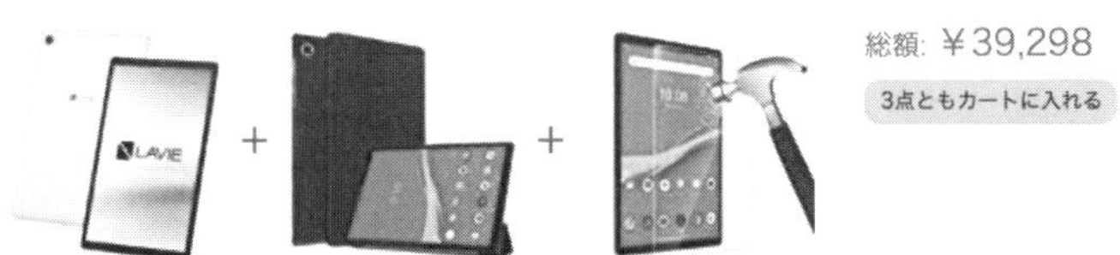


総額: ￥39,298

3点ともカートに入れる

これらの商品のうちの1つが他の商品より先に発送されます。 詳細の表示

- **対象商品:** NEC LAVIE Tablet E 10.3インチ (Android9.0/MediaTek He… ￥36,400
- 【液晶フィルムとタッチペンおまけ】Pysea NEC LAVIE Tab E TE510/KAS ケ… ￥1,599
- 【Pysea】NEC LAVIE Tab E TE510/KAS フィルム 日本旭硝子素材 2020… ￥1,299

こちらもおすすめ

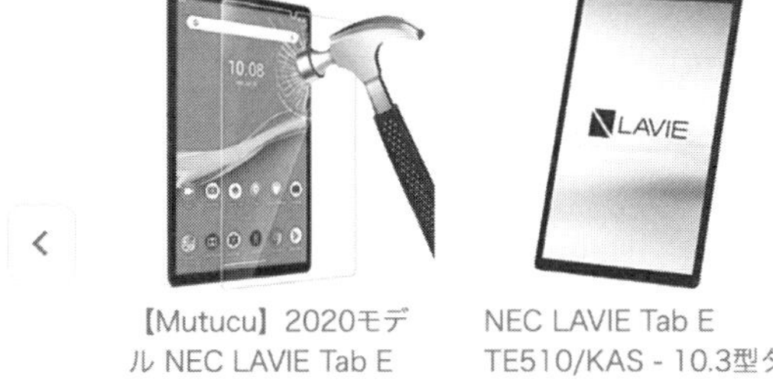


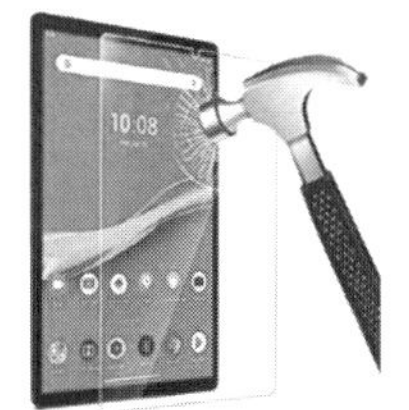


【Mutucu】2020モデル NEC LAVIE Tab E

NEC LAVIE Tab E TE510/KAS - 10.3型タ

【Pysea】NEC LAVIE Tab E TE510/KAS フィ

出所：アマゾンジャパン合同会社ウェブサイト

この他、ある商品・サービスの購入者に対し、一定期間後に、さらに上位の商品・サービスを勧めるのもアップセルだ。

このようにアップセル、クロスセルは身の回りにいくらでもある。あなたも客として無意識に購入しているかもしれない。

もし、メインとなる商品の上位モデルやサービス、関連商品などがない場合は、まずそれらを用意し、LTVを上げよう。

アップセル、クロスセルを取り入れるべき理由はもう一つある。

店舗運営の場合、通りを行き交う人に店に入ってもらうのは難しい。一方、店舗に入って何か買う気になっている人に、「**ついで買い**」してもらうのは、店自体に入ってもらうより労力は少ない。

一般的に集客というと、新規客ばかり意識してしまうが、これは通りを行き交う人を店舗に呼び込むのと同じ。新規集客はコストや労力が莫大だ。だから、既存客にリピート購入してもらいつつ、「ついで買い」を勧めることで、顧客一人あたりの売上である**客単価を上げ、LTVの最大化**を図るのである。

アップセルとクロスセルは客単価を上げる策だが、アップセルの反対に**ダウンセル**がある。

ダウンセルとは、**ある商品・サービスより機能が省略されているなど下位に位置づけられ、価格が低いもの**を売ること。

なぜ、わざわざアップセルと反対のものを用意するのか？

それは、目あての商品が予算に合わない場合、何もなければ販売できないが、「**廉価版**」があれば、予算に合わせて買ってもらえる可能性が出てくるからだ。

先ほどのスマホでいえば、スマホはほしいが、少し予算的に厳しいという人に対し、32GBで価格が64GBより低ければ購入に至る可能性がある。

**ダウンセルは、少しでも販売機会を逃さない策**なのだ。

アップセル、クロスセル、ダウンセルをまとめると、次のようになる。

### ■アップセル、クロスセル、ダウンセル一覧

| | |
|---|---|
| **ベース商品** | 64GBのスマホ |
| **アップセル** | 128GBのスマホ |
| **クロスセル** | 専用カバー |
| **ダウンセル** | 32GBのスマホ |

## この章のポイント

●コピーライティングで売上が上がるのは次の４つの特徴があるから

1. 顧客から直接反応を得る「**レスポンス広告**」により顧客に**直接販売**(直販)できる
2. 顧客が困っている問題を解決したり、顧客がそうなりたい願望をかなえたりする救世主の役割を果たす「**ベネフィット**」を提供する。人は、商品・サービスそのものがほしいのではなく、それを**買った結果得られるベネフィットがほしい**のだと肝に銘じる。
   顧客にインパクトのあるベネフィットを見つけられるかが、売上を左右する最大のポイント。ベネフィットをしっかり掘り下げて考える
3. セールスのための手紙が「**セールスレター**」。セールスレターのウェブ版がLP(**ランディングページ**)。
   LP・セールスレターは一度つくれば、**24時間365日働いてくれる営業マン**に変身する。LP・セールスレターなしで売ろうとするのは、営業マンなしで売ろうとするのと同じ。特にネット販売でLPは必須。
   LPとHPの最大の違いは、HPが多数の商品・サービスを扱うのに対し、**一つのLPで扱う商品・サービスは一つだけ**という点
4. **リード➡フロントエンド(集客商品)➡バックエンド(利益商品)**、**アップセル**、**クロスセル**、**ダウンセル**で、単発の販売ではなく、**継続取引の中で利益の上がる仕組み**をつくる

●**収益を一定の期間でとらえるLTV**と、**顧客獲得コストCPA**とのバランスを考えることで、広告の費用対効果が高まり、効率よく集客できる。LTV＞CPAの関係になっていないと赤字になる。
また、LTVは顧客との良好な関係に基づく、継続取引が基本

## コラム 「顧客を育成する」という考え方

「お客さん」とは何だろう？

明確な定義はないが、次のように考えるとわかりやすい。

「お客さん」とは広く一般人を指す。その中で、あなたの商品を買ってくれそうな人、買ってくれる可能性のある人を「**見込客**」、あるいは「**リード**」と呼ぶ。さらに見込客の中で一度でも商品を買ってくれたことがある人を「**顧客**」と呼ぶ。

こう定義すると、自社の商品・サービスを買ったことがあるか、ないかの差が見込客と顧客の差になるが、実際に使われる際は、必ずしも厳密に区別されないことも多い。

見込客を含めて顧客と呼ぶこともあるし、商品Ａを購入したが、商品Ｂを購入していない人は、商品Ｂのプロモーション（販売活動）では見込客に該当することもある。

ここで、押さえてほしいのは、両者の細かな定義ではなく、**顧客には「ステージ」があり、「顧客を育成する」という考え方**だ（下図）。

**■「顧客を育成する」という考え方**

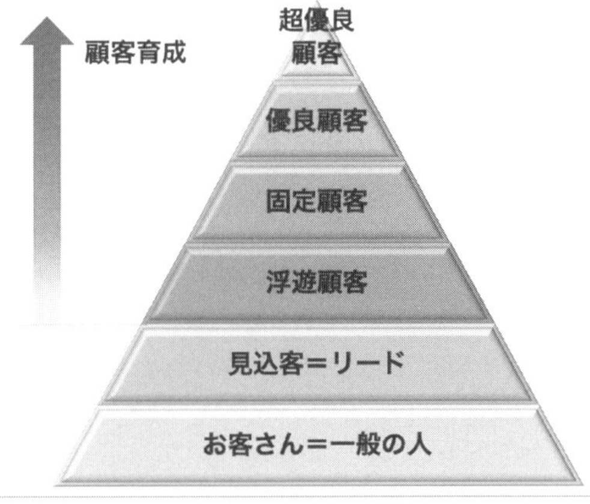

あなたの会社からだけではなく他社からも買う「**浮遊顧客**」段階から、いつも買ってくれる「**固定顧客**」になり、固定顧客から、さらに高額商品を頻繁に買ってくれる「**優良顧客**」に成長する。そして優良顧客から、あなたの会社や商品を他の人に積極的に勧めてくれる熱烈なファンが出てきて「**超優良顧客**」となる。

このように「顧客育成」を戦略的にやっていくと事業はうまくいく。

もちろん、商品・サービスによっては、リピートという概念があてはまらないケースもある。

たとえば、浮気調査専門の探偵事務所の場合、顧客からの依頼がリピートするケースは少ないかもしれない。離婚専門弁護士も、同じ顧客からリピートされることはあまりなさそうだ。

両方とも、2度、3度のケースがないわけではないが、基本1回限り。

一方、住宅は高額で、多くの人にとって一生に一度の買い物だが、保険やメンテナンスなどでリピートは考えられる。自動車も購入後の車検やオイル交換などで十分リピートが見込まれる。

このように、継続した関係を構築する中で、**既存客の「ファン化」**を図り、収益を確保していくのがコピーライティングの基本的な考え方となる。

# 第2章

# インパクトのある<br>見出しをつくる8要素<br>「BTRNUTSS（バターナッツ）」

文章の「見出し」には重要な役割がある。

人は見出しを見て、自分に関係あるものか、読むに値するかを瞬時に判断する。

最も典型的な例は、書籍タイトル。タイトルが面白くないと、手に取ってみようと思わない。

LP・セールスレターはもとより、メール、ブログ記事など、すべては見出しによって読まれるかどうかが決まる。その内容がどれだけ面白くても、どれだけ役立つものだとしても、中身が読まれなければ伝わらない。だから、**見出しが一番重要**なのだ。

ここでは、読み手が「読んでみよう」という気になるインパクトのある見出しのつくり方を紹介する。

## 1. 汎用性抜群！ 見出しの「ゴールデンパターン15」と「66の型」

見出しのつくり方には、３つのステップがある。

ステップ１：**型を知る**
ステップ２：**型にはめる**
ステップ３：**インパクトを強める**

ステップ１は、「**型を知る**」ことだ。

見出しは、クリエイティブに自由に書かれているのではなく、決まった型がある。まず、どんな型があるのかを知り、その型に自分が言いたいことをあてはめるところからやってみよう。

ここでは、コピーライティングの入門者から経験者まで高い頻度で使える、汎用性の高い見出しの「型」を紹介する。

型をたくさん知っていると、表現の幅が広がる。だが、型がたくさんありすぎても、見出しを書く際、どれを選べばいいか迷ってしまう。

そこで、**見出しを大きなパターンでとらえる**のだ。

見出しは次の**15パターン**に分類できる。

## ■見出しの「ゴールデンパターン15」

| パターン | 概要 |
|---|---|
| (1)方法提示 | なんらかの方法を提示する |
| (2)質問 | 読み手に質問で問いかける |
| (3)問題提起 | 読み手が抱える問題を提起する |
| (4)秘密公開 | 読み手が知らない秘密を公開する |
| (5)ターゲット指定 | ターゲットを指定して呼びかける |
| (6)仮定 | 仮定で読み手の想像力を刺激する |
| (7)勧誘 | 読み手を誘う |
| (8)新情報提供 | 新たな情報を提供する |
| (9)対比 | いいものと悪いものを対比させる |
| (10)販売条件提示 | 価格や発売日など販売条件を提示する |
| (11)こそあど | 「これ」「それ」「あれ」「どれ」など指示語を使う |
| (12)ストーリー | 物語を彷彿(ほうふつ)とさせる |
| (13)指示 | 読み手に指示する |
| (14)独自性・優位性 | 自社の独自性や他社との優位性を示す |
| (15)ユニーク | 型にはならないが、オリジナリティあふれる見出し |

**15パターンの中に、さらに具体的な型がある。**なお、見出しに使える言葉については、拙著『売れるコピーライティング単語帖』を参考いただくとして、ここではコピーライティングの本質と見出しのつくり方を理解しよう。

これまでのコピーライティングとはガラッと変わってくるはずだ。

## (1)方法提示パターン
なんらかの方法を提示する

| | |
|---|---|
| 型1 | **〇〇する方法**<br>例：いつまでもメールの返信がない時、上手に催促する方法<br>(Harvard Business Review) |
| 型2 | **〇〇するための方法**<br>例：疲労回復するための３つの方法<br>(大正製薬株式会社) |
| 型3 | **〇〇の◎つの方法**<br>例：累計600万PV超会社員ライターの「日常からネタを見つける３つの方法」<br>(ダイヤモンド・オンライン) |
| 型4 | **〇〇しながら◎◎する方法**<br>例：在宅勤務しながら出世する方法 特に女性<br>(ウォール・ストリート・ジャーナル日本語) |
| 型5 | **〇〇を手に入れて◎◎する方法**<br>例：好きなことをビジネスにして、成功する方法<br>(アルマ・クリエイション株式会社) |
| 型6 | **〇〇を◎◎にする方法**<br>例：「一歩踏み出せない」あなたをエースにする方法<br>(日経ビジネス) |
| 型7 | **〇〇しない(防ぐ・やめる・抜け出す)方法**<br>例：「やることリスト」作って終わりにしない方法<br>(日本経済新聞電子版) |

〈ポイント〉

この型は非常によく使われるので、この表現自体は読み手の興味を誘うことはできない。ポイントは、**「方法」の対象をベネフィットにする**ことだ(ベネフィットについては37ページ)。

「方法」を提示する際のベネフィットは次の３つに集約される。

① **何かを手に入れる**方法
② **うまくやる(なる)**方法
③ **嫌なものから逃れる**方法

**読み手が抱える問題を解決する方法**、あるいは、**読み手がなりたい理想を実現する方法**という視点で考えるといい。特に、③は人間の本性に根ざした損失回避性(238ページ)に訴求するため効果的。

## (2)質問パターン①
### 読み手に質問で問いかける

| | |
|---|---|
| **型8** | **○○とは？**<br>例：税務署が許さない「露骨な相続税対策」とは？<br>（ダイヤモンド・オンライン） |

〈ポイント〉

シンプルに興味、関心を惹く内容を持ってきて、「何だろう？」と**好奇心に訴える**。質問型見出しの中で、最もポピュラーな型。シンプルなだけに、「何を言うか」で顕著に差がつく。

「～とは？」と聞かれて、「別に興味ないし……」という反応も十分ありえるため、内容だけでなくターゲット設定もポイントになる。

ブログ記事の場合、ターゲット設定を広く取りたくなるが、グッと我慢し、**ターゲットを絞る＝誰に読んでもらいたいかをはっきりさせる**ことが成功のカギ。

## (2)質問パターン②
### 読み手に質問で問いかける

| | |
|---|---|
| **型9** | **○○できますか？**<br>例：他の人と本の話ができますか？<br>（『ザ・コピーライティング』） |
| **型10** | **○○をご存知ですか？**<br>例：目の充血にはさまざまな種類があるのをご存知ですか？<br>（ジョンソン・エンド・ジョンソン株式会社） |

〈ポイント〉

読み手に**質問することで行動を促す**。○○に興味を惹きたい内容を入れると、**行動経済学の「プライミング効果」**が期待できる（行動経済学とコピーライティングの関係、プライミング効果については、117ページのコラム参照）。

次の例は、型9の事例「他の人と本の話ができますか？」をヒントにつくった、我々の「フォトリーディングの講座」の見出しだ。

**「あなたはまともに本の話ができますか？」**

## (2)質問パターン③
### 読み手に質問で問いかける

|  |  |
|---|---|
| **型11** | **なぜ(どうして)○○は◎◎なのか?**<br>例:ビジネスとユーモアの意外な関係<br>なぜ指導者に、ユーモアが必要なのか?<br>(アルマ・クリエイション株式会社) |
| **型12** | **なぜ一部の人は○○できる(できない)のか?**<br>例:なぜ一部の人たちだけが株で必ず儲けているのか<br>(『ザ・コピーライティング』) |

〈ポイント〉

知的好奇心をくすぐる表現の一つ。**好奇心につながることが大前提**なので、読み手が既知のことや、そもそも興味が湧かない内容には使えない。

これも定番なので、「○○とは?」と同じく「何を言うか?」=どんなトピックを持ってくるのかで反応が決まる。

同時にこの型は、**(4)秘密公開パターンのニュアンス**を含んでいる。「なぜ○○できるのか?」といえば、「うまくいく秘訣」について語ろうとしていることがわかるし、「なぜ○○できないのか?」であれば、うまくいかない理由を語ろうとしていることがわかる。

## (3)問題提起パターン①
### 読み手が抱える問題を提起する

|  |  |
|---|---|
| **型13** | **あなたは○○でこんな間違いをしていませんか?**<br>例:あなたは英語でこんな間違いをしていませんか?<br>(55ページ) |
| **型14** | **○○のこんな症状(予兆)が出ていませんか?**<br>例:あなたのパソコンに、ハードディスクの破損につながる<br>こんな症状が出ていませんか? |

〈ポイント〉

この型の最大の特徴は「こんな」。「こんな」で問いかけられると、どんなことか知りたくなる。このヘッドラインに続く文章には、間違い、症状、予兆などを列挙し、問題点に気づいてもらうのが効果的。

「あなたは○○でこんな間違いをしていませんか？」の○○には、採用、ネット集客など、様々なトピックスが入る。また「○○選び」とすれば、塾選び、スマホ選び、会社選びなど多種多様に使える。とても便利な型だ。
常識的には「○○では××することが当然」と考えられていることが、実は間違いだったと情報提供できれば大きなインパクトがある。

## (3)問題提起パターン②
**読み手が抱える問題を提起する**

| | |
|---|---|
| **型15** | **○○によくある△つの◎◎**<br>例：コンビニ経営者によくある3つの悩み |

〈ポイント〉
◎◎の部分には「間違い」が入ることが多いが、「**理由**」「**悩み**」「**特徴**」なども入れられる。「よくある」とあると、もしかして自分にもあてはまるのでは？　と気になって読みたくなる。
同じ型で「（商品・サービス）によくある○つの**質問**」とすることでFAQの見出しとしても使える。

## (4)秘密公開パターン
**読み手が知らない秘密を公開する**

| | |
|---|---|
| **型16** | **○○の秘訣（秘密・理由・ポイント）**<br>例：〝アマゾン流〟成功する経営の秘訣、パワーポイント資料を禁止<br>（WEDGE Infinity） |
| **型17** | **○○の◎つの秘訣（秘密・理由・ポイント）**<br>例：50代でやりたい仕事を実現するための7つの秘訣<br>（ダイヤモンド・オンライン） |
| **型18** | **○○の秘密を公開**<br>例：1か月に1億円売るセールスマンがトークの秘密を公開 |
| **型19** | **○○する理由（ワケ）**<br>例：ネット通販のプロが今実店舗に注目するワケ<br>（アルマ・クリエイション株式会社） |

| 型20 | ○○がうまくいかない理由(ワケ)<br>例:「官民連携」がうまくいかない理由と打開のための3つのヒント<br>(Forbes JAPAN) |
|---|---|
| 他にも、コツ、ツボ、事実(真実)、極意などが使える | |

〈ポイント〉

物事をうまくやるために、**あまり知られていないノウハウを教える**ときに使う。

誰しも、ちょっとしたアドバイスで、結果が劇的に変わる経験をしたことがあるだろう。スポーツの場合はわかりやすい。バッティングでグリップの握り方をほんの少し変えただけで、打球がよく飛ぶことがある。

自分がうまくできない状況にあるときに、うまくできている人はどうやってうまくいくのか？　そんな秘密・秘訣・コツがわかるのは大きなベネフィットだ。

実は、この表現は、**暗にターゲットを絞っている**。「バッティングの秘密」と書けば、バッティングに興味のある人にしか響かない。

ちなみに、「理由」と「ワケ」だと、「ワケ」のほうが「くだけた」印象なのと、「何かウラがある」ニュアンスを含む。全体のトーンとニュアンスで使い分けるとよい。

## (5)ターゲット指定パターン
### ターゲットを指定して呼びかける

|  |  |
|---|---|
| 型21 | ○○の方(あなた)へ<br>例:プレママ・パパのあなたへ　はじめてのおむつ選び<br>(花王株式会社) |
| 型22 | ○○でお悩みの方(あなた)へ<br>例:土地活用でお悩みの方へ<br>(積水ハウス株式会社) |
| 型23 | いつか○○したい人(あなた)へ<br>例:いつか会社を辞めてパン屋を開業したい人へ |
| 型24 | ○○のお子さんを持つ保護者(お父さん、お母さん)へ<br>例:小学校3年生までのお子さんを持つ保護者の方へ |
| 型25 | もっと○○したいけど、どうしたらいいかわからない方へ<br>例:もっと既存客のリピート率を上げたいけど、どうしたらいいかわからない方へ |
| 型26 | ○○をお使いの方(あなた)へ<br>例:これまでのTSUBAKIをお使いの方へ　新しいTSUBAKIのおすすめ商品<br>(株式会社資生堂) |

| | |
|---|---|
| 型27 | **○○とお考えの方（あなた）へ**<br>例：一戸建ては３階建てにしたいとお考えのあなたへ |
| 型28 | **○○のための**<br>例：中高年のためのセカンドキャリア構築法 |
| 型29 | **○○（年齢）代の方へ**<br>例：元気に毎日を送りたい、40代以上の方へ<br>（株式会社やずや） |

〈ポイント〉

ターゲットを指定して呼びかけることで、読み手に「自分のことだ」と気づいてもらう。呼びかけが具体的で絞り込めているほど効果的。次の例では下に行くほど具体的になる。

例１：**体の不調にお悩みの方へ**

例２：**朝起きたときに疲れが取れていないと感じる方へ**

例３：**朝起きたときに疲れが取れていないと感じる40代後半の女性の方へ**

もちろん、無理矢理長くする必要はないが、詳しく書いてみて、メッセージが刺さりそうなら採用し、冗長なら削ればいい。

## (6)仮定パターン
### 仮定で読み手の想像力を刺激する

| | |
|---|---|
| 型30 | **もし○○だったら**<br>例：もし成長と安定がお望みでしたら、当社がお力になります<br>（『ザ・コピーライティング』） |
| 型31 | **もし○○でこんなことが起こったらどうしますか？**<br>例：もし大切なプレゼンでこんなことが起こったらどうしますか？ |
| 型32 | **たとえ○○でも**<br>例：たとえ音楽が苦手でもピアノ演奏を楽しめます |
| 型33 | **想像してみてください。あなたが○○のところを**<br>例：想像してみてください。あなたが結婚式のスピーチで拍手喝采を浴びているところを |
| 型34 | **もし○○なら◎◎できます**<br>例：あなたがもしゴールド免許なら、保険料が20%安くなります |

〈ポイント〉
読み手が、あるシーンを具体的にイメージすることで、「自分ごと」に感じやすくなる。この型は、**読み手がすでに思っていることをリアルにイメージ**する場合と、**気づいていなかった問題を新たにイメージすることで気づきが生まれる**という両面が狙える。

## (7)勧誘パターン①
読み手を誘う

| | |
|---|---|
| 型35 | **○○しませんか？**<br>例：神田とハロウィン飲み会しませんか？<br>（アルマ・クリエイション株式会社） |
| 型36 | **○○してみませんか？**<br>例：テレワークを活用してみませんか<br>（厚生労働省） |
| 型37 | **○○しましょう**<br>例：内側から、私を磨こう。きれいのリズム<br>（株式会社再春館製薬所） |
| 型38 | **○○はいかがですか？**<br>例：生命保険の見直しはいかがですか？ |
| 型39 | **○○したい人は他にいませんか？**<br>例：キスしたくなるようなお肌に30日以内になる方法を知りたい人は他にいませんか？<br>（『ザ・コピーライティング』） |
| 型40 | **さあ・いざ**<br>例：さぁ、はじめよう！全身で音楽を楽しめるエレクトーン<br>（株式会社ヤマハミュージックリテイリング）<br>例：いざ、インパクトカンパニーへ<br>（アルマ・クリエイション株式会社） |

〈ポイント〉
「○○してください」だと押しつけがましい感じがするが、「**○○しませんか？**」だと心理的抵抗は少ない。また、「誘う」ことで、やってみようか迷っている読み手の背中を押す効果がある。
「**他にいませんか？**」は活用シーンが多い型。「他に」によって、すでに**別の人が意思表示しているニュアンス**を醸し出せる。

## (7)勧誘パターン②
読み手を誘う

**型41**

**求む・〇〇を求む・募集・大募集・急募**

例：求む。高報酬で、不動産スペシャリストとして働きませんか
（『ザ・コピーライティング』）

〈ポイント〉

集める対象は人以外にも、各種コンペやイベントへの作品や体験談なども入る。私、神田の経験では、「募集」と「大募集」なら、「大募集」のほうが、圧倒的に人が集まる。しかし、「募集」のほうが**良質な人材が集まる**。「大」があることで応募するハードルが下がるので、数は集まりやすくなる。一方、「大」がないとハードルは上がるが、それを乗り越えて応募してくるので、良質な人が集まるのではないかと推測している。

## (8)新情報提供パターン①
新たな情報を提供する

**型42**

**新〇〇**

新登場、新発売、新常識、新発明、新食感、新手法
新発見、新製品、新型、リニューアル
新しい、まったく新しい、最新の

例：手づくり・数量限定 九州かぼちゃのチーズケーキが新登場！
（JR九州フードサービス株式会社）

例：動くたび、汗をかくたび、２段階消臭「ハミング消臭実感」新発売
（花王株式会社）

例：マーケティングとコピーライティングの新常識
（アルマ・クリエイション株式会社）

例：不思議な新食感 濃厚チーズ
（株式会社なとり）

例：デバイス導入の常識を変える新手法「ゼロタッチ」
（日経ビジネス電子版）

〈ポイント〉

新情報提供パターンの中でも「新しさ」を強調する型で、「新しい」＝「今までのものとは違う」ことを端的に表現。**商品・サービス自体が新登場の場合**と、**商品・サービス自体は同じだが、位置づけやコンセプトを変えて打ち出す場合**がある。

「新製品」というと、製品自体が新しくないと使えないが、「新常識」なら、商品・サービスは変わらずとも使い方やコンセプトが新しければ使える。

新しい、今までとは違うという要素は、似たような商品・サービスがあふれる今の時代に有効。ただ、みんな慣れてくると反応しなくなるので、**常に新しさを打ち出す**ことは極めて有効だ。

## (8)新情報提供パターン②
### 新たな情報を提供する

|  |  |
|---|---|
| **型43** | **〇〇をご紹介**<br>例：３密でも売上増のビジネスモデルをご紹介<br>（アルマ・クリエイション株式会社） |
| **型44** | **発表！ 〇〇**<br>例：2021年モデル　Vino＆JOG発表<br>（ヤマハ発動機株式会社） |
| **型45** | **ついに・とうとう・いよいよ**<br>例：京セラ国内初の５G対応タフスマートフォン「TORQUE® ５G」ついに登場！<br>（京セラ株式会社）<br>例：とうとう出た！Pentium4-2GHz、1.9GHzがアキバで販売開始！<br>（株式会社角川アスキー総合研究所）<br>例：いよいよ明日、グランドオープン |

〈ポイント〉

この型は、元々初対面の人を引き合わせる意味合いがあるが、そのニュアンスで新しいこと・もの・情報を告知できる。

「ご紹介」は冒頭に出ることが多いが、「〇〇をご紹介」「〇〇をご紹介します」と最後に出てくることもある。

冒頭の場合は文末に「！」をつけて使うとアクセントになるが、内容によってはふさわしくないときもある。全体のトーンとの調和を考えて判断しよう。

## (8)新情報提供パターン③
### 新たな情報を提供する

| | |
|---|---|
| 型46 | **証言提示**<br>例：セコムなら、急な体調不良にいつでも駆けつけてくれる。だから、ひとりの時でも安心です。<br>（セコム株式会社） |

〈ポイント〉

顧客の声からインパクトのある部分を、そのまま見出しに引用して使う型。これに続ける形で、顧客の生の声を入れていけばいいので書きやすい。**見出し付近に証言者の写真**があると、説得力は格段に上がる。

ちなみに、例文は40ページで紹介した「○○という特徴がある。だから、○○」というベネフィット表現を使っている。

## (9)対比パターン
### いいものと悪いものを対比させる

| | |
|---|---|
| 型47 | **○○な人、××な人**<br>例：2021年の潮流がチャンスになる人vs危機になる人<br>（アルマ・クリエイション株式会社） |
| 型48 | **できる人（会社）vsできない人（会社）**<br>例：テレワークをフル活用できる人、できない人<br>（日経ビジネス） |
| 型49 | **泣く人、笑う人**<br>例：マンションリフォームで泣く人、笑う人 |

〈ポイント〉

真逆のものを対比する典型例は、世界で最も売れたセールスレターといわれている「２人の若者」のセールスレター（57ページ）のアイデア。冒頭部分で学生時代のよく似た２人の男の描写から、その後の人生を見事に対比して読者の興味・関心をそそっている。

それを端的に見出しで表現したのがこの型だ。**GoodとBadのどちらを先に持ってくるかはケース・バイ・ケース**。その後の文脈で比重の高いほうを先に持ってくればいい。

## (10)販売条件提示パターン
**価格や発売日など販売条件を提示する**

| | |
|---|---|
| 型50 | **○○無料**<br>例：10日間お試し無料 |
| 型51 | **○○プレゼント**<br>例：ご購入者全員にAmazonギフト券2,000円分プレゼント |
| 型52 | **期間限定**<br>例：３月１日～25日の期間限定　特別価格 |
| 型53 | **今だけ○○**<br>例：今だけ送料無料 |
| 型54 | **日付提示**<br>例：これぞ、クラフトビール。SPRING VALLEY豊潤〈496〉2021.3.23(TUE)全国新発売<br>(キリンホールディングス株式会社) |

〈ポイント〉

価格、限定性などの**オファーを見出しで提示**する型。「無料」以外はパッと見て売り込みだとわかるので、問題の解決策を熱心に探しているターゲットに対しては有効だが、それ以外のターゲットに使うときには注意が必要だ。

また、年月日をヘッドライン・見出しに入れることで、**具体性**が増す。また、「◎月△日まで」など使い方次第で、**締切効果**も期待できる(締切効果については150ページで詳説)。

## (11)こそあどパターン
**「これ」「それ」「あれ」「どれ」などの指示語を使う**

| | |
|---|---|
| 型55 | **これ・それ・あれ・どれ**<br>例：2020年注目すべき分野の１つがこれ<br>(アルマ・クリエイション株式会社)<br>例：次の５つのお肌のトラブルのうちなくしたいのはどれですか？<br>(『ザ・コピーライティング』)<br>例：増税にこだわる財政学者はどこが間違っているのか<br>(ダイヤモンド・オンライン)<br>例：あなたにはこの謎が解けるか？３分謎解きチャレンジ<br>(Forbes JAPAN) |

**型56**

**どうやって・こうやって**

例：どうやってわざとバカなマネをしてトップセールスマンになったか
（『ザ・コピーライティング』）

例：アメゾン社員はメール処理をこうやって「やめて」いる
（Forbes JAPAN）

〈ポイント〉
「こそあど」言葉を見出しに使うと、続きが知りたくなる。これは好奇心に訴える型。「どうやって」と言われればどんな方法なのか気になり、「こうやって」と言われれば「どうやって」と答えが知りたくなる。

型30「もし○○だったら」は比較的ネガティブな話題に向くのに対し、型55「どれ（どの）」はタイプや好みなど万能で幅広く使える。

また、「どれ（どの）」という言葉に続け、選択肢を提示すると、その後の文章につなぎやすい。

## (12) ストーリーパターン
### 物語を彷彿とさせる

**型57**

**○○するとみんなが笑いました**
**でも◎◎すると──**

例：私がピアノの前に座るとみんなが笑いました
でも弾き始めると──！
（『ザ・コピーライティング』）

例：同業者には笑われた。
でも私の本が売れ始めたとたん……
（『もっとあなたの会社が90日で儲かる！── 感情マーケティングでお客をトリコにする』神田昌典著、フォレスト出版）

〈ポイント〉
これはジョン・ケープルズの「ピアノコピー」（48ページ）の型。できないとバカにされていた人が、その商品・サービスによって一発逆転する典型的なヒーロー・ストーリーだ。

「ピアノコピー」を見ればわかるが、この表現を使う際は、**その後に物語が続くのが前提**となる。

ヘッドライン自体も「◎◎すると──」という、続きが気になる終わり方になっているので、ヘッドラインから出だしの文章にかけてのストーリー性がポイントになってくる。

この型を使う際のヘッドライン以降の展開は次のようになる。

① バカにされていたり、絶対できないと思われていたという状況

② いざその場面に出くわすと、みんながあっと驚いた

③ その種明かしが提供する商品・サービス

この大きな流れができて初めて生きてくる型だ。

また、ストーリー性は、ヘッドライン・見出しにインパクトをもたらす重要な要素の一つ。面白そうな物語は、つい読んでみたくなるだけでなく、売り込み臭がしないことで、幅広いターゲット層に訴求できる。

## (13)指示パターン
**読み手に指示する**

| | |
|---|---|
| **型58** | **○○しないでください(するな)**<br>例：この返済方法を知る前に、ローンの契約はしないでください |
| **型59** | **○○へのアドバイス**<br>例：専門家から協力隊へのアドバイス<br>(独立行政法人 国際協力機構) |
| **型60** | **○○は必要ありません**<br>例：ワイヤレスカーオーディオなら面倒な配線は必要ありません |

〈ポイント〉

セールスでは「○○してください」というパターンが多いが、あえてその逆をつくことで、興味を惹くパターン。

「○○しないでください」「○○は必要ありません」であればマイルドな表現で問題ないが、「○○するな」「○○しなさい」という命令形は、読み手とのラポール(信頼関係)が築けていない場合や、書き手に一定の権威性がない場合は避けたほうが無難だ。

## (14)独自性・優位性パターン
**自社の独自性や他社との優位性を示す**

| | |
|---|---|
| **型61** | **第1位・No.1**<br>例：「長寿日本一の秘訣は適度な毒」長野県民が実践する病気知らずの食事法<br>(プレジデントオンライン)<br>例：政令指定都市幸福度ランキング第1位<br>例：中古車取扱台数県内No.1 |

| 型62 | ○○専門<br>例：車海老料理専門 |
|---|---|
| 型63 | ○○のパイオニア<br>例：プラスチックのパイオニア<br>（住友ベークライト株式会社） |

〈ポイント〉
似たような商品・サービスであふれかえる今、**他にはない独自のウリ**や他と比べて優位な点＝優位性を訴求するアイデアだ。
これらは、「**ポジショニング**」に該当する（ポジショニングについては245ページで詳述）。

## (15) ユニークパターン①
**型にはならないが、オリジナリティあふれる見出し**

| 型64 | お願いがあります |
|---|---|

〈ポイント〉
このままの形で、LP・セールスレターのヘッドラインにも使えるし、メールの件名にも使える。読み手との信頼関係が築けていない場合は効果が出にくいが、自社の既存客向けなど、一定の信頼関係が築けているときは読んでもらいやすい（「お願いがあります」の活用事例として289ページ「型をマネる方法」参照）。

## (15) ユニークパターン②
**型にはならないが、オリジナリティあふれる見出し**

| 型65 | ○○することは<br>◎◎するためのカギであり<br>それができるのは××だけ<br>例：サイクルのすべてのステージでニキビをやっつけることはあなたの肌をきれいに、そして健康に見せるためのカギであり、それができるのはプロアクティブのコンビネーションセラピーだけ<br>（『The 16-Word Sales Letter™』掲載事例を著者訳） |
|---|---|

〈**ポイント**〉
『The 16-Word Sales Letter™——A proven method of writing multi-million-dollar copy faster than you ever thought possible』(Evaldo Albuquerque著、Independently published、未邦訳)で紹介された型で、**ヘッドラインでベネフィットを凝縮して伝える型**。私、神田は、このヘッドラインが紹介されている、『The 16-Word Sales Letter™』を読んだときに衝撃を受けた。ヘッドラインでこれほどインパクトを出す方法はない。この本では、ヘッドラインの構成を次のように説明している。

「○○することは」＝**新しい機会**
「○○するためのカギであり」＝**欲求**
「それができるのは○○だけ」＝**新しいメカニズム**

前ページの例では、「サイクルのすべてのステージでニキビをやっつける」ことが「**新しい機会**」、「あなたの肌をきれいに、そして健康に見せる」が「**欲求**」だ。

そして、「それができるのは、プロアクティブのコンビネーションセラピーだけ」が「**新しいメカニズム**」だ。

わかりやすくて伝えやすいが、日本語だと文章が長くなるので注意が必要。我々は実際に次のように使った。

例：コピーを書く時間を1/10(*当社従来比)に短縮することは
売上を大きく伸ばすカギであり
それが可能なのはデュアルPMMシステムだけ

出所：アルマ・クリエイション株式会社LP

## (15)ユニークパターン③
### 型にはならないが、オリジナリティあふれる見出し

**型66**

**オリジナリティあふれる秀逸な見出し**

例：時速60マイル、新型ロールスロイスのなかで聞こえるのは時計の音だけ

例：「エール大学に行く暇がなかった、自宅が大学代わりだったから」と、有名作家

例：12マイルものコットンからランズエンドのピンポイント・オックスフォードシャツ１枚が作られます
しかもそれはほんの序の口です

(いずれも『ザ・コピーライティング』)

〈ポイント〉
ここに挙げたのは、穴埋めの型にはならないものだ。しかし、オリジナリティあふれるので、他との違いが出しやすい。
「何を言うか」にフォーカスし、端的に表現すればいい。面白い「アイデア」を他から借りてきて、自分なりに創作しているうちに大ヒットコピーはできあがるものだ。どんどん試してほしい。

## ■見出しの「ゴールデンパターン15」と「66の型」

| パターン | 具体的な型 |
|---|---|
| (1)方法提示 | 型1:○○する方法<br>型2:○○するための方法<br>型3:○○の◎つの方法<br>型4:○○しながら◎◎する方法<br>型5:○○を手に入れて◎◎する方法<br>型6:○○を◎◎にする方法<br>型7:○○しない(防ぐ・やめる・抜け出す)方法 |
| (2)質問 | 型8:○○とは?<br>型9:○○できますか?<br>型10:○○をご存知ですか?<br>型11:なぜ(どうして)○○は◎◎なのか?<br>型12:なぜ一部の人は○○できる(できない)のか? |
| (3)問題提起 | 型13:あなたは○○でこんな間違いをしていませんか?<br>型14:○○のこんな症状(予兆)が出ていませんか?<br>型15:○○によくある△つの◎◎ |
| (4)秘密公開 | 型16:○○の秘訣(秘密・理由・ポイント)<br>型17:○○の◎つの秘訣(秘密・理由・ポイント)<br>型18:○○の秘密を公開<br>型19:○○する理由(ワケ)<br>型20:○○がうまくいかない理由(ワケ) |
| (5)ターゲット指定 | 型21:○○の方(あなた)へ<br>型22:○○でお悩みの方(あなた)へ<br>型23:いつか○○したい人(あなた)へ<br>型24:○○のお子さんを持つ保護者(お父さん、お母さん)へ<br>型25:もっと○○したいけど、どうしたらいいかわからない方へ |

| | |
|---|---|
| | 型26：○○をお使いの方（あなた）へ<br>型27：○○とお考えの方（あなた）へ<br>型28：○○のための<br>型29：○○（年齢）代の方へ |
| **（6）仮定** | 型30：もし○○だったら<br>型31：もし○○でこんなことが起こったらどうしますか？<br>型32：たとえ○○でも<br>型33：想像してみてください。あなたが○○のところを<br>型34：もし○○なら◎◎できます |
| **（7）勧誘** | 型35：○○しませんか？<br>型36：○○してみませんか？<br>型37：○○しましょう<br>型38：○○はいかがですか？<br>型39：○○したい人は他にいませんか？<br>型40：さあ・いざ<br>型41：求む・○○を求む・募集・大募集・急募 |
| **（8）新情報提供** | 型42：新○○<br>型43：○○をご紹介<br>型44：発表！ ○○<br>型45：ついに・とうとう・いよいよ<br>型46：証言提示 |
| **（9）対比** | 型47：○○な人、××な人<br>型48：できる人（会社）vsできない人（会社）<br>型49：泣く人、笑う人 |
| **（10）販売条件提示** | 型50：○○無料<br>型51：○○プレゼント<br>型52：期間限定<br>型53：今だけ○○<br>型54：日付提示 |
| **（11）こそあど** | 型55：これ・それ・あれ・どれ<br>型56：どうやって・こうやって |
| **（12）ストーリー** | 型57：○○するとみんなが笑いました<br>でも◎◎すると―― |
| **（13）指示** | 型58：○○しないでください（するな）<br>型59：○○へのアドバイス<br>型60：○○は必要ありません |

| | |
|---|---|
| **(14)独自性・優位性** | 型61：第1位・No.1<br>型62：○○専門<br>型63：○○のパイオニア |
| **(15)ユニーク** | 型64：お願いがあります<br>型65：○○することは<br>◎◎するためのカギであり<br>それができるのは××だけ<br>型66：オリジナリティあふれる秀逸な見出し |

## 2. 型にはめる方法

見出しの型がわかれば、それに自分が書きたい内容をあてはめていく。

そのとき、「なんとなくこんな感じかな～」では、反応率の高い見出しを再現することはできない。

ここからは、**感覚に頼らない、再現性**を**高める見出しのつくり方**を紹介しよう。

まず、ステップ2の「**型にはめる**」方法だ。

型にはめるときは、**書こうとしている内容のどの部分にフォーカスするか**を考える。次の例を見てみよう。

例1：あなたはスマホ選びで**こんな間違いをしていませんか？**
例2：あなたの生活スタイルにフィットするスマホを選ぶ**方法**
例3：初めてのスマホ選びで後悔しない**秘訣**

どれも内容は基本的に「スマホの選び方」だ。

例1は「（3）問題提起パターン」の型13「あなたは○○でこんな間違いをしていませんか？」にはめている。

これは具体的な間違い事例にフォーカスし、それで興味を惹くことを狙っている。

例２は、「（１）方法提示パターン」の型１「○○する方法」にはめている。こちらは、選び方自体にフォーカスしているのだが、「生活スタイルに合うものを選ぶ」ことで興味を惹くことを狙っている。

例３は、「（４）秘密公開パターン」の型16「○○の秘訣（秘密・理由・ポイント）」にはめたもの。こちらは、「この秘訣を知らないと後悔しますよ」という点にフォーカスしている。

例１と例３は、間違いや後悔というネガティブ面にフォーカスし、例２は、生活スタイルにフィットというポジティブ面にフォーカスしている。

例３は、ただの「スマホ選びで後悔しない秘訣」だけだと、何かもの足りない。そこで、誰に向けたメッセージかをクリアにするため、「初めての」を追加し、ターゲットを絞ることでよりユーザーに刺さるようにした。

このように、単に「○○」にはまりそうなものの中から考えるのではなく、まず、どんな点を強調するかの「アイデア」を考え、それに合う見出しの型にはめるのがポイントだ。当然ながら、見出しで強調する部分は本文に書かれている必要があるので、不足している場合は内容そのものを書き直す必要がある。

型を知っていると、どんな「アイデア」で書けばいいかのヒント＝切り口が得られる。だから、型を知り、型にはめるのが大切なのだ。

## 3. インパクトのある見出しに必要な8つの要素「BTRNUTSS（バターナッツ）」

型を知り、型にはめることで、スムーズに見出しがつくれる。

ただ、それだけだと平凡な印象で、インパクトが弱いケースもある。

そこで、ステップ３の「**インパクトを強める**」ことが大切だ。

では、どうすればインパクトが出るのか？

ここでは、**見出しにインパクトを出す８つの要素**を紹介する。

見出しの役割と目的は2つある。

**① 読み手の注意を惹く**

**② 続きを読んでみたくなる**

2つを同時に満たすのが「インパクトのある見出し」となる。

そもそも「おっ?!」と読み手の注意を惹きつけられなければ、続きが気になることもない。

しかし、「おっ?!」と思っても、その次に「な〜んだ」となると続きは読まれない。2段階のように見えるが、読み手の頭の中では瞬時に起こっている。

では、インパクトのある見出しと平凡な見出し、つまり「読まれる見出し」と「読まれない見出し」は何が違うのか。

私、衣田も、長年、その解明に悩んでいる。こうして書いている今も悩んでいる。これはコピーライティングの永遠のテーマなのだろう。

読み手の関心は日々移り変わり、社会・経済環境も変わる。以前効果的だった見出しがこれからも効くとは限らない。

もちろん、読み手の変わらない欲求に訴える不変のパターンもある。

しかし、これだけあるパターンから、その都度最適な見出しをどうやって選択すればいいのか、悩むことも多い。

こればかりは実際にテストを重ね、評価を浴び続けるしかない。経験を積み重ねることで感覚は研ぎ澄まされていくが、少しでも早く結果がほしい。

どうすれば、短時間でインパクトのある見出しの**再現性**を高められるか？

経験が浅くても、読まれる見出しの再現性を高める方法として有効なのが、**見出しをいくつかの「要素で見る」方法**だ。

この手法は、従来からいろいろな人が、様々な要素を紹介している。『アイデアのちから』（チップ・ハース＋ダン・ハース著、飯岡美紀訳、日経BP）に出ているSUCCESs（サクセス）（Simple：単純明快、Unexpected：意外性、Concrete：具体的、Credible：信頼性、Emotional：感情に訴える、Story：物語性）などだ。

私、衣田もいろいろ試したが、それぞれ有効だ。ただ、悩ましいのは、必要とされているそれぞれの要素が「あるのか、ないのか」をどうやって判断すればいいかだ。

たとえば、「感情が刺激されるか」「具体性があるか」という要素は、見出しにおいて重要だが、読み手の「感情が刺激されるか」、読み手にとって「具体的か」を書き手側が判断するのは難しい。

誰か他の人に見てもらう場合でも、誰でもいいわけではない。ターゲットではない人の意見を聞くのは、混乱するだけだ。

しかし、ターゲットになる人が、タイミングよく存在するとは限らない。むしろいないことのほうが多い。

そもそも、書き手は、自分で面白いと思って書いているので、そのバイアスがかかった状態で、客観的に判断するのは難しい。

そこで、いろいろな要素から、書き手が客観的に判断しやすい指標として、**8つの要素**にまとめ、その頭文字を取ったのが次の「BTRNUTSS（バターナッツ）」だ。

### ■「BTRNUTSS（バターナッツ）」の8要素

| | |
|---|---|
| **Benefit** | 有益性 |
| **Trust** | 信頼性 |
| **Rush** | 緊急性 |
| **Number** | 数字 |
| **Unique** | 独自性 |
| **Trendy** | 話題性 |
| **Surprise** | 意外性 |
| **Story** | 物語性 |

ただ、これだけやれば、必ずインパクトが出るかというとそうではない。

あくまでも、インパクトのある見出しをつくる一指標にすぎない。

だが、直感頼みのときより、はるかに再現性は高まる。

各項目の判断基準は次のとおりだ。

## ■「BTRNUTSS」の判断基準

| | |
|---|---|
| Benefit（有益性） | 読み手にとってのベネフィットが入っているか？ |
| Trust（信頼性） | 権威を示す情報があり、信じられるか？<br>（うさんくさい感じはないか？） |
| Rush（緊急性） | 急いで行動しなければ！　と思える要素があるか？ |
| Number（数字） | 数字が入っているか？ |
| Unique（独自性） | 他との違いがすぐわかるか？ |
| Trendy（話題性） | 今流行の話題に関連しているか？ |
| Surprise（意外性） | 今までと違う新しい情報か？ |
| Story（物語性） | 「ピアノコピー」（48ページ）のような、一見セールスだとわからず、商品・サービスとまったく関係ない物語のような感じがするか？ |

「BTRNUTSS」で、見出しのよし悪しをチェックする際には、**8つの要素すべてが必要なのではない**。

全要素を満遍なくカバーするのではなく、どれか一つ、もしくは2～3の要素で**飛び抜けてインパクト**があれば他はなくてもOK。十分訴求力のある見出しがつくれる。

特に「物語性」は、伝えたいトピックに直接関係ない話題で読者の興味を惹く手法だから具体性に欠ける。そのため、見出しから有益性や信頼性が感じられないことも多い。

「BTRNUTSS」で見出しを確認する際は、どんな要素だと読者に訴求できるか＝**どの要素を磨けばいいか**という視点で見ていこう。

# 4.「BTRNUTSS」の見出し事例

まず、「BTRNUTSS」の８つの要素を一つずつ見てみよう。

次の事例は、アルマ・クリエイションのメルマガに使った件名で、どれも平均開封率(メールが開封された比率のこと。詳細388ページ)を上回った事例だ。

事例は、一つの要素に特化しているのではなく、複数の要素を満たしている場合もある。

## Benefit（有益性）

読み手にとって**得になる情報、役立つ情報**が入っていることが感じられるか。

### 今どきの社名・商品名に必要なこと

ネーミングは多くの人が強い関心を持っている。同時にどんなネーミングがいいのかに関する悩みも多い。

そこで、社名・商品名に必要な情報がわかるのは読み手にとって有益だ。

## Trust（信頼性）

「**権威性**」のある情報が入っていて信用できるか。

資格や受賞歴、確かな調査機関の名称などを入れることで、その情報の信憑(ぴょう)性を担保する。ポイントは、**一目であやしい、うさんくさい感じがしない**こと。

どんな場合、うさんくさいと感じられるか？

**主張が大きいのに、証拠（エビデンス）が感じられない**ときだ。

たとえば、「ひと晩で1000万円儲かる３つの方法」の場合、いかにもうさんくさい。うさんくささがあると、その後は読まれない。

次のように信頼できる情報を入れてみる。

経産省調査。2025年中小企業の３社に１社が……

書き手の独自見解ではなく、「経済産業省」の調査（ファクト）なので、信用できる。

## Rush（緊急性）

**今すぐ急がなければ！**　という緊急性が感じられるか。

期日が近いほど緊急性が出る。具体的な日付だけでなく、今すぐ動くべき要素を具体的に入れ込む。

連休も白熱会議の申込も明日まで

これなら読み手に、「急がないと」という緊急性が生まれる。

## Number（数字）

これは「**具体性**」だ。

見出しが具体的だと、読み手がイメージしやすくなる。

しかし、具体性が十分なのかそうでないのかを、判断するのは困難だ。

そこで初心者にもベテランにも有効なのが「数字」。「**数字は人格**」と覚えておこう。数字があるだけで具体性と信憑性が担保される。

商品数が７年で47倍になったものとは？

## Unique（独自性）

他にはない独自のウリ「USP」(247ページ)が表現できればベストだが、他より優れている**優位性**でもいい。他と違っていることは、興味を惹きやすい。内容によっては意外性にもつながる。

神田昌典NYレポート

基本的に個人名は独自性が出るが、一定以上の知名度がないと興味の対象にはならない。

## Trendy（話題性）

**今流行の、旬の話題**に関連しているか。

時事ニュース、話題のドラマ・CMなども考えられる。

ただ、いろいろな場面で目にするようになった頃に使っても効果はない。**旬の時期に使うのがポイント**。

クラブハウスに見るSNS終焉のはじまり

これは、2021年に音声SNS「クラブハウス」が注目されていた時期に使った見出しだ。この見出しには、私、神田の『日経MJ』連載記事のリンクがあった。このメールは、配信直後にクリック者が集中し、一時サーバがダウンする事態になった。「話題性」はこれくらいインパクトがあるのだ。

## Surprise（意外性）

読み手が何を意外と感じるかを判断するのは難しいが、少なくとも**新しい**

**情報**や、今までの常識が実は違うという衝撃の事実を提示できれば「意外性」につながる。

顧客サービスは４倍「悪影響」？

一般的に顧客サービスは「よいもの」と考えられている。
しかし、実は悪影響が４倍もあるとしたら「意外性」につながる。

## Story（物語性）

なんらかの**物語性**が感じられるか。
ストレートに問題点を指摘するのではなく、「ピアノコピー」(48ページ)や「２人の若者」(57ページ)のセールスレターのように、主題とは直接関係ないエピソードを彷彿とさせるものが「物語性」だ。
「**開発・誕生秘話**」「**一発逆転サクセスストーリー**」「**秘伝エピソード**」などは物語性につながる。

世界が学ぶ日本が生んだ"７分間の奇跡"

これは、新幹線が終着駅で折り返し運転の際、車内清掃を７分で終えることを紹介した「誕生秘話」の見出しだ。

これまで挙げた事例でも、一つの見出しに複数の切り口が入っている。
たとえば、

経産省調査。2025年中小企業の３社に１社が……

は、信頼性の事例にしているが、「数字」も入っている。

# 5. 見出しの再現性を高める「BTRNUTSS」見出しチェッカー

見出しを磨き上げるには、たくさん書くのが簡単かつ効果的な方法だ。

だが、やみくもに書くのではなく、「BTRNUTSS」の切り口で書いてみるといい。

そのときに役立つのが、次の「BTRNUTSS」**見出しチェッカー**だ。

**8つの切り口をそれぞれ5段階評価5点満点、計40点で自己採点**するのだ。

## ■「BTRNUTSS」見出しチェッカー

| Benefit<br>有益性 | Trust<br>信頼性 | Rush<br>緊急性 | Number<br>数字 | Unique<br>独自性 | Trendy<br>話題性 | Surprise<br>意外性 | Story<br>物語性 | 合計<br>スコア |
|---|---|---|---|---|---|---|---|---|
| 5 | 5 | 5 | 5 | 5 | 5 | 5 | 5 | 40 |
| | | | | | | | | |

スコア
5＝とてもあてはまる
4＝ややあてはまる
3＝まあまあ
2＝あまりあてはまらない
1＝あてはまらない

なぜ5点満点か？

我々も、10点満点、3点満点、あるいは「まあまあ」をゼロにしてプラス側とマイナス側の評価など試行錯誤してみた。その結果、5点満点が最も評価しやすかったのだ。

この「BTRNUTSS」見出しチェッカーで見出しを評価し、改善すべきポイントを考えると、より再現性が高まる。たとえば、型8の「○○とは？」(87ページ)にあてはめ、次の見出しをつくったとする。

## 見出しのつくり方とは？

これを「BTRNUTSS」見出しチェッカーで評価すると、次のように評価できる。

| Benefit<br>有益性 | Trust<br>信頼性 | Rush<br>緊急性 | Number<br>数字 | Unique<br>独自性 | Trendy<br>話題性 | Surprise<br>意外性 | Story<br>物語性 | 合計<br>スコア |
|---|---|---|---|---|---|---|---|---|
| 5 | 5 | 5 | 5 | 5 | 5 | 5 | 5 | 40 |
| 3 | 1 | 1 | 1 | 1 | 1 | 1 | 1 | 10 |

有益性がまあまあ感じられる程度で他は何もない。これではダメだ。

では、見出しに「数字」を入れて、次のようにしてみたらどうか。

## 見出しづくりに必要な8つの切り口とは？

| Benefit<br>有益性 | Trust<br>信頼性 | Rush<br>緊急性 | Number<br>数字 | Unique<br>独自性 | Trendy<br>話題性 | Surprise<br>意外性 | Story<br>物語性 | 合計<br>スコア |
|---|---|---|---|---|---|---|---|---|
| 5 | 5 | 5 | 5 | 5 | 5 | 5 | 5 | 40 |
| 3 | 1 | 1 | 5 | 1 | 1 | 4 | 1 | 17 |

数字が入り「8つの切り口」となったことで、意外性が少し出た。

だが、まだインパクトはない。

そこで、もっと他の切り口で表現できないかを考えよう。

有益性を上げるにはどうしたらいいか？　次のような見出しが考えられる。

## インパクトのある見出しをつくる8つの切り口とは？

| Benefit<br>有益性 | Trust<br>信頼性 | Rush<br>緊急性 | Number<br>数字 | Unique<br>独自性 | Trendy<br>話題性 | Surprise<br>意外性 | Story<br>物語性 | 合計<br>スコア |
|---|---|---|---|---|---|---|---|---|
| 5 | 5 | 5 | 5 | 5 | 5 | 5 | 5 | 40 |
| 5 | 1 | 1 | 5 | 1 | 1 | 4 | 1 | 19 |

さらに、もっと他の切り口で改善できないか考えてみよう。
信頼性と独自性を強化すると、次のようにできる。

**日本一のマーケッター*神田昌典四半世紀のノウハウを結集したインパクトのある見出しをつくる８つの切り口とは？**

＊『GQ JAPAN』2007年11月号

| Benefit<br>有益性 | Trust<br>信頼性 | Rush<br>緊急性 | Number<br>数字 | Unique<br>独自性 | Trendy<br>話題性 | Surprise<br>意外性 | Story<br>物語性 | 合計スコア |
|---|---|---|---|---|---|---|---|---|
| 5 | 5 | 5 | 5 | 5 | 5 | 5 | 5 | 40 |
| 5 | 5 | 1 | 5 | 5 | 1 | 4 | 1 | 27 |

このように、「BTRNUTSS」見出しチェッカーは、個々のスコアや合計スコアが何点かにこだわるのではなく、「**どの要素に着目すると、インパクトが出せるか**」の観点で活用してほしい。
というのも、一つの要素で強烈なインパクトがあれば十分だが、５点超はないので、個々のスコアや合計スコアには表れてこないからだ。

たとえば、「ピアノコピー」の見出しを「BTRNUTSS」見出しチェッカーで評価すると次のようになる。

**私がピアノの前に座るとみんなが笑いました
でも弾き始めると――！**

| Benefit<br>有益性 | Trust<br>信頼性 | Rush<br>緊急性 | Number<br>数字 | Unique<br>独自性 | Trendy<br>話題性 | Surprise<br>意外性 | Story<br>物語性 | 合計スコア |
|---|---|---|---|---|---|---|---|---|
| 5 | 5 | 5 | 5 | 5 | 5 | 5 | 5 | 40 |
| 1 | 1 | 1 | 1 | 1 | 1 | 3 | 5 | 14 |

物語性がすごく感じられ、「でも」以降に意外な展開が予想される。
このように、物語性を強調する場合、商品・サービスと直接関係ない表現

になるので、有益性など他の要素は表現できない。物語性がいくら優れていても、5点超はないので、合計スコアには現れにくい。

その前提で、先ほどの例のように、見出しを磨く際の切り口として使えば有効だ。経験が浅い人が見出しを磨くヒントになるだけではない。ベテランも感覚だけに頼ってしまうときに客観的に見る手助けにもなるのだ。

## この章のポイント

●どんな文章でも**見出しが最重要**。見出しで興味を持たれなければ、内容がどんなによくても読まれない。読まれなければ伝わらず、商品・サービスは売れない

●見出しづくりの３ステップ。
ステップ１：**型を知る**
ステップ２：**型にはめる**
ステップ３：**インパクトを強める**

●見出しは大きく**15パターンに集約**される。各パターンごとの**66の型**を知っておくと汎用性が高い。見出しは大きくパターンでとらえ、どの切り口にするかを考える。その後、型にはめる

●見出しにインパクトを出すために、感覚に頼るのではなく「BTRNUTSS（バターナッツ）」の８つの要素で考える

### ■「BTRNUTSS」の８要素

| | |
|---|---|
| Benefit | 有益性 |
| Trust | 信頼性 |
| Rush | 緊急性 |
| Number | 数字 |
| Unique | 独自性 |
| Trendy | 話題性 |
| Surprise | 意外性 |
| Story | 物語性 |

## コラム 行動経済学とコピーライティング

行動経済学は、2002年、ダニエル・カーネマン（プリンストン大学名誉教授）のノーベル経済学賞受賞によって注目が高まった。

行動経済学とはいったいどんなものか？

ごく簡単にいえば、経済学に心理学の要素を加味し、従来の経済学が前提としていた「合理性」では説明がつかない摩訶不思議な人間の意思決定や行動選択について研究する学問である。

コピーライティングに心理学の研究結果を取り入れることはこれまでにも行われてきた。しかし、コピーライティングは経済活動の一環なので、心理学と経済学が融合した行動経済学との関連が強く、とても興味深い。

行動経済学の対象分野は多岐にわたるが、文章表現に関連した研究も数多くある。百年以上にわたるコピーライティングの原理原則が、行動経済学の理論で学問的に裏づけられるものになったのだ。

たとえば、ヘッドラインを考えるときに役立つのが、行動経済学の「プライミング効果」。「プライミング」の「プライム」とは先行刺激という意味。

アイデアや概念をそれとなくほのめかすと連想が誘発され、行動が促進される。これが強力な効果を生む。

全米の代表的サンプル4万人以上の調査で、

「今後6か月以内に新車を買うつもりですか？」

と質問すると、新車購入率が35％上昇したという。また、

「次の週に何回デンタルフロス（歯間ブラシ）を使って歯の間を掃除しますか？」

と問うと、デンタルフロスを使う回数は増えたという。

さらに、選挙で支持者を投票に行かせるために、選挙前日に、

「投票に行きますか？」

と質問すると、投票率が25％もアップしたという（『実践 行動経済学

――健康、富、幸福への聡明な選択』リチャード・セイラー＋キャス・サンスティーン著、遠藤真美訳、日経BP)。

このように先行刺激の言葉によってプライミング効果が発揮され、その後の行動が促進されやすくなる。

売れるコピーライティングのヘッドラインにおけるプライミング効果は、「質問の形」で昔からよく使われてきた。

次の事例は、「読書会ファシリテーター」をプライミングしている。

■「読書会ファシリテーター」をプライミング

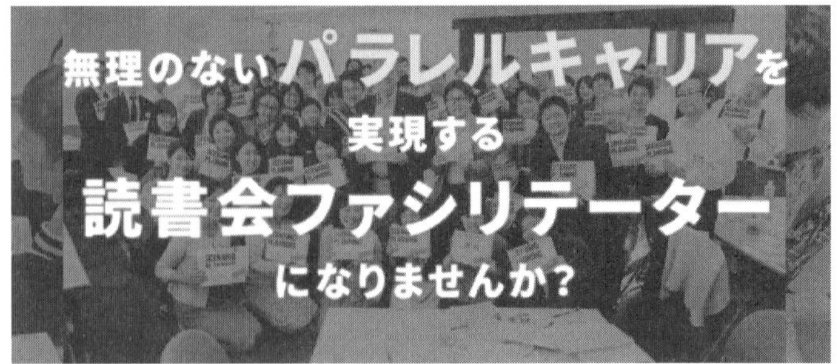


プライミング効果の他にも、行動経済学の理論とコピーライティングの原理原則が密接に関連している部分は多々あるので、該当箇所で適宜解説していく。

# 第３章

# LP・セールスレターは組み立てるもの

LP・セールスレターは、クリエイティブに書かれているように見えるが、実は**原理原則**がある。

その原理原則の中でも、LP・セールスレターを構成している基本構造が理解できると、グッと書きやすく、書くスピードもアップする。

LP・セールスレターは書くというより、**基本構造のパーツを組み立てていく**と書きやすくなる。

では、その基本構造を見ていこう。

# 1. LP・セールスレターの基本構造

## 基本の4パーツを押さえる

LPも、セールスレターも、メールに直接書き込む場合でも、セールスメッセージには基本パターンがある。

コピーライティングのテンプレートは数多く存在するが、すべてに共通するパターン＝「型」はこれだ。

**ヘッドライン**（興味）

**オープニング**（親近感）

**ボディコピー**
（商品・サービスの内容、
購入すると得られるベネフィットや販売条件等）

**クロージング**（申込）

このように、LP・セールスレターは、「ヘッドライン」「オープニング」「ボディコピー」「クロージング」と**4つのパーツ**から構成されている。

まず、ヘッドラインで興味を惹く。

次に、オープニング(=出だし)で親近感を持ってもらい、ボディコピーにつなぐ。

3番目に、ボディコピーで商品内容を説明し、購入するといいこと=ベネフィットを納得してもらいつつ、価格などの販売条件を提示する。

最後に、クロージングで申込ボタンをクリックしてもらうという流れだ。

コピーライティングで最初に覚えるべきは、この4パーツだ。

この型を意識し、LPやセールスレターを見ると、**構造が同じになっていることに驚く**だろう。

この4パーツをさらに分解すると、LP・セールスレターがどんな構成=「何を」「どのような順番」でいっているのかがわかる。

読み手の興味・関心を惹きつけてやまないLP・セールスレターは、この構成が秀逸だ。だから、一部分だけではなく、**全体がどんな構成で、どんな流れで話が展開されているか**に意識を向けよう。

では、この4パーツの詳細を見ていこう。

## ■4パーツの詳細

| | |
|---|---|
| **① ヘッドライン** | プリヘッド<br>ヘッドライン<br>デックコピー |
| **② オープニング** | |
| **③ ボディコピー** | ベネフィット<br>証拠・根拠<br>オファー<br>特典<br>リスクリバーサル<br>限定<br>締切 |
| **④ クロージング** | CTA(153ページ)<br>追伸(P.S.) |

各パーツの詳細は後ほど解説するが、まず実際のセールスレターでどうなっているかを確認する。

124ページの「ピアノコピー」を見てほしい。

このセールスレターのどの部分が、４つのパーツ「ヘッドライン」「オープニング」「ボディコピー」「クロージング」なのか確認しよう。

そして、この「ピアノコピー」のどんな点が秀逸なのか、考えてみたい。

重要なポイントは、**語り手が途中で変わる**点だ。

最初は物語の主人公が語り手となることで、読み手が自分と主人公を同一視し、物語に没頭する。そして十分に共感が得られたところで**語り手が変わり、セールスへと入っていく**。最初は主語が「**私**」となっているが、途中から「**あなた**」に変わるのだ。この点を意識して読んでみると、このセールスレターの秀逸さがわかる。

February, 1927 MONEY MAKING OPPORTUNITIES SECTION

*"Can he really play?" a girl whispered. "Heavens no!" Arthur exclaimed. "He never played a note in his life."*

# They Laughed When I Sat Down At the Piano But When I Started to Play!—

ARTHUR had just played "The Rosary." The room rang with applause. I decided that this would be a dramatic moment for me to make my debut. To the amazement of all my friends, I strode confidently over to the piano and sat down.

"Jack is up to his old tricks," somebody chuckled. The crowd laughed. They were all certain that I couldn't play a single note.

"Can he really play?" I heard a girl whisper to Arthur.

"Heavens, no!" Arthur exclaimed. "He never played a note in all his life. . . . But just you watch him. This is going to be good."

I decided to make the most of the situation. With mock dignity I drew out a silk handkerchief and lightly dusted off the piano keys. Then I rose and gave the revolving piano stool a quarter of a turn, just as I had seen an imitator of Paderewski do in a vaudeville sketch.

"What do you think of his execution?" called a voice from the rear.

"We're in favor of it!" came back the answer, and the crowd rocked with laughter.

## Then I Started to Play

Instantly a tense silence fell on the guests. The laughter died on their lips as if by magic. I played through the first bars of Liszt's immortal Liebesträume. I heard gasps of amazement. My friends sat breathless—spellbound.

I played on and as I played I forgot the people around me. I forgot the hour, the place, the breathless listeners. The little world I lived in seemed to fade—seemed to grow dim—unreal. Only the music was real. Only the music and the visions it brought me. Visions as beautiful and as changing as the wind blown clouds and drifting moonlight, that long ago inspired the master composer. It seemed as if the master musician himself were speaking to me—speaking through the medium of music—not in words but in chords. Not in sentences, but in exquisite melodies.

## A Complete Triumph

As the last notes of the Liebesträume died away, the room resounded with a sudden roar of applause. I found myself surrounded by excited faces. How my friends carried on! Men shook my hand—wildly congratulated me—pounded me on the back in their enthusiasm! Everybody was exclaiming with delight—plying me with rapid questions. . . . "Jack! Why didn't you tell us you could play like that?" . . . "Where **did** you learn?"—"How long have you studied?"—"Who **was** your teacher?"

"I have never even **seen** my teacher," I replied. "And just a short while ago I couldn't play a note."

"Quit your kidding," laughed Arthur, himself an accomplished pianist. "You've been studying for years. I can tell."

"I have been studying only a short while," I insisted. "I decided to keep it a secret so that I could surprise all you folks."

Then I told them the whole story.

"Have you ever heard of the U. S. School of Music?" I asked.

A few of my friends nodded. "That's a correspondence school, isn't it?" they exclaimed.

"Exactly," I replied. "They have a new simplified method that can teach you to play any instrument by mail in just a few months."

## How I Learned to Play Without a Teacher

And then I explained how for years I had longed to play the piano.

"It seems just a short while ago," I continued, "that I saw an interesting ad of the U. S. School of Music mentioning a new method of learning to play which only cost a few cents a day! The ad told how a woman had mastered the piano in her spare time at home—and **without a teacher!** Best of all, the wonderful new method she used, required no laborious scales—no heartless exercises—no tiresome practising. It sounded so convincing that I filled out the coupon requesting the Free Demonstration Lesson.

"The free book arrived promptly and I started in that very night to study the Demonstration Lesson. I was amazed to see how easy it was to play this new way. Then I sent for the course.

**Pick Your Instrument**

| | |
|---|---|
| Piano | Harmony and Composition |
| Organ | Sight Singing |
| Violin | Ukulele |
| Drums and Traps | Guitar |
| Mandolin | Hawaiian Steel Guitar |
| Clarinet | Harp |
| Flute | Cornet |
| Saxophone | Piccolo |
| 'Cello | Trombone |

Voice and Speech Culture
Automatic Finger Control
Piano Accordion
Banjo (5-String, Plectrum and Tenor)

"When the course arrived I found it was just as the ad said—as easy as A. B. C.! And as the lessons continued they got easier and easier. Before I knew it I was playing all the pieces I liked best. Nothing stopped me. I could play ballads or classical numbers or jazz, all with equal ease. And I never did have any special talent for music."

* * * *

## Play Any Instrument

You, too, can now **teach yourself** to be an accomplished musician—right at home—in half the usual time. You can't go wrong with this simple new method which has already shown almost half a million people how to play their favorite Instruments. Forget that old-fashioned idea that you need special "talent." Just read the list of instruments in the panel, decide which one you want to play and the U. S. School will do the rest. And bear in mind no matter which instrument you choose, the cost in each case will be the same—just a few cents a day. No matter whether you are a mere beginner or already a good performer, you will be interested in learning about this new and wonderful method.

## Send for Our Free Booklet and Demonstration Lesson

Thousands of successful students never dreamed they possessed musical ability until it was revealed to them by a remarkable "Musical Ability Test" which we send entirely without cost with our interesting free booklet.

If you are in earnest about wanting to play your favorite instrument—if you really want to gain happiness and increase your popularity—send at once for the free booklet and Demonstration Lesson. No cost—no obligation. Right now we are making a Special offer for a limited number of new students. Sign and send the convenient coupon now—before it's too late to gain the benefits of this offer. Instruments supplied when needed, cash or credit. **U. S. School of Music, 82 Brunswick Bldg., New York City.**

**U. S. School of Music,**
**82 Brunswick Bldg., New York City.**

Please send me your free book, "Music Lessons in Your Own Home," with introduction by Dr. Frank Crane, Demonstration Lesson and particulars of your Special Offer. I am interested in the following course:

.....................................................

Have you above instrument?....................

Name.............................................
(Please write plainly)

Address..........................................

City..........................State............

出所：『ザ・コピーライティング』

■「ピアノコピー」の解析

①ヘッドライン

**私がピアノの前に座るとみんなが笑いました**
**でも弾き始めると――!**

「語り手の変化」に注目

②オープニング

アーサーが『ロザリオ』を弾き終わった。室内には拍手が鳴り響いていた。私はこの場を、自分のデビューを飾るドラマチックな瞬間にしようと決心した。友人すべてが驚きあきれる前を、私は自信たっぷりにピアノに向かって歩みを進め、その前に座った。

「ジャックはくだらない、いたずらをたくらんでいるんだ」と誰かがクスクスと笑った。聴衆も笑った。彼らは皆、私が一音たりとも弾けないと確信していた。

「彼は本当に弾けるの?」と、ある少女がアーサーに向かってささやいているのが聞こえた。アーサーは「とんでもない」と、叫んだ。

「彼は人生でピアノを弾いたことなんて一度もないさ……でも、見てみろよ。これは面白いことになりそうだ」

私はこの状況を最大限に楽しむことにした。あざけりの中、私は貫禄たっぷりにシルクのハンカチを取り出し、ピアノの鍵盤のチリを軽く払った。そしてかつて見たことがある、パデレフスキというピアニストのモノマネが、寄席の寸劇でやっていたように、立ち上がって、ピアノの椅子を4分の1回転させた。

後ろのほうから「彼の演技をどう思う?」という声が聞こえた。

「面白いじゃないか」と呼応する声が上がり、聴衆は大笑いだった。

ここから
③ボディコピー

**そして私が弾き始めると**

一瞬にして聴衆は張り詰めた静けさに包まれた。

まるで魔法にかかったかのように、笑いは彼らの口元から消え去った。

私はリストの不朽の名作『愛の夢』の1小節目を弾いた。

聴衆が驚きで息を呑むのを感じた。私の友人はうっとりして固唾を呑んで座っていた。

私はピアノを弾き続け、そして弾いているうちに、周りに人がいることも忘れていった。私は時間も場所も、息も漏らさぬ聴衆のことも忘れていた。自分の住むちっぽけな世界は次第に薄れ、ぼんやりとしてきて、現実のものではなくなったように思えた。音楽だけが現実のものだった。音楽と音楽がもたらす幻影だけが私を包んでいた。その幻影は、はるか昔、偉大な作曲家にひらめきを与えた、風にたなびく雲のように美しく、漂う月明かりのように移ろう感じのものだった。それはまるで偉大な作曲家自身が音楽を通して私に語りかけている、言葉ではなく和音で語りかけているようだった。文章ではなく洗練されたメロディを通して。

## 完全なる勝利

『愛の夢』の最後の旋律がゆっくりと消えていくと、室内にはいきなり拍手喝采が響きわたった。

気がつくと私は、興奮した顔の聴衆に囲まれていた。友人たちの興奮といったら！　男たちは私と握手をし、荒々しく祝福を表し、熱狂的に私の背中をドンドン叩いた。誰もが喜びの声を上げ、矢継ぎ早に質問してきた。

「ジャック！　どうしてこんなにピアノが弾けることを今まで教えてくれなかったの？」

「どこで習ったの？」

「どのくらい習っていたの？」

「先生は誰？」

それに対して私は「一度も先生についたことはないよ」「少し前までまったく弾けなかったよ」と答えた。

「冗談はよせよ」と熟練したピアニストであるアーサーは笑った。

「君は数年間習っていたに違いない。わかるさ」「ほんの短期間習っていただけだよ」と私は言い張った。

「私は君たちみんなを驚かそうと思って内緒にしていたんだ」

そして彼らにすべてを話した。

「U.S.音楽スクールという名前を聞いたことはあるかい？」

と聞いた。友人の何人かはうなずいて、「あそこは通信制の学校だよね？」と叫んだ。

「そのとおりだよ」と答えた。

「その学校では、どんな楽器でもたったの2、3か月、楽譜だけで弾けるようになる、新しく簡単な方法を提供しているんだ」

ここから
商品説明

## どうやって先生なしでピアノの弾き方を習ったのか？

それから私が何年もの間、ピアノを弾くことに憧れていたことを話した。

ベネフィット

「ほんの少し前のことだったと思うんだけど」と私は続けた。

「1日わずか数セントで楽器を習う新しい方法をうたったU.S.音楽スクールの興味深い広告を目にしたんだ。その広告には、ある女性が、家で空いた時間を見つけて、しかも先生なしで、どうやってピアノをマスターしたかが書いてあったんだ。特に、彼女が実践したそのすばらしい方法は、骨の折れる味気ない音階練習や、退屈な練習も必要なかった。これはとても説得力があるように思えたので、無料デモレッスン申込用のクーポンに必要事項を書き込んで送ったんだ」

「すぐに無料冊子が届いて、その夜早速デモレッスンを始めた。私はこの新しい方法でいかに簡単にピアノを弾くことができるかを知って驚いた。そしてコースに申し込んだのさ」

ベネフィット

「教材が届いたとき、広告でうたわれていたとおり、アルファベットのABCを習うくらい簡単だということがわかった。そしてレッスンが進むにつれ、どんどん簡単になっていった。いつのまにか私はお気に入りの曲を、通しで弾けるようになっていた。もうやめられなかった。バラードもクラシックもジャズも同じように簡単に弾けた。音楽の特別な才能などまったくなかったのに」

ここで語り手が変わる

## どんな楽器も弾ける

証拠

あなたも独学で、自宅で、通常の半分の時間で、熟練したミュージシャンになることができます。すでに約50万人もの人たちに示した、好きな楽器を楽譜だけで弾くこの簡単な方法は間違いのないものです。

あなたに特別な才能が必要だという古びた考えは忘れましょう。パネルに書いてある楽器のリストを見て、どれを弾きたいか決めてください。そうすれば、後のことはU.S.音楽スクールにお任せください。どの楽器を選んでいただいてもよいことを覚えておいてください。どれを選んでも料金は同じ、１日数セントです。初心者でもすでに優れた演奏家であってもかまいません。この新しくすばらしい方法にご興味を持っていただけるでしょう。

ここから
④クロージング

**無料冊子とデモレッスンをお取り寄せください**

何千人もの成功した生徒さんたちも、興味深い無料冊子と一緒に、完全無料でお送りするすばらしい「音楽能力テスト」で明らかになるまで、自分に音楽的才能があるとは夢にも思っていませんでした。

もし本気で、好きな楽器を弾けるようになりたい、もしあなたが本当に幸せを手に入れ、人気者になりたいと思うなら、今すぐ無料冊子とデモレッスンを取り寄せてください。費用は一切かからず、購入の義務はありません。便利なクーポンに今すぐご署名のうえお送りください。ご要望があれば楽器も提供します。現金またはクレジットカードでお支払いいただけます。

CTA

リスクリバーサル

楽器をお選びください

| | |
|---|---|
| ピアノ | 和声と作曲 |
| オルガン | 楽譜の初見歌唱 |
| バイオリン | ウクレレ |
| ドラムや打楽器類 | ギター |
| マンドリン | ハワイアンスチールギター |
| クラリネット | ハープ |
| フルート | コルネット |
| サキソフォン | ピッコロ |
| チェロ | トロンボーン |
| 声と演説の文化 | |
| オートマチックフィンガーコントロール | |
| ピアノアコーディオン | |
| バンジョー（５弦、ピックまたはテノール） | |

U.S.音楽スクール
812ブランズウィックビルディング、ニューヨークシティ
フランク・クレーン博士が紹介文を書いた無料冊子『自宅で音楽のレッスンを』を送ってください。デモレッスンと詳しい案内書も送ってください。以下のコースについて知りたいです。

読み手が自己宣言するCTA

上記の楽器を持っていますか？

名前
（はっきりとお書きください）

住所

市　　州

## 2. LP・セールスレターを構成する各パーツ

ここでは、各パーツを詳しく解説する。

### ■基本4パーツ

| | |
|---|---|
| **ヘッドライン** | プリヘッド<br>ヘッドライン<br>デックコピー |
| **オープニング** | |
| **ボディコピー** | ベネフィット<br>証拠・根拠<br>オファー<br>特典<br>リスクリバーサル<br>限定<br>締切 |
| **クロージング** | CTA<br>追伸(P.S.) |

### (1)ヘッドライン

LP・セールスレターの基本4パーツで、最も重要なのは**ヘッドライン**(=「**大見出し**」)だ。

みんなヘッドラインを見て、LP・セールスレターを読むかどうか決める。「面白そうだ」「自分にとって必要な情報だ」と興味を持ってもらわない限り、その先はない。オープニング以降にどんないいことが書かれていても意味がないのだ。

「広告の父」デイヴィッド・オグルヴィは「平均して、**ボディ・コピーを読**

**む５倍の人がヘッドラインを読む**」(『ある広告人の告白〔新版〕』デイヴィッド・オグルヴィ著、山内あゆ子訳、海と月社)と言っている。

誤解のないように言っておくと、ヘッドラインさえよければいいというわけではない。ヘッドラインがどんなにすばらしくても、それ以降のどこかでつまずく(読むのをやめる)と意味はない。

ヘッドラインはヘッドライン単体で勝負するのではなく、次のオープニングを読んでもらうことが最大の目的。そしてオープニングの役割は、次のボディコピーを読んでもらうことだ。

このように、文章から文章へバトンをつないで、最後のクロージングで申し込んでもらうのが最終ゴールとなる。

ただ、メッセージを読むか読まないかは最初のヘッドライン次第だということは、よく確認しておこう。

LP・セールスレターのヘッドラインの場合、細かなパーツを組み合わせ、魅力的な情報を増やせる。次の事例は、我々が主催したコピーライティング講座のLPの**ファーストビュー**(最初に目に入る部分)である。

このヘッドライン(大見出し)は**３つのパーツ**に分かれている。

**■ヘッドラインは3パーツに分かれる**

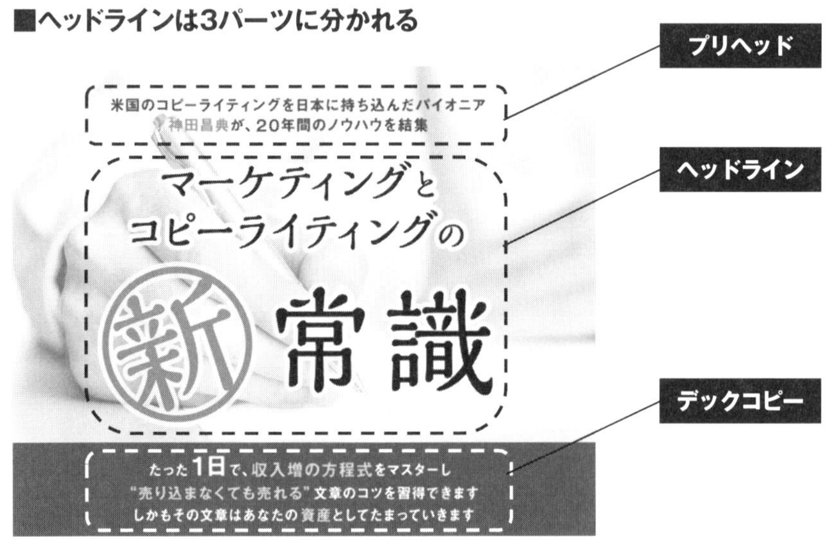

ヘッドライン＝大見出しは、真ん中の部分。

マーケティングと
コピーライティングの
新常識

これは見出しのパターン「（８）新情報提供パターン①」(93ページ)の「**型42 新〇〇**」を使っている。

そして、ヘッドラインの上に小さい文字で書かれている部分を「**プリヘッド**」という。

米国のコピーライティングを日本に持ち込んだパイオニア
神田昌典が、20年間のノウハウを結集

プリヘッドは、ヘッドラインの前(＝プリ)という意味で、ヘッドラインの情報を補足するパーツだ。

前に触れた「**BTRNUTSS**」(106ページ)の要素では、「コピーライティングのパイオニア」で「**独自性**」を出し、「神田昌典」で「**信頼性**」を出し、「20年間」で「**数字**」を入れている。

さらに、ヘッドラインの下に、小さい文字で書かれた下記のコピーがある。

たった１日で、収入増の方程式をマスターし
“売り込まなくても売れる”文章のコツを習得できます
しかもその文章はあなたの資産としてたまっていきます

こちらはヘッドラインを下から支える「デッキ」という意味から「**デックコピー**」と呼ばれている。

このように、ヘッドラインだけでなく、「プリヘッド」や「デックコピー」を効果的に組み合わせ、見た瞬間に伝えるべき情報量を増やして読み手

に訴求する。

ただ、**毎回必ずこの3つをセットで使う必要はない**。

ヘッドラインまわりは極力シンプルなほうがいい。プリヘッドやデックコピーを加えるとゴチャゴチャするならやめよう。

場合によっては、3つではなく2つにして、メインコピー・サブコピーという形でもOK。もちろん、ヘッドラインだけでインパクトが十分ならそれに越したことはない。あくまでも一つの「型」なので、TPOで使い分けよう。

実際、「ピアノコピー」(49ページ)には**ヘッドラインしかない**。

私がピアノの前に座るとみんなが笑いました
でも弾き始めると――!

だが、十分すぎるほどのインパクトがある。

ここでよく**犯しがちな間違い**は、プリヘッド、ヘッドライン、デックコピーの**3つに、伝えたい情報を盛り込みすぎる**ことだ。

次の事例は、我々のコピーライティング講座で、受講生が最初に出したヘッドラインだ。

これがLPのヘッドラインで書かれていた場合、パッと見て何のことかわかるだろうか?

### ■NG事例とOK事例

〈NG事例〉

**限られた社員でなんとか業績を上げたい!**
**でも、実力が出し切れない社員やミスが目立つ社員がいて**
**売上がなかなか上がらない……**
**その問題、もしかしたら社員の方の栄養素不足や**
**メタボが原因かもしれません。**

**バランスのよい食べ方を学び、**
**不足する栄養素をなくして無理なくメタボを解消!**
**社員のみなさんのパフォーマンスを上げることができます。**

栄養検定協会の検定、講座、セミナーは
管理栄養士養成校などで学ぶ栄養学をベースに
日本人にあった最新の知見を取り入れてつくられています。
栄養学のポイントを理解して、実践できる方法です。

ヘッドラインを読むだけで、クタクタになってしまう。
だが、講座が終わるときには、こうなった。

〈OK事例〉

やる気が出ない、ミスが目立つ……
そんな社員にお悩みの経営者の方へ

**社員のやる気を引き出し**
**パフォーマンスを上げる意外な方法とは？**

最新の栄養学の知見をもとにした知識と実践を学び
社員一人ひとりが健康で活力のある会社になります。

どうだろう？

NG事例は情報が多すぎて、「何のことか」がわからなかったが、OK事例は、情報を絞り込むことでスッキリ、わかりやすくなった。

ポイントは、**ヘッドラインだけで、売ってしまおうと思わない**こと。

ヘッドラインの目的はあくまでも本文を読んでもらうことだ。まずは読み手の興味・関心を惹くことだけに最大限フォーカスしよう。

ヘッドラインで情報を出しすぎると、「俺、興味ないわ」となりがち。最初は購入意欲がなくても、ヘッドラインで興味を持ち、ボディコピーを読んでいるうちにほしくなってくるのが、秀逸なLP・セールスレター。ボディコピーが読まれないのは、そのチャンスを失うということだ。

## (2)オープニング

ヘッドラインの流れを受け、次に読まれるのが**オープニング**だ。

これは、LP・セールスレターの「出だし」にあたる。

文章は、書き手にとっても読み手にとっても、**最初が肝心**。

小説でも出だしが面白ければ、惹き込まれてスラスラ読み進められるが、少しでも違和感があると、途中で読むのをやめてしまう。たとえ読んだとしても、頭に残らない。

逆にいうと、オープニングで勢いがつけば、その後はスラスラ読み進められる。

書き手にとっても、ヘッドラインからオープニングの流れをどうつくるかが一番難しく、そこさえスムーズにいけば、後は比較的ラクに書ける。

ヘッドラインとオープニングは密接に関係している。ヘッドラインとオープニングは、うまく話がつながっていないと違和感が出て、すぐ離脱される。すべて書き上げた後、ヘッドラインをまったく違うものに変更したときは、ヘッドラインとオープニングに違和感がないか、じっくり観察すべきだ。

よい例として、「型13 あなたは○○でこんな間違いをしていませんか？」(55ページや88ページの「英語の間違い」のセールスレター)のヘッドラインからオープニングの流れを紹介しよう。

**あなたは○○でこんな間違いをしていませんか？**

□事例１
□事例２
□事例３

なぜ多くの人がこのような間違いをするのでしょうか？

それは……

もう一つは次のパターンだ。

あなたは○○でこんな間違いをしていませんか？

□事例１
□事例２
□事例３

これらが○○の際に
ほとんどの人が知らずに犯してしまう
間違いの典型例です。

でも、これらは最も よくある間違いに比べれば
取るに足らないものです。
つまり、△△という間違いです。

ここに大きな問題があります。
（以下続く）

## (3) ボディコピー

オープニングの流れを受け、次に出てくるのが、**ボディコピー**だ。

実際のLP・セールスレターは、どこまでがオープニングで、どこからがボディコピーなのか、あいまいなケースが多い。

「ピアノコピー」の場合、オープニングとボディコピーの切れ目を「小見出し」の「そして私が弾き始めると」の部分とした。

しかし、主人公・ジャックの物語はまだ続いているから、その後の「完全なる勝利」までをオープニングとみなすこともできる。

## ■「ピアノコピー」のオープニングとボディコピー

### 私がピアノの前に座るとみんなが笑いました
### でも弾き始めると――！

アーサーが『ロザリオ』を弾き終わった。室内には拍手が鳴り響いていた。私はこの場を、自分のデビューを飾るドラマチックな瞬間にしようと決心した。友人すべてが驚きあきれる前を、私は自信たっぷりにピアノに向かって歩みを進め、その前に座った。

「ジャックはくだらない、いたずらをたくらんでいるんだ」と誰かがクスクスと笑った。聴衆も笑った。彼らは皆、私が一音たりとも弾けないと確信していた。

「彼は本当に弾けるの？」と、ある少女がアーサーに向かってささやいているのが聞こえた。アーサーは「とんでもない」と、叫んだ。

「彼は人生でピアノを弾いたことなんて一度もないさ……でも、見てみろよ。これは面白いことになりそうだ」

私はこの状況を最大限に楽しむことにした。あざけりの中、私は貫禄たっぷりにシルクのハンカチを取り出し、ピアノの鍵盤のチリを軽く払った。そしてかつて見たことがある、パデレフスキというピアニストのモノマネが、寄席の寸劇でやっていたように、立ち上がって、ピアノの椅子を４分の１回転させた。

後ろのほうから「彼の演技をどう思う？」という声が聞こえた。

「面白いじゃないか」と呼応する声が上がり、聴衆は大笑いだった。

**ここまでオープニングで**
**ここからボディコピー**

#### そして私が弾き始めると

一瞬にして聴衆は張り詰めた静けさに包まれた。

まるで魔法にかかったかのように、笑いは彼らの口元から消え去った。

私はリストの不朽の名作『愛の夢』の１小節目を弾いた。

聴衆が驚きで息を呑むのを感じた。私の友人はうっとりして固唾を呑んで座っていた。

私はピアノを弾き続け、そして弾いているうちに、周りに人がいることも忘れていった。私は時間も場所も、息も漏らさぬ聴衆のことも忘れていた。自分の住むちっぽけな世界は次第に薄れ、ぼんやりとしてきて、現実のものではなくなったように思えた。音楽だけが現実のものだった。音楽と音楽がもたらす幻影だけが私を包んでいた。その幻影は、はるか昔、偉大な作曲家にひらめきを与えた、風にたなびく雲のように美しく、漂う月明かりのように移ろう感じのものだった。それはまるで偉大な作曲家自身が音楽を通して私に語りかけている、言葉ではなく和音で語りかけているようだった。文章ではなく洗練されたメロディを通して。

**ここまでオープニングで**
**ここからボディコピーとも取れる**

## 完全なる勝利

『愛の夢』の最後の旋律がゆっくりと消えていくと、室内にはいきなり拍手喝采が響きわたった。

気がつくと私は、興奮した顔の聴衆に囲まれていた。友人たちの興奮といったら！　男たちは私と握手をし、荒々しく祝福を表し、熱狂的に私の背中をドンドン叩いた。誰もが喜びの声を上げ、矢継ぎ早に質問してきた。

「ジャック！　どうしてこんなにピアノが弾けることを今まで教えてくれなかったの？」

「どこで習ったの？」

「どのくらい習っていたの？」

「先生は誰？」

それに対して私は「一度も先生についたことはないよ」「少し前までまったく弾けなかったよ」と答えた。

「冗談はよせよ」と熟練したピアニストであるアーサーは笑った。

「君は数年間習っていたに違いない。わかるさ」「ほんの短期間習っていただけだよ」と私は言い張った。

「私は君たちみんなを驚かそうと思って内緒にしていたんだ」

そして彼らにすべてを話した。

「U.S.音楽スクールという名前を聞いたことはあるかい？」

と聞いた。友人の何人かはうなずいて、「あそこは通信制の学校だよね？」と叫んだ。

「そのとおりだよ」と答えた。

このように、オープニングの最後とボディコピーの最初を厳密に分けようとしなくていい。オープニングで出だしが決まり、その流れと勢いのまま、ボディコピーにスムーズに入っていければいいのだ。

ここで、アドバイスがある。

コピーライティングの原理原則は、例外なくキッチリいつもあてはまるわけではない。コピーライティングの原理原則は、売れたセールスレターに共通する要素を見出し、こんなパターンは効果が出やすいとまとめたものにすぎない。つまり「後づけ」なのだ。

これは英語の文法と同じ。英文法で複数形には「ｓ」がつくという原則があるが、ｓがつかない複数形もあれば、そもそも複数形という概念すらないものもある。原理原則に縛られすぎると窮屈なコピーになるので、肩の力を抜いて「緩く」理解するのがいい。

ボディコピーには、さらに細かいパーツが含まれ、商品説明、ベネフィット、証拠、オファー(価格などの販売条件)などがある。次に、これらを紹介しよう。

## (4)ベネフィット

ベネフィットについては、37ページで詳説した。

その商品・サービスを購入すると、どんないいことがあるのかを、読み手の目線で見つけ出すのがベネフィットだ。

## (5)証拠・根拠

LP・セールスレターは、**証拠**と**根拠**が重要なポイントとなる。

どんなにすごいベネフィットがあっても、「それ、ホントかよ？」と疑われている限り、行動＝購入にはつながらない。言うだけなら誰でも言える。証拠も根拠もなく、「すごいよ、この商品は」というのは「あおりコピー」

となる。

証拠と根拠はひとくくりで表現してもいいが、ここでは２種類あることを認識してもらうために、**証拠**と**根拠**と呼ぶ。

1)実際に使った人で、**成果・効果の出ている人がいるというのが「証拠」**
2)その商品・サービスが提供するベネフィットやメソッドが、**なぜうまく機能するのかが「根拠」**

ここでは、2)の根拠から説明しよう。

英会話スクールで、ゼロから３か月で、海外旅行に不自由ないレベルの英語力がつく「英会話速習Aメソッド」があったとする。それを読み手に納得してもらうには、このメソッドが**なぜうまくいくのか**という理由が必要だ。それが「根拠」となる。

「ネイティブスピーカーがコーチするから」というのは、一見根拠に思えるが十分ではない。ネイティブスピーカーがコーチだと、**なぜ効果があるのか**を具体的に示す必要がある。こんなとき、役立つのがデータだ。

日本人がコーチの場合とネイティブスピーカーがコーチの場合で、これだけ英会話習得率に差があるという**客観的データ**があれば、「なるほど」と納得感が得られる。これが根拠だ。次の事例は、根拠を示している。

**■客観的データを使った「根拠」の事例**

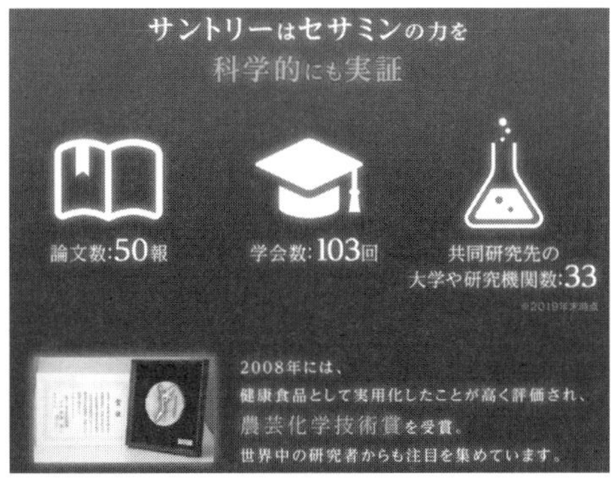


出所：サントリーウエルネス株式会社ウェブサイト

根拠は、**客観的・科学的なデータや検証に基づく**。だが、残念ながら、根拠があるケースは極めて珍しい。

そこで、本当に機能している1)の「証拠」が影響力を持つ。

証拠の代表例が「**顧客の声**」だ。

「顧客の声」については321ページで詳説するが、顧客の声以外でも、**ビフォー・アフターを画像で対比**させる方法もある。

ただし、健康関連などは、「医薬品、医療機器等の品質、有効性及び安全性の確保等に関する法律」(通称：薬機法)などの規制でビフォー・アフターが使えないケースがあるので注意が必要だ。

住宅のリフォームであれば、次のようにビフォー・アフターの対比が効果的に使える。

**■住宅リフォームのビフォー・アフター**

ビフォー・アフター

外観

外観

玄関ホール

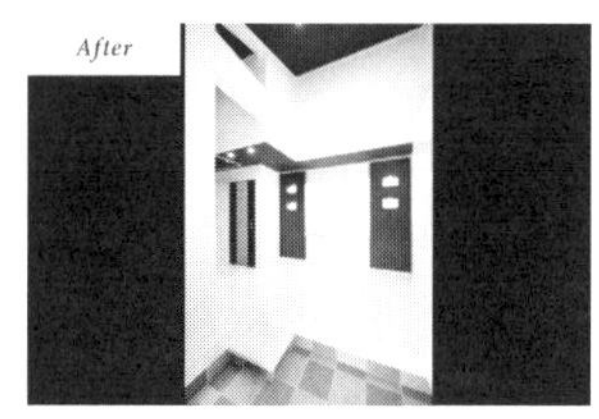


玄関ホール①

出所：住友林業株式会社ウェブサイト

その他、各種**実績数値**があれば、一定の証拠の機能は果たせる。

なぜ一定の機能なのか？

読み手から見て、それが本当かわからないからだ。

「施工実績3216件」とあっても、実際は1500件かもしれないと疑いの目で見られれば、証拠としては弱い。

数字でウソをつくと、会社自体やあなた自身の信用問題に関わるので**致命的**だ。ウソは絶対にやめよう。

一方、「**このスピーカーは○○ホールで採用されています**」などと採用実績が示せれば、証拠としては十分だ。

## (6)オファー

オファーとは提案のことで、具体的には**販売条件**のこと。

商品・サービスの内容、価格、特典、支払方法、申込期限(締切)、数量限定など、販売条件・取引条件のすべてを含む。

前回売ったものと、今回売ったものが同じ商品・サービスであっても、オファーは毎回変わる可能性がある。特典があったりなかったり、特典がある場合でも内容が違ったり、返金保証をつけたりつけなかったり、という具合だ。

このオファーがコピーライティングでは大きなウエイトを占めている。

アメリカの有名なコピーライターの一人、ゲイリー・ハルバート(1938～2007)は次のように言っている。

「強いオファーで弱いコピーをカバーすることはできるが、強いコピーで弱いオファーをカバーすることはできない」

つまり、オファーが魅力的なら、文章が多少拙(つたな)くても売れるが、オファー自体に魅力がなければ、文章でいくら頑張っても売れないということだ。売れないものをコピーの力でなんとかしようとしたとき、誇大広告になる。

オファーが同じなら、当然、コピーが強いほうが反応はよくなり、最後はコピー力が問われることになる。

代表的な８つのオファー例を紹介しよう。

### ■8つのオファー例

| オファーの種類 | 具体例 |
|---|---|
| ハードオファー | 商品が届く前にお金を払う(申込時クレジットカード払い、入金確認後商品発送等) |
| ソフトオファー | 後からお金を払う(商品発送から30日後に支払い等) |
| 無料オファー | 無料お試し(初回無料)、無料レポート(小冊子)進呈、送料無料等 |
| 松竹梅オファー | 価格帯の違う商品を複数用意(プレミアム10,000円、スタンダード5,000円、エコノミー3,000円、S席・A席・B席等) |
| 限定オファー | 期間限定、数量限定、人数限定、会員限定、○○購入者限定等 |
| 割引オファー | 創業10周年記念3割引、クリスマスセール、在庫処分セール、誕生月2割引、まとめ買い割引(ボリュームディスカウント)、Buy 2 Get 1 Free(2つ買えば1つ無料、スーツ2着目半額)等 |
| 自動継続オファー | Till Further Notice(やめると連絡するまで自動継続)、Negative Option(いらない月は連絡してください)等 |
| ワンタイムオファー | ウェブ上のLP経由で決済終了時に1回だけ表示。別の商品・サービスを追加で案内 |

松竹梅オファーのように、**価格帯が3種類あると、真ん中が選ばれやすい**。これを行動経済学では「**極端回避性**」あるいは「**妥協効果**」といい、各種実験により裏づけられている(『行動経済学――経済は「感情」で動いている』友野典男著、光文社)。

## (7)特典

特典は必須ではないが、**価格の知覚価値(=顧客が感じる価値)**を高めるために有効なので、何かつけるのが望ましい。

ただ、なんでもいいわけではない。目的は、価格の知覚価値を高めるため、要するに**「お得感」を出す**こと。一目で付録、おまけと感じられるものをつけても意味がない。

また、商品自体と関連性がないものも避けるべきだ。

たとえば「コピーライティング講座」の特典が、新鮮野菜詰合せだったらどう思われるだろう？　相当違和感がある。

コピーライティングを学び、大きく販路を広げた「◎◎農園」で育てたといった関連性があれば印象は違うだろうが、**特典は商品自体に関連性があり、価値の感じられるもの**にすべきだ。

住宅展示場などの特別相談会等の場合、サービス自体に興味はないが、来場者への特典（プレゼント）に魅力があると、訪問したくなる。

しかし、この場合、プレゼント目あてで、「見込客」にならない人が多数くることは織り込んでおこう。

特典は一つより複数あったほうがにぎやかな雰囲気が出て、「お得感」も感じられ、購入をあと押しする効果がある。

次の事例は、**限定と特典**を組み合わせている（限定は148ページで詳説）。

### ■「限定×特典」の事例

出所：肉贈株式会社ウェブサイト

## (8)リスクリバーサル

リスクリバーサルとは、**購入に際して、買い手が感じる不安やリスクを取り除くこと**。特に、初回購入では、買い手は品質や顧客対応について「大丈夫か？」という大いなる不安を感じている。

レビュー等である程度の不安は軽減されるが、それでも「自分の場合に、期待どおりの結果が得られるか？」という不安は残っている。

だから購入に際し、買い手の不安やリスクを取り除くことが大切だ。

リスクリバーサルの代表例に、３つの「**保証**」がある。

**満足保証、成果保証、品質保証**だ。

### ■3つの「保証」

| 保証 | 保証内容・条件 |
|---|---|
| **満足保証** | 買い手が気に入らなければ返金<br>〈条件例〉<br>・期限：「購入後◎日以内」という条件をつける<br>・返金手数料負担：返金時の振込手数料等を売り手が負担するか、買い手負担かを決めておく<br>・返送費用：有形物の場合、返送費用を負担するのは売り手か買い手かを決めておく<br>・使用条件：未開封の場合のみ等<br>・理由：返金を希望する理由を聞くか聞かないか |
| **成果保証** | ・約束した結果が出なければ返金<br>（または成果が確認できてから後払い） |
| **品質保証** | ・購入後◎年以内の故障は新品に交換または修理<br>（故障の定義はあらかじめ決めておく） |

これらの保証は、「リスクは買い手だけではなく、売り手もリスクを負う覚悟」を示していることでもある。

また、**買い手が感じる「リスク」は、お金だけではない**。

時間が無駄になる、名誉が傷つくというのもリスクになる。

郵送の際、「中身がわからないように茶封筒に入れてお送りします」という配慮もリスクリバーサルの一部だ。

このように、単純に「リスクリバーサル＝返金保証」とみなしてはいけない。

次の例を見てほしい。

今回は、〇〇外科医師の当院での初オペです。
〇〇医師は研修医時代から豊富な臨床経験があります。
万が一手術が成功しなければ、全額返金します。
しかも今なら個室差額ベッド代が無料です。

この場合、初オペなどの情報はいらないだろう。黙っていてくれたほうがよっぽど安心する。さらに、この返金保証では余計に不安が増す。

このように、リスクリバーサル＝返金保証と単純に考えてはいけない。

保証でよくある質問は、無料の場合はどうしたらいいのかだ。

無料相談等の場合は、お金を払わないので、リスクリバーサルは必要ないと思われるかもしれない。だが、無料の場合は、後から何か売りつけられたり、しつこく営業されたりする不安を感じることがある。

そんなときは、

無料相談をされても、ご契約の義務は一切ありません。
また、後日弊社から契約を迫ることも絶対ありません。

と明記しておけば、顧客の不安解消に役立つ。

56ページの「英語の間違い」のセールスレターでも、下記のように書かれている。

業者が電話することはありません。

私のほうには一切の義務なく、新しい無料小冊子『どうすれば、
1日15分で正しい英語がマスターできるのか』を送ってください。

このように、**「顧客が何をリスクと感じているか」**を**把握し、リスク要因を取り除く**のが、リスクリバーサルの目的だ。

返金保証について書くときも、我々は下記のように丁寧に書いている。

ポイントは、最後にある次のコピーだ。

**喜んで、受講料全額を**
**理由をお尋ねすることなくご返金いたします。**

**■満足保証の事例**

満足保証

本講座は
単なる自習型のオンライン講座ではなく
講座スタート時から
講師およびチューターによる価値提供が
実際にはじまりますので
講座スタート後のご返金は
通常であればお受けしかねます。

しかし
顧客を創造する技術は
会社の中で、できる人がひとり育ちますと
今後、何年間も、大きく売上をあげられる貴重な技術です。

たくさんの方に
この素晴らしい技術の効果を体験いただければ
私どもの会社とも、長くご縁をいただけることに
つながると思います。

それは、私どもにとっての大きな喜びでありますので
実際に、トレーニング3（開講後2週目終了時点）まで
ご受講いただき、これは違うとご判断されましたら
**喜んで、受講料全額を**
**理由をお尋ねすることなくご返金**いたします。

受講対象

こんな方にはオススメしません。

■ 自分の商品やサービスを
実際以上に大きく表現して売りたい人
■ 顧客と長期的な関係を築くより、
一瞬だけ売上を上げたい人
■ 細かい言葉のテクニックで
顧客の心理を操作したい人

一方、こんな方にはオススメです。

■ 売る力をつけて売上を大きく伸ばしたい人
■ 顧客と長期にわたる関係を構築したい人
■ 自分のメッセージで社員が会社に
愛着を持つようになって欲しい人

出所：アルマ・クリエイション株式会社LP

「返金保証をはじめとしたリスクリバーサルは絶対必要なのか？」という質問もよくある。

答えは、**新規客向けの場合は、ほぼマスト**だ。

理想の顧客を選ぶ目的で、意図的に返金保証をつけない戦略ならいい。だが、リスクリバーサルがあるのとないのとでは、あるほうが訴求力は確実に高くなる。

ただ、返金保証をつけることに対し、心理的抵抗のある人も多い。

返金保証をつけると、せっかく販売できたのに、大量の返金要求があるのではないかと恐怖を感じてしまうのだ。だが、きちんとした品質で、価値あるものを売っていれば、**返金率はどんなに多くても10％未満。通常は５％未満だ。**

当社の事例の一部を初めて公開しよう。

## ■当社の検証事例

| | 商品 | データ対象期間 | 単価（円）（税別） | 販売総数（件） | 返金数（件） | 返金率（%） |
|---|---|---|---|---|---|---|
| A | 10倍目標発見と実行プログラム | 2019年9〜12月 | 15,000 | 442 | 4 | 0.9 |
| B | 顧客を創造するコピーライティング講座エッセンシャル編 | 2020年4〜9月 | 36,000 | 466 | 18 | 3.9 |
| C | 顧客を創造するコピーライティング講座アドバンス編 | 2020年4〜9月 | 90,000 | 131 | 1 | 0.8 |

相対的にBの3.9％は悪い感じがするが、むしろこれくらいが標準で、他がよすぎる。その背景はこうだ。

AとBは価格帯が少し違う。だが、どちらも「フロントエンド」。

ただし、Aが既存客がメインの販売なのに対し、Bは広告経由の新規客がメインだった。

Cはフロントエンドとバックエンドの間に位置する「ミドルエンド」であり、既存客がメインだった。

つまり、AとCの大半は、信頼関係のできた既存客向けなので返金率は低い。一方、Bは新規客がメインだったので、AとCに比べ返金率が相対的に高く見える。

返金保証があることで、どの程度販売数が伸びたかを定量的に把握することは難しいが、アンケートには「返金保証があったから購入した」という感想も多く、購入への心理的ハードルを取り除く効果があることは間違いない。また、このケースでは、いずれも返金率は十分許容範囲内だ。

## (9)限定

いつでも、どこでも、誰でも買えるものに対し、人は価値を感じにくい。**「手に入らないかもしれない」という危機感(飢餓感)**があることで、初めて「買わなければ！」という行動につながる。

また、手に入りにくい、希少なものを所有していることが優越感を刺激する。

そのために、昔から「**限定**」が使われてきた。

一口に「限定」といっても、大きく分けて4つのバリエーションがある。

**人数限定、数量限定、期間限定、資格限定**だ。

### ■4つの「限定」効果

| 限定のバリエーション | 例 |
| --- | --- |
| **人数限定** | 先着100名限定<br>会場の座席数の関係で530名まで |
| **数量限定** | 1日50個限定<br>在庫100個限り |
| **期間限定** | 7/31まで<br>受付期間7/15～22のみ |
| **資格限定** | ○○会員の方限定<br>○○を購入いただいた方のみ |

「限定」をつける際は、**根拠に説得力**があると、訴求力はさらに強くなる。

会場でのセミナーなら、収容人数が根拠になる。

また、次のような数量限定コピーも効果的だ。

職人が1個ずつ手づくりするので、
1日10個しか生産できません。
この製品をつくれる職人は3人しかいません。
だから1日30個が生産できる限界なのです。

限定を設ける意味は、「手に入らないかもしれない」という危機感(飢餓感)につながるかどうか。

どう考えても、100名が対象なのに「300名限定」としても効果はない。

次の事例は、アルマ・クリエイションの「ライフ・リフト」というプログラムでの人数限定事例だ。

専用のトレーニングを受けた「バディ」と呼ぶ伴走者が、目標達成まで日々サポートするものだ。

「バディ」育成には時間がかかるので、その間は人数を限定せざるをえない。その結果、希少性につながった。

### ■人数限定事例

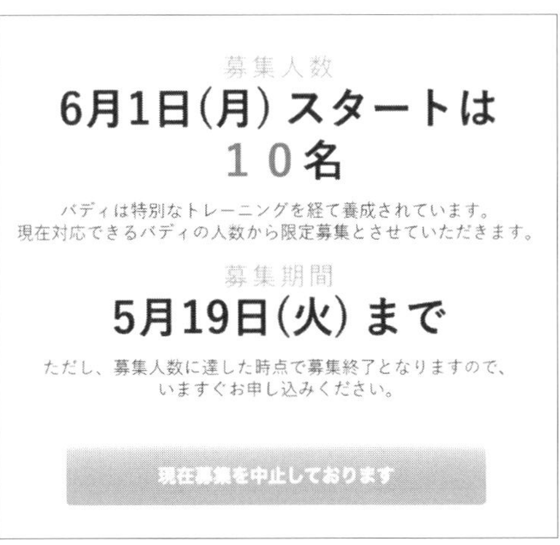


出所：アルマ・クリエイション株式会社LP

限定のバリエーションの一つとして、**資格による限定**もある。

「○○**会員限定**」や「**ゴールドカード所有者限定**」などだ。

これは、そもそも購入できる対象を絞り、「誰でも、いつでも買える」状態にしないことで、希少性につながると同時に、**優越感・ステータス感**にもつながる。

また、直接販売する商品がほしくて、限定資格を得たいという行動にもつながる。

次の事例は、会員限定チケットの購入資格を得るために、ファンクラブ入会を促すものだ。

### ■会員限定事例

【ファンクラブ会員限定】2017 WBC先行先着順販売

ツイート　いいね！1　LINEで

クラブホークス TOPへ

2017年3月に世界16の国と地域から各代表チームが参加する「野球の世界一決定戦」、2017ワールド・ベースボール・クラシック（以下WBC）が開催されます。
第4回大会の今回、東京ドームで1次ラウンドと2次ラウンドが開催されます。
それに先立ちまして、各国代表チームとNPB球団が対戦する「強化試合」が京セラドーム大阪で開催されます。

この「WBC　1次・2次ラウンド（東京ドーム）」並びに「強化試合（京セラドーム大阪）」のチケットを12球団のファンクラブ会員限定で12月24日（土）12：00より先行先着順販売いたします！
世界トップレベルの野球を間近で観戦できるチャンス！日本代表をスタンドから応援しよう！！

**いま入会すればWBCチケット先行先着順販売に間に合う！クラブホークスに今すぐ入会しよう！**

他にも、選べる入会グッズなど、特典もりだくさん！今すぐ入会しよう!!

出所：福岡ソフトバンクホークス株式会社公式サイト

## （10）締切

購入を促す要素として、「限定」に加えて「**締切**」も大きな効果がある。後述するが、**締切がないと売上は半分程度**になると考えたほうがいい。

ほとんどの販売キャンペーンでは、販売開始案内日から数日後に第１次のピークがあり、締切日とその数日前に次のピークがくる。

その中間ではほとんど動かない。販売開始を告げるメール配信から、締切までの成約状況イメージをグラフにすると次のようになる。

■締切までの成約状況イメージ

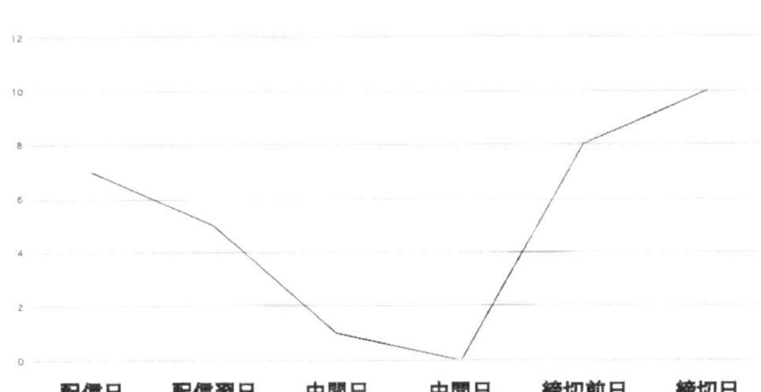


では、販売期間はどのくらい取ればいいのか？

これは、商品・サービスの特性によっても変わってくるので一概にはいえない。だが一つの目安として「**2週間(14日間)**」と考えておこう。

『The Victory Lab――The Secret Science of Winning Campaigns』(Sasha Issenberg著、Crown、未邦訳)の中で、メッセージが効果を発揮する期間について、「**12～14日の間に動かないと人は動かない**」という見解がある。14日間というのは、我々の経験値的にも合っている。

ただし、会場に足を運ぶ必要があり、遠方の顧客も対象になるイベントやセミナーの場合は、もっと長く取るべきだ。

顧客のスケジュール確保問題があるので、1か月以上前から案内する必要がある。

しかし、締切まで日数がありすぎると、「もう少し考えてから決めよう」と先延ばしにされ、すぐに忘れ去られる。いざ、締切日直前に再度案内しても、すでにスケジュールが埋まっているのだ。

これを防ぐには、**販売期間が長い場合は、途中でリマインドメールを出す**のが有効だ。途中に案内が入ることで売上のピークをつくれる。ただ、中間地点でのリマインドは、案内日や締切日近辺ほど売上は伸びないケースが多い。

次ページの表が当社の実例だ。キャンペーンは8日間と短めに設定。途中、リマインドメールは出さずに、**締切日前日**に出した。

■キャンペーン期間：2020年6月24日〜7月1日（8日間）

**商品：顧客を創造するコピーライティング講座＊**

| スケジュール | 購入者数 | 2日ごとの比率 |
|---|---|---|
| 6/24（水）キャンペーン開始 | 19人 | 26% |
| 6/25（木） | 27人 | |
| 6/26（金） | 14人 | 14% |
| 6/27（土） | 11人 | |
| 6/28（日） | 15人 | 16% |
| 6/29（月） | 14人 | |
| 6/30（火）**締切前日**（リマインドメール） | 20人 | **44%** |
| 7/1　（水）締切日 | 59人 | |
| **期間合計** | 179人 | |

＊エッセンシャル編、アドバンス編、マスター編合計

最後の２日間だけで44％と半分弱が売れている。

締切効果を見据えた締切前日のリマインドメールの効果は大きい。

常時販売している商品・サービスでも、特典付きキャンペーンで期間を限定すると、締切効果で成約率がアップする。

ホームページに掲載だけして「お好きなときにどうぞ」と放置するより、**２週間くらいのキャンペーン期間を設け、年に何度かやる**ほうが売上はアップする。

## （11）クロージング

クロージングは、契約をまとめ、申し込んでもらう最終段階だ。

売ることへの抵抗感がある人は、買い手にお金を出させるうしろめたさを抱き、クロージングできないことが多い。

しかし、価値ある商品・サービスを提供していれば、買い手の人生は間違

いなくよくなるはず。だから、私、神田は常々言っている。

**「ありがとう」は売り手ではなく、買い手が言う言葉で、売り手は「ありがとう」と言われたら、「どういたしまして」と言うのが基本**だと。

場合によっては、「なぜこんないい商品をもっと早く教えて(売って)くれなかったの」と言われることもある。

だから、その商品を売ることで、買い手の人生はよくなると信じ、自信を持って商品・サービスを届けよう。

セールスでは、この契約をまとめる部分を「クロージング」というが、文字どおり、ここでしっかり「**締める**」ことが大切だ。

LP・セールスレターは各パーツで構成されており、いわば「団体競技」。

それぞれのポジション＝パーツはどれも重要だ。野球でいえばピッチャーだけがよくても勝てないのと同じで、ヘッドラインやボディコピーがどんなに秀逸でも、最後のクロージングが決まらないと台なしだ。最後まで気を抜かずにしっかり書こう。

## (12)CTA

コピーライティングの特徴として、ヘッドラインの次に重要なのが、クロージングの**CTA**だ。

CTAは「Call To Action」の略で、**行動喚起(行動を呼びかける)**のこと。

「**今すぐお申し込みください**」「**お申込はこちらをクリック**」などがCTAの代表格だが、紙のセールスレターのときは、「**今すぐ同封のハガキに必要事項を記入して、ポストに投函してください**」などが使われる。

このCTAがセールスメッセージの最後の仕上げになる部分で、クロージングの一番肝になる部分だ。

ヘッドラインが魅力的で、惹き込まれるようにオープニングを設計。ボディコピーで書き手の主張に納得してもらい、「よし、買おう」となった段階で申込方法がわからないと、それ以上読むことも買うこともやめてしまい、今までの苦労がすべて水の泡になってしまう。

CTAは、LP・セールスレターなど、商品・サービスを売る文章だけに必要なものではない。

メールや手紙で依頼・連絡するときなど、**読み手になんらかの行動を起こしてほしい場合は、すべてCTAが必要**となる。

日本人はあうんの呼吸や、行間を読むなど、明言しないことを美徳とするところがある。

だが、相手に何か行動してほしいときは、**はっきりとわかりやすく書く**。

「言わなくても当然わかるだろう」ということでも、はっきり書いておくのだ。

だが、CTAがなく、商品説明だけして、「ハイ終わり」というLP・セールスレターもある。「申し込んでください」という肝心要のひと言すらないケースも多い。

たとえ書かれていても、わかりにくいと意味がない。

「今すぐお電話ください」とあって、いざ電話しようと思ったら、電話番号がどこにあるのかわからない。これは冗談ではなく本当によくあるのだ。

「いや、一番下の会社概要に電話番号が小さく書いてあります」ではダメ。

**「今すぐ0120-xxx-xxxまでお電話ください(通話料無料でスマホからもつながります)」とはっきり具体的に大きく書く**のだ。

CTAが抜けていたり、わかりにくかったりすると、読み手の反応はすこぶる悪く、「レスポンス広告」の意味をなさない。

次ページがよいCTAの一例だ。

ウェブサイトから無料体験レッスンに申し込めるようになっているのに加え、電話でも申し込めるようになっている。

このように、申込方法を複数用意することで、購入率アップにつながる。

しかし、なんでもかんでも、申込方法を増やせばいいわけではない。

ターゲットがデジタルツールに詳しい世代で、PCかスマホからしか申し込まないケースにFAXで申し込めるようにしても、当然、売上アップにはつながらない。ここでも、**「顧客の立場」で顧客が買いやすい方法を準備**するのがポイントだ。

**■よいCTAの事例**

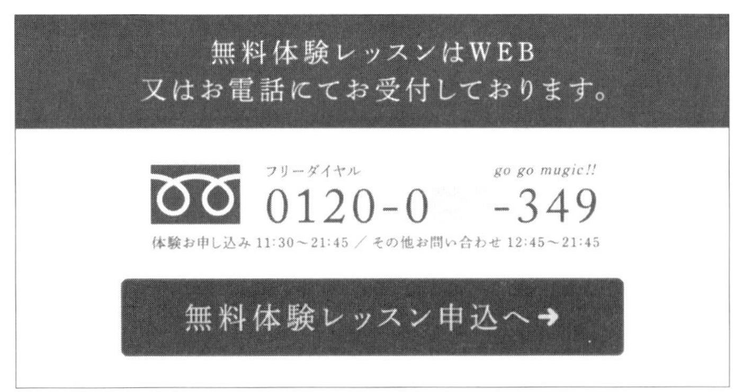


出所：シアー株式会社LP

## （13）追伸（P.S.）

「追伸（P.S.）」は手紙の最後に追加で書く。

追伸は、手紙を手で書いていた時代、本文に書き忘れたり、書き足りなかったりしたことを補足するために使われてきた。

だから、文書作成ソフト全盛の現代では、「追伸（P.S.）」を使う必要はないと思うかもしれない。

しかし、コピーライティングで**「追伸（P.S.）」は、購入に向けて背中を押す大きな効果**があるのだ。

**ヘッドラインの次によく読まれるのが「追伸（P.S.）」**だと頭にたたき込んでおこう。**最初と最後は目に止まりやすい。**

だから、追伸（P.S.）は単なるつけ足しではなく、重要な要素を意図的に持ってくる必要がある。

LP・セールスレターの追伸（P.S.）に書くのは、次のような内容だ。

- メインのベネフィットのリマインド
- メインのオファーのリマインド
- 本文からあえて外したベネフィットの強調
- 締切のリマインド

次の事例は、**本文からあえて外したベネフィット**を追伸で強調している。

### ■追伸で本文からあえて外したベネフィットを強調した事例

追伸
実は、この講座
マーケッター以外の新人社員向けに作った
**アルマ・クリエイション**
**社内教育用マニュアル**で
最低限これだけはという
知識を短時間で素早く
身につけるためのものです。

マーケティング・コピーライティングに
馴染みがない人でも
まったく心配ありませんので
あなた自身のスキルアップや社内研修に
ぜひご活用ください。

「顧客を創造するコピーライティング講座」
<エッセンシャル編>
のお申し込みはこちら ☞

出所：アルマ・クリエイション株式会社LP

LP・セールスレターの基本構造がわかると、いよいよ自分で書いてみたくなるだろう。

しかし、**いきなり書き始めてはいけない**。

書く前に考えなければならないことがある。

それが「**PMM(Product Market Matching)**」だ。

次章でじっくり「PMM」についてお伝えしよう。

## この章のポイント

●LP・セールスレターには、**ヘッドライン、オープニング、ボディコピー、クロージング**の４つのパーツからなる基本構造がある

●基本構造の４パーツはさらに細かいパーツに分かれる。
ヘッドライン：**プリヘッド、ヘッドライン、デックコピー**
オープニング
ボディコピー：**ベネフィット、証拠・根拠、オファー、特典、リスクリバーサル（保証等）、限定、締切**
クロージング：**CTA、追伸（P.S.）**

●**ヘッドラインには情報を詰め込みすぎない**。ヘッドラインの目的は内容を読んでもらうこと。ヘッドラインだけで売ろうとしないことが大切

●いくら「ベネフィット」に魅力があっても、それが本当だという**証拠・根拠**がなければ信用してもらえない

●強い「オファー」は弱いコピーをカバーできるが、弱い「オファー」は強いコピーでもどうにもならない。「**何を言うか**」が重要

●「特典」は、**知覚価値（＝顧客が感じる価値）を高められる**

●「リスクリバーサル」の目的は、返金保証のように、初めて購入する**顧客の不安を取り除く**こと。各種保証が典型例だが、無料の場合、「購入義務はない」など、顧客が購入に際して感じる不安をあらかじめ取り除くことが大切

●「限定」には、人数、数量、期間、資格などがある。**手に入らないか**

**もしれない危機感(飢餓感)が購入をあと押しする**

●申込は**「締切」直前が最も多い**。締切がないと、後回しにされ、すぐ忘れ去られる。特典をつけた期間限定のキャンペーンをするなど、なんらかの形で締切を設けると効果的

●「CTA」で、注文、問合せ、資料請求など、**読み手に取ってほしい行動を具体的に書く**。CTAがないと、読み手は行動できない。これでは顧客から直接反応を得るレスポンス広告としての意味がなくなる

●「追伸(P.S.)」は購入への背中を押すのに有効。**メインのベネフィットやオファーのリマインド、本文からあえて外したベネフィットや締切を強調**する

## コラム サブヘッドとブレット

本章で紹介したパーツの中の、もう少し細かなパーツを２つ紹介しよう。それが、**サブヘッド**と**ブレット**だ。

### サブヘッド

LP・セールスレターの大見出しにあたるのがヘッドラインだが、ボディコピーの途中にある**「小見出し」**を**「サブヘッド」**という。
「２人の若者」のセールスレターでは、サブヘッドがうまく機能しているのがわかる(58ページ)。下記の丸で囲んだ部分がサブヘッドだ。

**■ここが「サブヘッド」**

**他とは違う出版物**

ご存じのとおり、『ウォール・ストリート・ジャーナル』は他に類を見ない出版物です。これは全米唯一の全国版日刊ビジネス紙です。ビジネスニュースの専門家による世界最大規模のスタッフチームによって平日は毎日編集されています。

毎号ジャーナルの各ページには、たとえ出身がどこであろうと、ビジネスマインドを持つ人々にとって面白く、重要な、幅広い情報が掲載されています。その情報源は驚くほど多岐にわたっています。株式市場や金融のみならず、めまぐるしい速さで動くビジネスの世界に関することすべてが載っています。『ウォール・ストリート・ジャーナル』には、あなたが必要とするビジネスニュースのすべてが載っています。

**知識は力なり**

私は今、ジャーナルの１面を読んでいます。そこでは、その日のすべての重要なニュースが、深く掘り下げられた特集記事と一緒にまとめられています。インフレ、卸売価格、車の価格、ワシントンやその他の都市での大規模開発に携わる産業向けの税制優遇など、ビジネスニュースのあらゆる方面が網羅されています。

LP・セールスレターは文章量が多いので、変化がないと途中で飽きる。

そこで、小休止的な意味合いで、前ページのようにサブヘッドを入れると読みやすくなる。

また、サブヘッドだけを拾い読みしても、だいたい流れがわかるようにしておくと効果的だ。

サブヘッドには、その段落で何を言っているのか、要約を入れるのが基本。ただし、単なる要約ばかりではなく、「**○○する方法**」や「**○○の秘訣**」など、第２章の**「見出しの型」と同じ型を使うと、興味を惹ける**。

見出しの型の中でも、サブヘッドで特に使いやすい型は次のとおりだ。

□ ○○する方法、○○の◎つの方法、○○を◎◎にする方法
□ ○○しない方法
□ ○○とは？
□ なぜ○○は◎◎なのか？
□ ○○の秘訣（秘密・理由・ポイント）
□ ○○の秘密を公開
□ もし○○でこんなことが起こったらどうしますか？
□ ○○しませんか？　○○してみませんか？
□ さあ・ついに
□ ○○をご紹介
□ こうやって
□ ○○は必要ありません

サブヘッドも魅力的でインパクトがあるのが望ましいが、あまり考えすぎると、LP・セールスレターを書くスピードがダウンする。

サブヘッドが出てくるのはボディコピーなので、読み手はヘッドラインからオープニングをすでに読み終えた段階だ。だから、ある程度「読む勢い」はついている。あまり考えすぎず、上の型を覚えてすばやく書くのがコツだ。

見出しの型の箇所でも触れたが、型が多すぎると、いざ使おうとしたときに使いにくい。だから上の数ぐらいを覚えておくのがいい。

サブヘッドに型を使う際に注意すべきは、**同じ型を連続して使わない**こと。

○○する方法、○○する方法、○○する方法と同じ型が並ぶと、単調になり、読み手がイライラして逆効果となる。

一つのLP・セールスレターで同じ型のサブヘッドを使うときは、最初のほうと最後のほうなど、できるだけ「離して」使おう。

ところで、サブヘッドを「サブヘッドライン」の意味で、大見出しを補足するものとして呼ぶ人もいる。

本章で、プリヘッド、ヘッドライン、デックコピーの３つをセットで使う場合、必ずしも３つではなく、２つでもいいと述べた。

２つになった場合、ヘッドラインとサブヘッド（サブヘッドライン）と位置づけるのだ。

しかし、本書では、サブヘッドはボディコピーの文中で使われる、「小見出し」と定義する。

## ブレットとは？

次にブレットだ。

LP・セールスレターの中でベネフィットや条件などを表現する**箇条書きを「ブレット」**という。

ブレット（Bullet）とは「弾丸」の意。

箇条書きに使われる「・（なかぐろ）」が弾丸の痕（あと）に似ていることからブレットと呼ばれている。これをブレッ「ド」と呼ぶ人がいるが、「ブレッド（Bread）」だとパンの意になってしまう。正しくは「ブレット」だ。

ブレットは「・」で表現されることが多い。

だが、■、◆、●、✓などのときもある。形式は問わない。箇条書きでまとめられているものを「ブレット」と呼ぶ。

次ページは「✓」を使った事例だ。

テレワーク導入後のお悩み

経営者の方、こんなことをお考えではありませんか？

- オンライン会議には慣れてきたけど、成果があがってこない…
- 在宅勤務で、暇を持て余している社員がいる（ような気がする）…
- テレワークにおけるセキュリティが心配…
- 在宅勤務だけで良い社員が明確に。今後の対応で悩んでいる…
- ちょうど、DX（デジタルトランスフォーメーション）着手で、社員のITリテラシーの低さに頭を悩ませていて、なんとかしようと思っていた…
- 在宅からでもお客様を「オンライン対応支援」で売上をあげる仕組みが構築できたら…

出所：イーディーエル株式会社「スマートワークビズ」ウェブサイト

次はブレットに見出しの型を使った当社の事例で、「ご紹介」「3ステップ」「とは？」がそれだ。

第1部（スライド動画約60分）

速攻・即効で人を動かすインパクトのある見出しが作れる。

- □ 言葉の違いで反応が変わる事例をご紹介
- □ インパクトのある見出しを作る3ステップ
- □ インパクトのある見出しに含まれる8要素とは？
- □ 見出しを自己採点できるバターナッツ見出しチェッカー

出所：アルマ・クリエイション株式会社LP

ブレットの場合も、サブヘッドと同じように、考えすぎず、サブヘッドで紹介したのと同じ型を使うと、ライティングのスピードアップにつながる。

# 第4章

# 刺さるコピーの正体は PMM（Product Market Matching）

前章までに、LP・セールスレターの構造を紹介した。

今すぐ書きたい衝動に駆られるかもしれないが、ちょっと待ってほしい。

LP・セールスレターを書く前には、最低限考えておくべきことがある。

この準備を怠ると、売れるLP・セールスレターにはならない。

書く前にしっかりとした準備が必要だが、ここでは最低限考えておくべきことに絞って解説していこう。

## 1. 売れるのは言葉ではなく「アイデア」

これまで、コピーライティングとは「言葉の使い方で売上を上げる」と理解されてきた。

それは、次の例のように、使う言葉が変わると「売上が上がる」現実があるからだ。

〈広告A〉

**すばやく簡単にきちんと車を修理する方法**

〈広告B〉

**すばやく簡単にきちんと車を直す方法**

広告Aの「修理する」を「**直す**」に変えたところ、**注文が20%増加**した(『ザ・コピーライティング』より)。

これは、実際に両方の表現で広告を出し、どちらが注文が多く取れたかをジョン・ケープルズが確認したもので、「効果実証済事例」として紹介されている。

これと同じように、言葉の使い方が違うだけで、注文や問合せなどの反応が変わることはよくある。

しかし、それがコピーライティングかというと、**本質はまったく違うところにある**。

コピーライティングの本場アメリカの偉人たちは、こう言っている。

**重要なのは、言葉そのものではなく、「アイデア」だ。**

まずは、ロバート・コリアー(1885～1950)を紹介しよう。

コリアーはコピーライターであると同時に、アメリカではほぼ同時代を生きたデール・カーネギー(1888～1955)やジョセフ・マーフィー(1898～1981)と並び称される成功哲学の権威だ。

ベストセラー『ザ・シークレット』(ロンダ・バーン著、山川紘矢＋山川亜希子＋佐野美代子訳、KADOKAWA)でも紹介されている。

コリアーは、著書『伝説のコピーライティング実践バイブル――史上最も売れる言葉を生み出した男の成功事例269』(神田昌典監訳、齋藤慎子訳、ダイヤモンド社)でこう言っている。

> コピーライターの多くが、効果があったレターの言いまわしをマネれば、そのレターも効果があるはずだと勘違いしている。大間違いだ。
> 言いまわしは重要ではない。効果があったレターを裏づけているアイデアにどう手を入れるかが重要なのだ。

言いまわしをマネても効果はない。

そう思うのは大間違いだと断言しているのだ。

また、デイヴィッド・オグルヴィは、著書『ある広告人の告白［新版］』で次のように言っている。

> ビッグアイデアのないキャンペーンは、闇の中を航行する船と同じだ。誰にも気づかれることなくただ通り過ぎるのみである

オグルヴィはコピーのアイデアを「**ビッグアイデア**」と呼んだ(『ある広告人の告白［新版］』では「グッドアイデア」と訳されているが、本書では原書『Confessions of an Advertising Man』(David Ogilvy著、Southbank Pub)で使われている「big idea」をそのまま使う)。

そして、もう一人。オグルヴィと同時代を生きたジョン・ケープルズは、『ザ・コピーライティング』の中でこう語っている。

**どう言うかよりも、何を言うかのほうが断然重要だ**

「何を言うか」=何を伝えるかが、「どう言うか」=言葉の表現より断然重要だと言っているのだ。この本の原書初版は1932年。本書執筆時点から約90年前に、すでに言葉の表現自体が大事なのではないと明言している。

コリアーもオグルヴィもケープルズも、言葉の表現方法ではなく、**伝える内容に本質がある**ことを、最初から見抜いていたのだ。

しかし、言葉の使い方だけで、商品・サービスが売れると思う人が続出した。実際は、**言葉を変えていたのではなく、「アイデア」を変えていた**のだ。

ところが、この「アイデア」はなかなかわかりにくい。次の事例を見てみよう。

〈広告A〉

**湿気退治は、除湿もできる新型クーラーで**

〈広告B〉

**涼しくぐっすり眠れる方法 —— 熱帯夜でも平気**

(『ザ・コピーライティング』より)

結果は、広告Bのほうが、問合せが**2.5倍**多かった。

言葉を変えただけで、反応する人数が違ってくるのだ。

しかし、これは言っている中身が違うことに注意してほしい。

広告Aは「除湿もできる新型クーラー」という「**機能面**」をアピールしている。

一方、広告Bは「熱帯夜でも平気」という「**心理面**」をアピールしている。

これが「**アイデア」が違う**という意味だ。

## 2. 売れるのはアイデア。アイデアとは「PMM」。PMMを表現するのが言葉

「なるほど。わかりましたよ。でもアイデアって、どうやってひらめくんですか？」

あなたは、そんな思いを抱いているかもしれない。

アイデアは頭の中にしかない。しかも、ケース・バイ・ケースで十人十色。

コピーライティングの「アイデア」とは、いったい何か？

我々も長年、しっかりと定義できずにいた。

しかし、四半世紀の実践を経て、ついにその正体をはっきり定義し、コピーライティングの「アイデア」を見つける方法を編み出した。

それがここからじっくり解説していく「PMM（ピーエムエム）」だ。

PMMとは、"Product Market Matching"のこと。

**「Product」＝商品・サービスと、「Market」＝その商品・サービスを届けるマーケット（顧客）のニーズ・ウォンツを、「Matching」＝マッチングさせることだ。**

「エスキモーに氷は売れない」はマーケティングの世界でよく出てくるたとえだが、**売る側の提供価値と買う側のニーズ・ウォンツをマッチング**させるのがPMMだ。

このPMMができていないと、いくら言葉をこねくりまわしても売れない。

売れないのは、PMMがズレているからだ。

提供価値とニーズ・ウォンツを調整してマッチングさせることで、初めて売れるようになる。ここをしっかり認識しよう。

新しい商品・サービスだけでなく、PMMを見直すことで、伸び悩んでいた商品・サービスが息を吹き返し、再び成長軌道に乗せられる事例が多発している。

ここまで売れる核心は「言葉」ではなく「**アイデア**」だと言ってきた。
では、売るために「言葉」はまったく必要ないのか？
そんなことはない。
いくら秀逸なアイデアがあっても、それが伝わらなければ意味がない。
人に伝わるようにするには「言葉」で表現するしかない。
ここから先は「どう言うか」、つまり言葉の出番だ。
大事なところなので、もう一度言う。

**売れるために必要なのは、「アイデア」。**
**「アイデア」とは「PMM」のこと。**
**「PMM」を伝えるために必要なのが「言葉」。**

これまでのコピーライティングでは、「言葉」が前に出すぎていた。
だから、「売れる言葉を使えば売れる」と勘違いされてきた。
この誤解を根本的に見直すことで、あなたのビジネスは大きく変わる。

具体的には今まで気づかなかった、商品・サービスの魅力、いや、**あなた自身の魅力を再発見**できる。
あなたが生まれ持った才能を表現でき、喜びを感じながら、すばらしい商品・サービスが売れるようになる。これが**真のコピーライティング**だ。

我々が主催するコピーライティング講座では、「売れているLP・セールスレターを完全にコピーしてつくれば、同じように売れるか？」という質問がよく出る。
答えは、「YES」でもあり、「NO」でもある。
これはPMMがわかると理解できる。

同じLP・セールスレターでも、売る相手や環境（＝マーケット側）が違えば機能しないこともあるし、商品・サービスや提供者（＝プロダクト側）が違うと機能しない場合もある。
たまたまマネしたLP・セールスレターと、PMMが似ていればうまく機能するだろうが、「たまたま」に頼るわけにはいかない。だから、**再現性のあるPMMを見出すプロセス**が重要なのだ。

プロダクトとマーケットがマッチしているかをすばやく確認・調整できれば、事業拡大の大きな武器になる。

そもそもPMMがズレていると売れないので、武器というより必要不可欠な要素なのだ。

マーケティングでは、「**PMF**」(Product Market Fit)や「**PSF**」(Problem Solution Fit)と呼ばれる概念もあるが、PMMはそのどちらとも少しニュアンスが違う。だから我々は独自に「**PMM**」と呼んでいる。

PMFやPSFは、マーケットにプロダクト(商品・サービス)やプロブレム(問題)がフィットしているかという「**状態**」を指す概念にすぎない。それをフィットさせるにはどうしたらいいのか？　は、具体的にはわからないのだ。

一方、PMMは、**具体的に何をすればプロダクトとマーケットがマッチするのか、方法論にまで落とし込んでいる。ここがPMFやPSFと決定的に違う。**

再現性を帯びたPMMを見出す方法は、第６章のPMMを見出す「PMMサーチシート」で詳説するが、ここでは大きなポイントだけ詳説する。

## 3. PMMを表現する究極の質問

### (1)「誰が・何をして・どうなった?」

コピーライティングでは、郵送のセールスレター時代から、**成約率に影響を及ぼすのは次の順番**だといわれてきた。

| | | |
|---|---|---|
| 1 | リスト/メディア（名簿/媒体） | 40% |
| 2 | オファー | 20% |
| 3 | コピー | 15% |
| 4 | レイアウト/フォーマット | 15% |
| 5 | タイミング | 10% |

出所：『ザ・マーケティング【基本篇】――激変する環境で通用する唯一の教科書』（ボブ・ストーン＋ロン・ジェイコブス著、神田昌典監訳、齋藤慎子訳、ダイヤモンド社）

一番重要なのは「**リスト/メディア**」である。

リストとは、顧客名簿のこと。

メディアはそのメッセージを載せる具体的な媒体だ。

雑誌で考えるとわかりやすい。女性用の服の広告を出すには女性向けファッション誌に載せるのが普通で、鉄道模型の専門誌に載せても効果は期待できない。リストもメディアも要するに「**誰に売るか**」＝「**ターゲット**」を意味する。

２番目が「オファー」。つまり「何を言うか」。

３番目が「コピー」。つまり「どう言うか」が入ってくる。

要するに、「**誰に、何を、どう言うか**」の順だ。

こういうと、「コピーは３番目だからコピーなんか学ぶ必要はないのでは？」と思うかもしれない。

だが、リスト/メディアとオファーが同じなら、コピーの出来がそのまま売上の差となる。

なにより我々が考えるコピーライティングとは、商品・サービスが売れるように**PMMを設計していくことを最も重視**する。

**PMMとはビジネスモデルそのもの**だと理解してほしい。

我々はPMMを最重視する姿勢から、「コピーライター」や「セールスコピーライター」ではなく「**マーケティング・コピーライター**」という呼び方をしている。

先に結論を言ってしまおう。PMMとは次のシンプルな表現に集約される。

## 「誰が・何をして・どうなった？」

あまりにも簡単なので、ありがたみを感じないかもしれないが、これが**コピーライティングの奥義であり、PMMを凝縮した究極の形**だ。

コピーライティングとは、最終的に、この「誰が・何をして・どうなった？」を伝えるものなのだ。

### ■コピーライティングの奥義

| 誰が | ターゲット |
|---|---|
| 何をして | 提供する商品・サービス |
| どうなった？ | ベネフィット |

「誰が」は、売る対象となるターゲットだ。

「何をして」は、提供する商品・サービスだが、単に名称を入れるのではない。**ズバリ、どんな商品・サービスなのか**を端的に表す。

さらに、その商品・サービスが**他のものと比べてどう違うかを補足すると、インパクトが強くなる**。

そして「どうなった？」はベネフィットだ。

37ページで詳説したベネフィットは、**「誰が」＝ターゲットにぴったりマッチ**しているかがポイントだ。

## (2) PMMを考えるときによくある「2つ」の間違い

最初に、この「誰が・何をして・どうなった？」を表現する際に、よくある間違いを紹介しておく。

① 主体を自分にする
② 「誰が」を絞ると他に売れなくなると思い、絞れない

まず①から。我々のコピーライティング講座では、LPを書く前にこの課題をやってもらうが、毎回、一定数が次のような表現をする。

**「私が、○○という商品を売って、事業を拡大した」**

これは、主体が自分になってしまっている。

コピーライティングを知らない人は、「自分目線」＝「売り手目線」になりがち。そしてつい、「この商品はこんなところがすごいんです！　こんなところもすごいんです！」と説明してしまう。

それが「顧客にとってどうすごいのか？」＝ベネフィットを説明しない限り売れない。**主体は必ず顧客**だ。

だから意図的に「誰に」とせず、「誰が」としている。

「誰に」だと自分から顧客を見るスタンスになり、顧客の立場に立てない。

コピーライティングでは、「顧客目線」＝「買い手目線」がすべて。

**顧客の立場になって、顧客にとってどうなのか？**

**顧客から見てどう見えるのか？**

を常に考えることが必要だ。

## 「Youメッセージ」と「Meメッセージ」

「目線」以外にも、「**Youメッセージ**」と「**Meメッセージ**」という表現がある。

相手目線のメッセージを「**Youメッセージ**」、自分目線のメッセージを「**Meメッセージ**」という。

「Meメッセージ」は、結局、「自分は」「自分が」というメッセージなので、常に「Youメッセージ」を意識しよう。

次に②は、“「誰が」を絞ると他に売れなくなると思い、絞れない”ケースだ。

コピーライティングでは、売ろうとする相手＝ターゲットを設定する。

ターゲットは買ってくれそうな人をグループとしてとらえる。

ターゲットを設定する目的は、**読み手に「これは自分だけに向けられたメッセージだ」と感じてもらう**ことだ。

しかし、ターゲットを絞ってしまうと、それ以外には売れなくなると勘違いする人も多い。

実際一つの商品・サービスでターゲットが複数のグループになることはよくある。その場合、どうするか？

**ターゲットを分けて、複数のLPを用意**する。

そうすれば、複数のターゲットに売れるようになる。

**■ターゲットを分け、複数のLPをつくる**

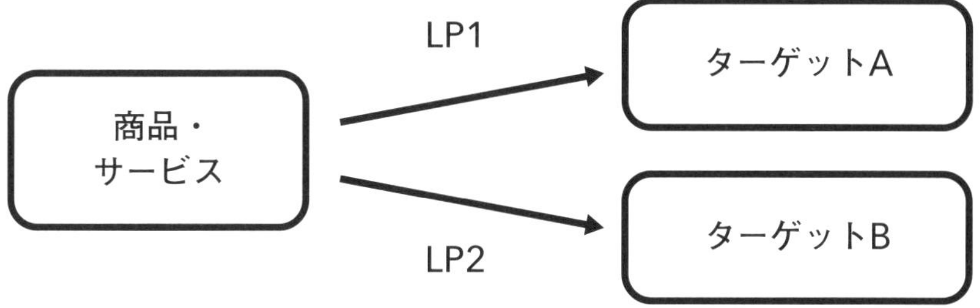


このようにターゲットを分けることを**セグメンテーション**という(セグメンテーションについては397ページで詳説)。

LP・セールスレターを複数用意することを面倒くさがり、ターゲットの幅を広げてしまうと、メッセージは刺さりにくくなり、売上が伸びずに悶々とすることになる。

それなら、違うLP・セールスレターを用意するほうがよっぽど効果的だ。

面白いことに、ターゲットを絞ると、その周辺の人にも刺さりやすくなる。既存客に絞ったレターがあまりにも魅力的で、新規客がそれに反応するケースが結構ある。

だから、**ターゲットを絞ることが成約率を上げるためにとても重要**なのだ。

このように、**LP・セールスレターのターゲットを絞ったからといって、**

**そのターゲット以外には売れないということではない**のだ。

実際、ターゲットごとのLPの数が多いほど成約率が高くなる調査結果が出ている。

アメリカのハブスポット社が、7000社以上の企業からまとめたデータがある（ハブスポット社は様々なマーケティングツールを一つのプラットフォームで運用できるようにしているのが特徴）。

ランディングページを10〜15種類用意している企業は、10種類未満の企業と比べて、コンバージョン率が55%アップ、40種類を超える企業で500%アップ

出所：『成約のコード――デジタルツールと営業現場を連動する最強ノウハウ』（クリス・スミス著、神田昌典監訳、齋藤慎子訳、実業之日本社）

また、ターゲットを考えるうえでよくある質問はこれだ。

**「子ども向けの商品の場合、ターゲットは親か子か？」**

学習塾やテニススクールなどの習い事の場合、ターゲットは子ども自身か？　それともお金を出す親がターゲットか？

これは、**そのメッセージを誰が読むと想定するか**で決まる。

子どもが読んで、親に頼んでお金を出してもらう想定なら、ターゲットは子ども。

一方、親が読んで、子どもに習わせる想定なら、ターゲットは親。

もっと言うなら、**お金を出すのは誰か？＝最終意思決定者は誰か？**　で考える。

高校生くらいなら、アルバイトや小遣いで自分でお金を捻出できるケースもある。この場合、ターゲットは子どもだ。

だが、一般的に小学校低学年であれば、お金を出すのは親だ。

そうなると、ターゲットは親になる。

学習塾の場合、子どもの成績アップが親にとってどんなベネフィットになるかを考える。

子どもが自主的に勉強するようになるので、親は「勉強しなさい」とうるさく言わなくてもすむ。結果、親子関係がよくなる。これが親のベネフィットだ。子どもにとっていいことは、親にとってもいいことなので同一視しがちだが、**切り分けて考えるべきだ。**

## (3)言いたいことは一つに絞る

ターゲットを絞ることに関連して、もう一つ重要なポイントを覚えておこう。

コピーライティングには、一つのセールスレター、一つのLPにつき、**言いたいことは一つに絞れ**という原則がある。

他にも「１コピー１アイデア」「１のルール」など言い方はたくさんあるが、あれこれ入れないのが、説得力を高める文章のコツ。

書き手は、読み手よりも圧倒的に情報量が多い。

しかし、たくさん情報があると、あれもこれも入れたくなる。

実は、親切な人や自己顕示欲の強い人ほど、この傾向がある。

自己顕示欲からくる場合は、自己中心、自分目線の「Meメッセージ」になりがちなので、暑苦しい文章になりやすい。

一方、親切な人は「あれもこれも」盛り込み、結局何が言いたいのかわからなくなる。

説得力のある文章にするには、**どれだけ手放せるか、どれだけ削れるかがポイント**。

書き手が思う存分悔いのないように書きすぎると、自分の言いたいことばかりの文章になり、成約率は確実に下がる。

セールスレターは、「**自分の言いたいことを書くのではない。顧客が知りたいことを書く**」という点を肝に銘じよう。

## (4)「誰が・何をして・どうなった?」を表現する方法

「①顧客目線」と「②ターゲットを絞る」の２つの注意点がわかったところで、「誰が・何をして・どうなった？」を表現する具体的な方法を見てみよう。

| 誰が | ○○の悩みを持つ□□の人が |
|---|---|
| 何をして | ××という特徴がある商品・サービスを使って |
| どうなった？ | △△できるようになった。<br>その結果<br>◎◎という、いいことが手に入った |

では、「誰が・何をして・どうなった？」の具体的な表現例を見てみよう。

ここではまず、OK事例とNG事例を紹介する。

両事例で、何がよくて、何が悪いのかを体感してほしい。

〈OK事例〉

誰が：

予約表を見ながら毎日ため息をついていた美容室オーナーが

何をして：

ライバル不在のLINE広告を使って集客し始めたら

どうなった？：

１か月先まで予約が埋まるようになり、今では新店舗の構想をワクワクしながら考えるようになった

解説：

ターゲットは美容室オーナーで明確。「何をして」も「LINE広告を使って」と具体的だ。これはLINE広告が美容室向けでは珍しい時期だったので、「ライバル不在の」と表現している。「どうなった？」も予約が埋まらないと

いう悩みが解決し、さらに新店舗の構想ができるようになったところまで掘り下げて表現できている。

〈NG事例〉

**誰が：**

健康に不安のある男性、長寿に興味のある男性、ビジネスに興味がある男性、きれいで金銭的に豊かでいたい女性が

**何をして：**

サプリを摂ることにより

**どうなった？：**

健康、お金、人間関係が改善される

**解説：**

「誰が」＝ターゲットが複数混じっている。長寿に興味のある男性とビジネスに興味がある男性では、関心事がかなり違う。加えて、「ビジネスに興味がある」は抽象的で、どんな状態なのかイメージできない。だから、読み手は「自分のことだ」と思えない。

「何をして」は「サプリを摂る」とだけしか書かれていない。そのサプリがどんなものか、他のサプリとどう違うのか、さらには名称すらわからない。

「どうなった？」の「健康、お金、人間関係が改善される」が抽象的でイメージできない。このようなベネフィットは類似商品がたくさんあり、特にこの商品を選ばなければならない必要性を感じない。

細かな点だが、「どうなった？」は、実現した様子をイメージするために「どうなる？」という形ではなく、**「どうなった？」と完了形**にしている。

この事例のように「改善される」ではなく「改善され**た**」と表現すべきだ。

次にNGからOKへの改善事例を見てみよう。

〈NG事例〉

誰が：

- 治療に専念したい歯科医が
- スタッフ教育の悩みから解放されたい歯科医が
- コスパのよいスタッフ教育をしたい歯科医が

何をして：

- 定額制のオンライン動画講座をスタッフに受けさせて

どうなった？：

- グーグルの口コミサイトに悪口を書かれなくなった
- 患者からのクレームが減った
- 辞めるスタッフが減った

解説：

この事例では、「誰が」が**複数あることで、「誰が」と「どうなった」の組合せが複数考えられ、ぴったりマッチする状態になっていない。**

「治療に専念したい」歯科医のベネフィットは、この中にはない「経営や接遇を気にせず、治療だけに専念できる」ことだ。

一方、「辞めるスタッフが減った」がベネフィットになるターゲットは、上記にはない「スタッフの定着率に悩む歯科医」だ。「スタッフの定着率に悩む歯科医」が「経営や接遇を気にせず、治療だけに専念できるようになった」と組み合わせてしまうと、「誰が」と「どうなった？」がマッチしない。

また「何をして」は、何のオンライン講座かわからない。

これを改善すると次のようになる。

〈改善後のOK事例〉

誰が：

新規患者が減り、近所の歯科医院に患者の流出が止まらないと悩む歯科医が

何をして：

定額制で繰り返し学べる、スタッフ向けの歯科接遇オンライン動画講座を導入して

どうなった？：

**医院全体の接遇レベルの底上げができ、新患、リピート患者、紹介患者が増え、経営が安定した**

これならターゲットの悩み、商品の内容とその結果得られるベネフィットが明確になる。

このように、「誰が・何をして・どうなった？」は一見簡単なようだが、実に奥が深い。

だから、**PMMの入口であり、究極の質問**なのだ。

この「誰が・何をして・どうなった？」を深く掘り下げ、LPの訴求力を高める方法は、第6章の**PMMを見出す「PMMサーチシート」**で詳しく紹介する。

まずは、今考えられる範囲でいいので、「誰が・何をして・どうなった？」を決め、それをベースにLPをつくることが大切だ。

**LPなしでは、営業マンなしで営業しようとするのと同じ。**

最低限の営業マン＝LPを作成した後に、さらに訴求力＝成約率を高める技術を本書でマスターしよう。

## この章のポイント

●「売れた」実績のある言葉を使えば、同じ効果があると考えるのは間違い。

- **売れるのはアイデア**
- **アイデアとはPMM**
- **PMMを表現するのが言葉**

●**売りたいターゲットのニーズ・ウォンツに対し、提供する商品・サービスがもたらすベネフィットを適切にマッチさせるのが、PMM**（Product Market Matching）

●**言いたいことは一つに絞る。**あれもこれも詰め込まない

●PMMの究極は、「**誰が・何をして・どうなった？**」で表現できる。「誰が・何をして・どうなった？」を表現する際は、**自分目線ではなく、顧客目線**で考える

| | |
|---|---|
| **誰が** | ○○の悩みを持つ□□の人が |
| **何をして** | ××という特徴がある商品・サービスを使って |
| **どうなった？** | △△できるようになった。<br>その結果<br>◎◎という、いいことが手に入った |

●LP・セールスレターのターゲットを絞ると、そのターゲット以外には売れないと考える必要はない。**ターゲットが複数の場合は、LP・セールスレターを分ける**のが効果的

## コラム　リストは最も重要な資産

リストとは、**見込客**または**顧客名簿**のことだが、会社全体の顧客名簿だけでなく、商品Ａ・Ｂの購入者リストと細かく分類されるケースもある。

**ビジネスの最大の資産**とは何か。

土地や現金ではなく「**顧客**」だ。

信頼関係を構築した顧客がいれば、どんな状況でもまた買ってもらえるからだ。

顧客名簿＝リストは非常に貴重だ。

「江戸時代の商人は、屋敷が火事になると、真っ先に顧客台帳を井戸に投げ込んでから外に逃げ出した。

当時の顧客台帳は特殊な紙でできていたので、**水に濡れても文字が消えなかった**のだ。当時の商人も、「顧客リスト」は何よりもの財産であることを理解していた」（『不変のマーケティング』神田昌典著、フォレスト出版）。

現代でいえば、メルアドが記載されたリストがなくなれば、既存客とコンタクトできなくなり、一からメルアドを収集しなければならない。

そう考えると、リストの重要性がよくわかる。

個人情報保護の観点からも、リスト管理は厳格にすべきだが、「資産」という観点でも非常に大切だ。

だが、リストは多ければ多いほどいいわけでもない。

**リストには、「質」と「量」の両面がある。**

「顧客を育成する」（80ページ）で触れたように、優良顧客が多いほど、リストの質は高い。

一方、見込客ばかりで購入実績が少ない場合、いくら数があっても売上には寄与しない。

とはいえ、その後の「顧客育成」によってリストの質を高めることはできるので、数が多いのはそれだけで一定のメリットがある。

ちなみに、自社が保有しているリストのことを「**ハウスリスト**」と呼ぶ。

昔はいろいろな会社が自社リスト＝ハウスリストを他社に売ったり、融通したりしていたが、現在は個人情報保護法によりできなくなったため、自社で集めたハウスリストの重要性はいっそう高まっている。

# 第５章

# 人を動かす文章の構造「PESONA（ペソナ）」がウェブ時代に深化した「PASBECONA（パスビーコーナ）」

第３章のLP・セールスレターの基本構造で解説したとおり、LP・セールスレターは、「**ヘッドライン→オープニング→ボディコピー→クロージング**」という流れになっている。

そして、この大きなパーツごとの流れに沿って、人を惹きつける文章構造が研究されてきた。おもに次のようなものがある。

- AIDA（アイダ）
- AIDMA（アイドマ）
- QUEST（クエスト）フォーミュラ

このような文章構造の一つとして、私、神田が1999年に発表し、その後アップデートしたのが「**PESONA（ペソナ）の法則**」だ。

本章では「**PESONAの法則**」とその進化系で、書籍としては初公開となる「**PASBECONA（パスビーコーナ）の法則**」を紹介する。

## 1. 説得力のある文章の構造「PESONAの法則」

私、神田は経営コンサルタントとして活動を始めた当初から、アメリカから持ち込んだコピーライティングをクライアントにも活用していた。

連日、顧客の広告コピーやダイレクトメールを添削していく中で、爆発的にヒットする文章が出始めた。

すると、ヒットした文章には「**ある共通点**」があることを発見した。

当初、共通点をパターン化したところであまり意味はないだろうと思っていたが、クライアントから「顧客からの反応が激増した」という声が次々と入り始めた。

そして、実用上問題ない「最小限の項目」に絞り、覚えやすくした「**PESONAの法則**」を発表した。

「PESONAの法則」は、「**何を言えばいいか**」を**次の６要素に集約**。そして「**どんな順番で言えばいいか**」を序列化したものだ。

### ■「PESONAの法則」の基本構造（最新版）

| | | |
|---|---|---|
| Problem | 問題 | 買い手が抱えている「痛み」を明確化する |
| Empathy | 共感 | 売り手が、買い手の「痛み」を理解し、解決する術（すべ）を知っていることを感じてもらう |
| Solution | 解決 | 問題の根本原因を明らかにし、「解決」へのアプローチ法を紹介する |
| Offer | 提案 | 解決策を容易に取り入れられるよう、具体的な商品・サービスの「提案」を行う |
| Narrow | 適合 | 売り手の価値観にぴったり「適合」する顧客を絞り込む |
| Action | 行動 | 「痛み」を解決するために必要な、具体的「行動」を呼びかける |

先ほど「PESONAの法則」は1999年に誕生したと述べたが、実は時代の変化に合わせて何度かアップデートを行い、直近では上の「PESONAの法則」となっている。だが、誕生当時は次のようになっていた。

### ■誕生当時の「PESONAの法則」

| | |
|---|---|
| Problem | 問題点の明確化 |
| Agitation | 問題点のあぶりたて |
| Solution | 解決策の提示 |
| Narrow Down | 絞り込み |
| Action | 行動への呼びかけ |

現行の「PESONAの法則」とは、次の３点が大きく違っている。

① ２つ目の「E」の部分が共感のEmpathyではなく、**あぶりたてのAgitation**になっている

② ３つ目「解決策の提示」に「**解決**」と「**提案**」**がひとまとめ**になっている
③「N」のNarrowが「**絞り込み**」になっている

変化した背景はこうだ。
初期型「PESONAの法則」は絶大な効果を発揮し、大きな反響を呼んだ。
しかし、勘違いされたり、悪用されたりする懸念があり、私、神田のコンサルティングのクライアント以外に広く知られることはなかった。
書籍で初めて登場したのは、『禁断のセールスコピーライティング』だったが、この本の中では、ごく一部の紹介にとどまっていた。にもかかわらず、人づてに徐々に広がり、使われるようになっていくにつれ、よくない印象を持たれるケースも出てきた。
なかでも、「Agitation＝あぶりたて」は、一つ間違えば、恐怖感をあおり立てる、おどろおどろしい文章につながる危険性があり、書き手の良識が必要とされた。

その後、ネットの普及とともに、LPを使った販売スタイルが確立。
また、コピーライティング自体がある程度普及してきたことで、問題点をあぶりたてるより、「この人は自分のことをわかってくれている」と顧客との**親近感**を印象づけることが重要になってきた。
そこで２つ目の要素を「**Empathy**」に変更し、その骨子を『稼ぐ言葉の法則』に凝縮した。
同時に、「解決策の提示」の中に包含されていた「**提案(Offer)**」を独立させ、現行の「PESONAの法則」になった。

さらに、今回、本書執筆にあたり、従来「絞り込み」と説明してきた「Narrow」を「**適合**」と位置づけた。
あなたが理想とする顧客にぴったりの顧客を選ぶという観点から「適合」とした。
Narrowには「精密な・厳密な」という意味があるので、厳密に絞り込む＝「適合」と位置づける。
ここでよくある質問として、自分の扱っている商品・サービスは、エンターテインメント、ファッション、グルメ等なので、「問題」や「痛み」に該当するものがないというものがある。

しかし、もっと顧客の心の深いところを考えてみよう。

退社後にセレクトショップで洋服を楽しそうに選ぶ会社員の女性たちには、体型のコンプレックスという「痛み」が潜んでいるかもしれない。

このように、普段本人が抑えつけてしまっているような「痛み」に理解を示してくれると、人は心を開き、その人の言うことに耳を傾けるようになる。

この「PESONAの法則」に沿って、LP・セールスレターの骨子を書くと、次のようになる。

「ビジネス用ボイストレーニング」を売る事例を見てみよう。

### ■「PESONAの法則」で「ビジネス用ボイストレーニング」を構成

| | |
|---|---|
| **Problem 問題** | オンラインミーティングの収録動画を後で見て、自分の声に愕然としたことはありませんか？<br>自分が聞いている声と、人に聞こえている声は全然違うのです。よく通るいい声は、相手が聞きやすいだけでなく、説得力があるので、意見も通りやすくなります。<br>ところが、ほとんどの人は、声の出し方を知らないまま、自然に話しているだけなのです。 |
| **Empathy 共感** | しかし、それは無理もないこと。演劇や合唱をやらない限り、話すときの声の出し方なんて習う機会がないからです。<br>でも、声の出し方はちょっとしたコツさえわかれば、誰でも改善できるのです。 |
| **Solution 解決** | そこで、カンタンに声を改善できるのが、元XX局アナウンサー○○○○の◎◎ボイストレーニングです。 |
| **Offer 提案** | １回２時間のオンライン個人レッスンを２回受けていただくだけで、驚くほどいい声に変わります。<br>レッスン費用は、１回10,000円ですが、今だけ20%オフの8,000円でご利用いただけます。 |
| **Narrow 適合** | ただし、本気で声を改善したい人で、来月末までに２回の予約をいただける方に限ります。 |
| **Action 行動** | 今すぐ、下記のフォームからお申し込みください。 |

どうだろう。実際にはもう少し情報が必要だが、わかりやすいように、極力文章を少なくした。

しかし、話の流れは、非常にスムーズなことがわかると思う。

これが「PESONAの法則」なのだ。

## 2.「PESONA」が深化した「PASBECONA（パスビーコーナ）」とは？

「PESONA」はウェブ黎明期に登場したものだが、「人を動かす文章」の基本構造としてウェブ上でも有効活用できる。

「PESONA」を**ウェブ時代のLPの基本的なメッセージとして再構成**したのが「**PASBECONA**」である。

書籍で紹介するのは今回が初となるが、「PASBECONA」は次のような構成となっている。

### ■「PASBECONA」の基本構造

| | | |
|---|---|---|
| Problem | 問題 | 買い手が抱えている「痛み」を明確化する |
| Affinity | 親近 | 売り手が、買い手の「痛み」を理解し、解決する術を知っていることを感じてもらう |
| Solution | 解決 | 問題の根本原因を明らかにし、「解決」へのアプローチ法を紹介する |
| Benefit | 利得 | それを買うと、どんないいことがあるのか＝ベネフィットを述べる |
| Evidence | 証拠 | ベネフィットが機能する証拠・根拠を示す |
| Contents | 内容 | 商品・サービスが具体的にどんなものか紹介する |
| Offer | 提案 | その商品・サービスを手に入れるための販売条件を提案する |
| Narrow | 適合 | 売り手の価値観にぴったり「適合」する顧客を絞り込む |
| Action | 行動 | 「痛み」を解決するために必要な、具体的「行動」を呼びかける |

ご覧のように、「PESONA」の6つの要素に加え、**ベネフィット(利得)**、**証拠**、**内容**にあたる「B」「E」「C」が入った形になっている。

「なんだ。それだけか」と思うかもしれない。だが、実はこの流れこそ、今の時代の**LPの基本テンプレート**になるのだ。

「PESONA」と同様、「PASBECONA」も基本パターンなので、流れを変えてアレンジしたバージョンがある。しかし、表のグレーの濃い部分「CONA」は、どんなLPでも、ほぼこの順番に並ぶ。

これをLPの流れに沿ってあてはめると、こうなる。

ヘッドライン(プリヘッド、デックコピーを含む)

↓

**P**roblem(問題)：ターゲットが抱える問題点、痛みを指摘・確認する

↓

**A**ffinity(親近)：ラポール(信頼関係)を構築し、主張を受け入れる準備を整える

↓

**S**olution(解決)：独自の解決策を提示する

↓

**B**enefit(利得)：購入で得られるベネフィットを提示する

↓

**E**vidence(証拠)：顧客の声または科学的根拠(エビデンス)を示し、ベネフィットを裏づける

↓

**C**ontents(内容)：商品・サービス内容の詳細を説明する

↓

**O**ffer(提案)：販売条件を提示する

↓

**N**arrow(適合)：集めたい顧客に適合する条件を絞る

↓

**A**ction(行動)：「CTA」「追伸(P.S.)」で行動を呼びかける

先ほど「PESONA」のところで、ボイストレーニングの事例(187ページ)があったが、それを「PASBECONA」にすると次のようになる。

### ■ボイストレーニングの「PASBECONA」版

| | |
|---|---|
| **Problem**<br>**問題** | オンラインミーティングの収録動画を後で見て、自分の声に愕然としたことはありませんか?<br>自分が聞いている声と、人に聞こえている声は全然違うのです。よく通るいい声は、相手が聞きやすいだけでなく、説得力があるので、意見も通りやすくなります。<br>ところが、ほとんどの人は、声の出し方を知らないまま、自然に話しているだけなのです。 |
| **Affinity**<br>**親近** | しかし、それは無理もないこと。演劇や合唱をやらない限り、話すときの声の出し方なんて習う機会がないからです。<br>でも、声の出し方はちょっとしたコツさえわかれば、誰でも改善できるのです。 |
| **Solution**<br>**解決** | そこで、カンタンに声を改善できるのが、元XX局アナウンサー○○○○の◎◎ボイストレーニングです。 |
| **Benefit**<br>**利得** | ◎◎ボイストレーニングを受けると<br>・語尾まで声がよく通るようになるので、話の内容が相手にしっかり伝わるようになります。<br>・のどではなく、お腹から声を出すので、自信に満ちあふれた印象になり、説得力が増します。<br>・自分の声に自信が持てるので、どんな場面でも臆せず話すことができるようになります。 |
| **Evidence**<br>**証拠** | すでに受講された方のご感想をご紹介します。 |
| **Contents**<br>**内容** | ◎◎ボイストレーニングは、1回2時間のオンライン個人レッスンを2回受けていただくだけで、驚くほどいい声に変わります。<br>オンラインで、朝8時から夜10時まで予約できるので、お好きな時間に受けられます。<br>このレッスンの講師は元XX局アナウンサーで、こんな経歴と実績を持っています。 |
| **Offer**<br>**提案** | レッスン費用は、1回10,000円ですが、今だけ20%オフの8,000円でご利用いただけます。 |
| **Narrow**<br>**適合** | ただし、本気で声を改善したい人で、来月末までに2回の予約をいただける方に限ります。 |
| **Action**<br>**行動** | 今すぐ、下記のフォームからお申し込みください。 |

「PASBECONA」の「**BEC**」の部分、ベネフィットと証拠(顧客の声など)、それに提供者のプロフィールを含めた商品・サービス内容を加えることで、よりLPらしくなったのがわかる。

## 3.「PASBECONAテンプレート」でLPをサクッとつくる

「PASBECONA」にあてはめていくと、LPになるイメージがつかめたと思う。

しかし、これでLPが書けるかというと、最初は難しいもの。

そこで、とっておきのツールを紹介しよう。

それが、「**PASBECONAテンプレート**」だ。

このテンプレートに沿って書いていけば、**自動的に**LPができあがる。

LPには基本構造がある。**どの位置に何を持ってくるかは、概ね決まっている**。だから、慣れるまでは「PASBECONAテンプレート」に書いていくのがスムーズだ。

このテンプレートは「穴埋め」ではない。中身は考えて書くが、穴埋めではないからこそ、どんな商品・サービスにも使える。

また、提供者のプロフィールは変わらないことも多い。この「PASBECONAテンプレート」に沿って、一度LPをつくってしまえば、次回以降はそれに修正を加えていくことで、さらにスピーディにLPを書き上げられる。

「PASBECONAテンプレート」は、流れを「PASBECONA」にしつつ、第3章で触れたLPの基本構造を合体させたものだ。

LPの基本構造と「PASBECONAテンプレート」は次ページのような関係になっている。

### ■LPの基本構造と「PASBECONAテンプレート」

| LPの基本構造 | | 「PASBECONAテンプレート」 |
|---|---|---|
| **ヘッドライン** | | プリヘッド<br>ヘッドライン<br>デックコピー |
| **オープニング** | | **P**(問題提起)<br>**A**(親近感でラポール構築) |
| **ボディコピー** | | **S**(解決策提示) |
| | ベネフィット | **B**(ベネフィット提示) |
| | 証拠・根拠 | **E**(証拠を示す) |
| | | **C**(商品・サービス内容説明、提供者のプロフィール) |
| | オファー<br>特典<br>リスクリバーサル | **O**(価格、特典、リスクリバーサル) |
| | 限定<br>締切 | **N**(限定、締切) |
| **クロージング** | CTA<br>追伸(P.S.) | **A**(CTA、追伸〈P.S.〉) |

これをテンプレート形式化した「PASBECONAテンプレート」が次の事例だ(巻末ジャバラのウラにもカラー版があるので活用してほしい)。

## ■LP制作が格段に速くなる「PASBECONAテンプレート」

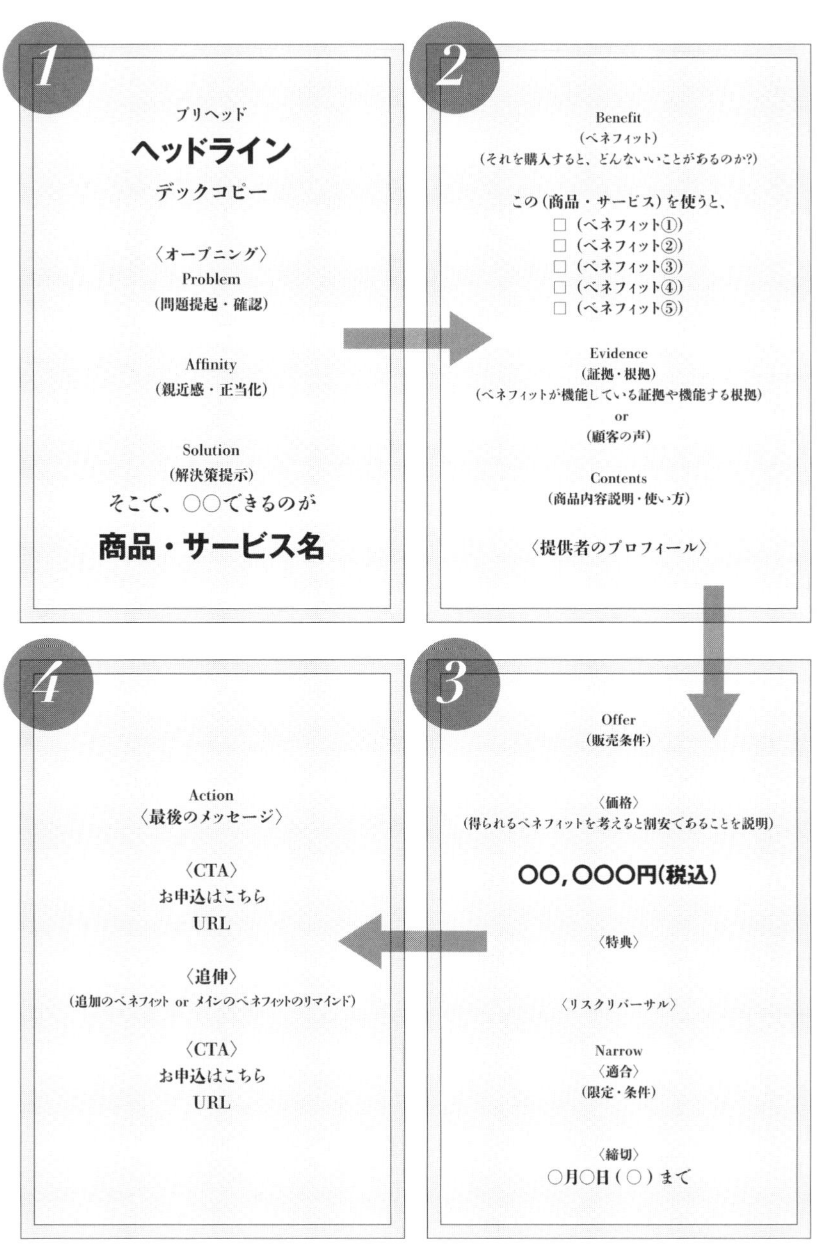

## 4.「PASBECONA」のLP事例

では、「PASBECONA」でつくった実際のLPを見てみよう。

我々が主催する「顧客を創造するコピーライティング講座　アドバンス編」のLPだ。

詳細を見る前に、このLPの骨子を解説しておこう。

まず、必要なのは、第４章で解説した「**誰が・何をして・どうなった？**」だ。これはPMMの入口であり、究極の形だと述べた。

だからこれが決まらないとコピーは書けない。たとえ書けても、最低限の営業マンの働きすらできない。

「顧客を創造するコピーライティング講座　アドバンス編」のPMM＝「誰が・何をして・どうなった？」は次のとおりである。

| | |
|---|---|
| **誰が** | 自分の能力を活かして活躍したいけれど、うまく売ることができないと悩む人が |
| **何をして** | 講師から直接フィードバックが得られる「顧客を創造するコピーライティング講座」を受講して |
| **どうなった？** | 顧客を動機づけられる文章が書けるようになった結果、理想の顧客を創造でき、自分らしく稼ぐことができるようになった |

この骨子を「PASBECONA」にあてはめると次のようになる。

## ■「PASBECONA」にあてはめたバージョン

| | |
|---|---|
| **Problem 問題** | 今まで身につけた能力を手放さざるをえない人がいます。<br>一方、自らの能力を活かし、さらに発展させられる人もいます。その違いは、いったい何でしょう？<br>それは「顧客を創造する力」です。 |
| **Affinity 親近** | 営業経験はなくても、営業が苦手でも大丈夫。<br>顧客を動機づけられる文章さえ書ければいいのです。<br>文才がなくても大丈夫。<br>顧客を創造する文章には原理原則があるのです。今まで学校でも職場でも習わなかったので、知らなかっただけ。 |
| **Solution 解決** | ほとんどの人が知らない、顧客を創造する文章を書く技術をマスターできるのが、「顧客を創造するコピーライティング講座アドバンス編」です。 |
| **Benefit 利得** | この講座で学べる原理原則を押さえると、顧客を動機づける文章が書けるようになります。その結果、あなたやあなたの会社に共感する理想の顧客を創造できます。 |
| **Evidence 証拠** | すでに受講された方はこんな感想をお持ちです。<br>（顧客の声を紹介） |
| **Contents 内容** | 講座はオンラインライブセッション２回とスライド動画５回。<br>専用サイトで１ヶ月間、講師からフィードバックが受けられます。講師はこんな人です。<br>（講師紹介） |
| **Offer 提案** | 受講料は99,000円。３つの特典があります。<br>満足保証もついています。 |
| **Narrow 適合** | この講座はこんな方にはおすすめしません。<br>一方、こんな方にはおすすめです。<br>募集人数は50名。締切は7/1。 |
| **Action 行動** | この機会をお見逃しなく、お申込を。<br>追伸（P.S.） ご満足いただけたら他の人と共有ください。 |

これを最終的なLPに仕上げたのが次の事例だ。

## ■公開された最終LP

プリヘッド

ヘッドライン

日本のトップマーケッター＊
神田昌典が伝授する

顧客・資金・人材を集める
共通原理とは？

＊『GQ JAPAN』（2007年11月号）

デックコピー

ここから
オープニング

**講演会場への、タクシーに
乗ったときのこと。**

白髪まじりの運転手さんがぼそりと呟いた。
「お客さんが向かうホールは・・・
実は、**私が音響設計したんです**よ。」

話を聞いてみると、彼は
世界を飛びまわる、音響専門家だったとのこと。
しかし数年前、後進に道を譲る形で引退。

**その才能とはまったく違う世界に
身をおいた**のです。

一方、
似たような技術者の経歴でありながら、
退職後、ますます
**自分ならではの分野で活躍する**
専門家もいます。

**10社以上の会社の技術顧問**に就任。
**講演や取材依頼が
ひっきりなし**に入ります。

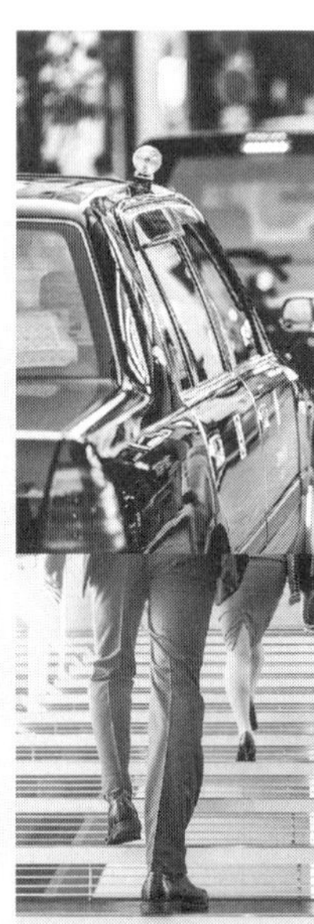

今まで身につけた能力を

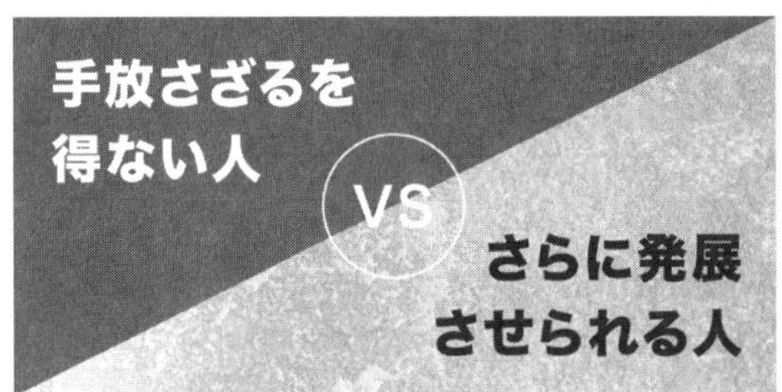


**ここから Problem（問題）**

**その違いは、何でしょうか？**

**違いは、紙一重**

どんなに優れた能力や経験があっても

**「顧客を創造する力」**

がなければ、稼ぎ続けることはできません。

**ここから Affinity（親近）**

**「営業なんてやったことない…」**
**「営業は大の苦手…」**
**ご心配なく。**

顧客を創造するために
営業経験は必ずしも必須ではありません。
営業経験がまったくゼロでも
**顧客を魅了するコンセプトを作り**
**顧客を動機づける文章を組み立てる力**
**があればいいのです。**

**「自分は、文才がないから、難しそうだ…」**

そう諦めるのは、あまりにももったいない。

なぜなら、
顧客を動機づける文章を書くために必要なのは
クリエイティブな才能ではありません。
詩的センスでもありません。

**顧客を創造する文章には
原理原則があるので
それに従って書けばいいのです。**

しかし、残念なことに
顧客を創造する文章の原理原則は
学校でも、職場でも教えてもらう機会はありません。

だから、今まであなたが知らなかったとしても
無理はないのです。

いえ、ほとんどの人は
その技術の存在すら知ることなく
一生を過ごします。

しかし、このほとんどの人が知らない

**顧客を創造する文章を書く技術こそが
ずっと富み続けるための
たったひとつの技術なのです。**

**そして、それをマスターできるのが**

**ここから
Solution（解決）**

**オンライン講座**

**顧客を創造する
コピーライティング講座
アドバンス編**

**受講生95.8%が、モヤモヤしていたコンセプトが
スッキリに変わる瞬間を体験した
マーケティングライターエッセンシャル講座（2018年1月）
がオンラインで学べるようになりました。**

原理原則といっても
~~5W1H~~や~~ピラミッドストラクチャ~~
のことではありません。

ましてや、
~~心理操作する文章~~や
~~煽る文章~~でもありません。

今までのコピーライティングとは違い
**この講座で学べる原理原則**
を押さえると

あなた自身やあなたの会社に **共感** する
**理想の顧客を創造**
できるようになります。

**あなたが身につける知識と技術**
**のほんの一部をあげれば・・・**

**ここから**
**Benefit（利得）**

**「買ってください」を「売ってください」**
**に変える3つの柱を見つける簡単な方法。**

あなたは、お客さんに頼んで買ってもらいますか？
それとも、お客さんから頼まれて売りますか？
それを分ける秘訣が3つの柱にあります。これによって、あなたとお客さんの関係が180度変わります。そして、3つの柱を見つけるには、シンプルな質問に答えるだけでOKです。

**文章を書く前にチェックすべき2つの要素**
**これが間違っていると売れません**

文章がよくても、ビジネスモデルに問題があれば全て台無しに。ビジネスモデル構築というと難しい作業をイメージされるかもしれませんが、たった2つの要素にフォーカスした世界一シンプルなビジネスモデルの作り方があります。売れない原因の大半はこの要素に問題があるのです。

**文章以外にも使える**
**人を動かす情報配列の秘密**

人は強制されてもなかなか動きません。北風と太陽の話のように、自ら納得して自然に行動してもらうための秘密があるのです。この秘密を知っていれば、プレゼン資料やスピーチ原稿などにも応用できます。

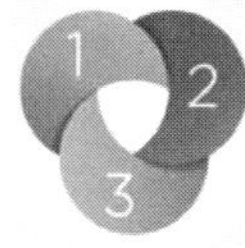


**素晴らしい文章が書けても売れなければ意味がない。**
人が購入を決断する3大要素**とは?**

この要素のどれかが欠けていると、購入直前でやめてしまう確率が高くなります。いい線までいっているはずなのに、なぜか成約できないとしたら、3大要素のどれかが欠けているはず。

**ただのビジネス文書を、あなたの**ファンを増やす**魔法の手紙に変える、**
とっておきのひとこと

ビジネス文書は丁寧に、用件だけを簡潔にと言われますが、文章を書く目的の理解が違っていると、いくら丁寧に書いても、あなたの意図は伝わりません。ビジネス文書を見違えるように魅力的にする、「ひとこと」があります。これで、あなたへの印象がグッとよくなり、相手の記憶にも残ります。

**売上を上げつつ**
嫌な顧客を引き寄せない**秘訣**
ストレス軽減**の効果も**

「あおり」を使えば一瞬売上を上げることはできても それで集めた顧客は、あなたに面倒なことをもたらします。 得られる利益よりも、マイナス影響の方が多いもの。望む顧客とだけ取り引きできれば、ストレスが減るのではないでしょうか?

# 本講座が活かせる職種

**顧客を動機づける文章を書く力を身につけると**
**自分の仕事に自信がもてるようになります。**
**そんな人たちのほんの一部をあげれば・・・**

| | |
|---|---|
| 経営者・経営幹部 | 経営方針を検討・決定する立場にあり、自分や会社の考えを明確に表現する必要がある方。 |
| 営業、マーケティング部門の部門長から担当の方 | 売上に直結する業務に従事されている方。 |
| ウェブマスター SNS管理者など | 自社の魅力を伝えファンを増やすことを目標にされている方。 |
| カスタマーサポート コンシェルジュなど | 顧客とのリレーションシップが重要視される方。 |
| 社長室、秘書 広報部門など | 経営幹部の声を発信する機会がある方。 |

| | |
|---|---|
| 人事、採用部門など | 求人広告など、求人メッセージを作成される方。 |
| コンサルタント、講師、士業 | セルフプロデュースが必要な方。 |
| 第二の人生を考えている方 | これまでの経験を第二の人生に活かすために「自分を売る力」を身につけたい方。 |

# 本講座で学んだ技術が使える分野

- 欲しい人材を募集したいとき
- 社内や社外の人を動かし、何かの行動をとってもらいたいとき

## さらにこんな文書にも、

| | |
|---|---|
| 人材採用 | スピーチ原稿 |
| 設立趣意書 | プレゼン資料 |
| 経営・事業計画 | 説明会資料 |
| 企画・提案書 | 記事、書籍など。 |

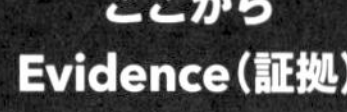


# 既に受講された方はどのような感想をお持ちでしょうか？

## ビジネス展開の宝物をいただきました！

最終セッションで、神田さんから添削をしていただいた牧野寿和です。思わぬ機会をいただき、びっくりするやら感謝しております。あらためて動画をみて、神田さんの優しい言葉のなかにも、内容が的確で鋭いご指摘ばかりで、これからの私のビジネス展開の宝物をいただきました。ただ、飾っておくのではなく、大いに活用させていただきます。今後は、この講座の内容を度々振り返ることで、より効果的に結果の出るランディングページが書けると思っていますので、実際の仕事の場で生かしていきたいと思っています。

人生の添乗員® ファイナンシャルプランナー
**牧野 寿和 様**

## 今の仕事に大きな誇りが持て文章を書くのが1段階速くなりました！

衣田先生、初めから最後の課題まで、常に適切なアドバイスをどうもありがとうございました！本当に30日間は、あっという間でした。与えられた5つの課題を、指定された通りに型にはめて、とにかく提出する事にしましたが、毎回ご丁寧なフィードバックを頂き、文章を書くのが1段階速くなりました。そして、今は、常に読み手を意識するように心掛けています。今回の課題のお陰で、現職場の事を詳しくアウトプットのために調べ、今の仕事に大きな誇りを持つ事が出来ました！確かに今までにない経験を持つ事が出来、心から感謝いたします！

音楽家
（フランス国立リヨン歌劇場管弦楽団ヴィオラ奏者）
**大矢 章子 様**

## 自分ならではのビジネスの展開を実現します！

先生方から頂戴したアドバイスも、この場で共に学んでくださった皆さまからの学びも本当にありがたかったです。リアルに活用していくこと、そして、引き続き学び、フィードバックできる場面ではそれを行い続けること、それらでお返しできればと思います。今後も、自分だからこそできるSDGsへの意識を持ったビジネスの展開。ワクワクしながら実現してまいります。

進学塾拓未（塾部門 探求部門）代表
一般社団法人日本青少年育成協会認定教育コーチ
**尾瀬 嘉美 様**

**自分を見つけることが原点だと気づきました！**

神田先生の私のチラシへの３つのコメント、びっくりです！
1. 名称をとうじんにしたら?と。早速、「とうじんギターコンサート」になりました。先生曰く「以前から違和感があった」らしいのです。
2. 権威からのコメントについて、先生曰く「その時がくるでしょう」とのこと。私も同感です。必然が待っている予感です。
3. ウラ面の文章を手書きに。あの枠内に入るかチャレンジします。また、衣田先生の講義とトレーニングで、自分を見つけることがスタート・原点であると気づき、この講座のすごさを知りました。小手先ではない本質をさぐることの大切さをちらし作りを通して実践させていただきました。適切なコメントアドバイス、本当にありがとうございました。

高知高専名誉教授（建築デザイン）
「たのしいとうじん企画」代表幹事
**西岡 建雄 様**

## 講座の進め方

**ここから Contents（内容）**

開講日：2020年7月7日(火)

### 1 オンラインライブセッションとスライド動画のハイブリッド講座

**ライブセッション２回＋スライド動画５回**
毎週火曜日に各 Training 動画が公開され
１週間毎に課題提出とフィードバックがあります。

| | | |
|---|---|---|
| Traning 0 | お申し込み後すぐ | 動画「ずっと富み続けるために必要なたったひとつの技術」 |
| 開講セッション | 7月 7日(火) | オンラインライブセッション |
| Traning 1 | | 動画「売れる言葉の並べ方PASONAの法則と世界一シンプルなビジネスモデル」 |
| Traning 2&3 | 7月14日(火) | 日常文書も売れるようにする文章の型と人を動かす「3大要素」稼ぐ扉の鍵をあける5つの質問 |
| Traning 4 | 7月21日(火) | LPを仕上げるPMM テンプレート① |
| Traning 5 | 7月28日(火) | LPを仕上げるPMM テンプレート② |
| 最終セッション | 8月11日(火) | オンラインライブセッション |

開講、最終とも、ライブセッション（オンライン）は
19:00～21:00です。
（収録動画でもご覧いただけます）

## 開講ライブセッション（オンライン）

ライブセッションは、参加される方に合わせて
内容がカスタマイズされますので
画一的な通信講座では得られない学びができます。

## 最終ライブセッション（オンライン）

**インターネット界に**
**コピーライティングの技術を持ち込んだ**
神田昌典**による**
**顧客を創造する**コピーライティングをライブで実演

受講生の方からご提出いただいた課題の
中から全員の学びになる事例を選び、
その場で顧客を創造する文章へと
書き換えていく様子をご覧になれます。

書き上がるまでの思考過程がわかるので
上達スピードが一気に上がります。

開講、最終ともにライブセッションの
模様はライブ配信をしますので
ご自宅にいながらでもリアルに
ご視聴いただけますし
後日動画をご覧いただくこともできます。

## スライド動画

スライド解説は、スライドによる視覚情報と
講師の音声解説による聴覚情報の
両方で構成されているので
ポイントの箇所を繰り返し確認でき
理解を深めることができます。

スマホでも見ることができますので
時間にも場所にも縛られず
あなたのペースで学ぶことができます。

※動画は講座期間終了後も継続してご覧いただけます

## 2 参加者専用グループサイトで

### 1ヶ月間のフォロー

講師からのフィードバックや
受講者同士の交流で

一般的な通信講座のように1人で学ぶ孤独感がなく
楽しくスキルアップできます。

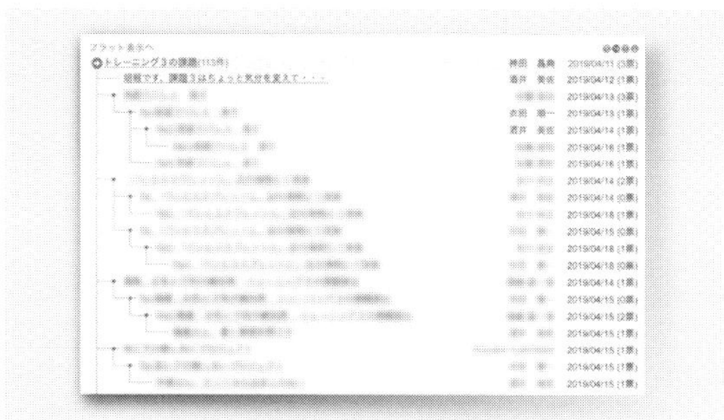

インプットしたことを
実際の仕事の場面にアウトプットします。

そこでインプットされた疑問点を
専用グループサイトでアウトプットします。

そして、講師や参加者同士から得られる
フィードバックをインプットし
また業務にアウトプットする。

このサイクルを回せるよう

# OJT講座

として1ヶ月のフォローアップがついています。

# 講師紹介

## 講師陣は、この技術を身につけたことで<br>役人から<br>日本のトップマーケター*、そして<br>国際的なマーケティング賞の審査員にも選出

*『GQ JAPAN』(2007年11月号)

**アルマ・クリエイション株式会社 代表取締役、<br>日本最大級の読書会『リードフォーアクション』代表理事**

上智大学外国語学部卒。ニューヨーク大学経済学修士、ペンシルバニア大学ウォートンスクール経営学修士。大学3年次に外交官試験合格、4年次より外務省経済部に勤務。戦略コンサルティング会社、米国家電メーカーの日本代表として活躍後、1998年、経営コンサルタントとして独立。

『GQ JAPAN』(2007年11月号)では、"日本のトップマーケター"に選出。2012年度、アマゾン年間ベストセラーランキング・ビジネス書部門で第一位。2013年、米国より招聘され、自ら開発した思考法「フューチャーマッピング」講座を開催したところ、世界から集まった知的プロフェッショナル200人の間で大絶賛のスタンディングオベーションとなり、2014年からは全世界展開されることになった。ビジネス分野のみならず、教育界でも精力的な活動を行っており、非営利活動法人学修デザイナー協会の理事を務める。国際的に権威あるマーケティング賞の審査員にも選出された。

## 鉄鋼マンから一足先に働き方改革<br>障害児の介護のため在宅プロライターに

**マーケティング・コピーライター<br>アルマ・クリエイション株式会社 コンテンツ戦略室 ディレクター**

鉄鋼メーカーの住友金属工業(株)
(現・日本製鉄(株))入社。

- 国内・海外の自動車、大手家電など製造業向け営業を15年
- 営業企画部門で、新規のビジネスモデル構築とシステム構築を6年
- 会社合併後の営業系の業務とシステムの統合を6年
- 営業室長、企画部上席主幹(部長級職位)として組織をリード

脳性麻痺の子供への対応からテレワーク(在宅勤務)を志向。

時間と場所の自由が効く、コピーライターという仕事に出会う。商品の魅力を文章で表現し、クライアントと買った人両方に喜んでもらえる点に惹かれ、同時に営業と企画の仕事との共通点も多く、これまでの経験も活かせると考え、マーケティング・コピーライターとなる。

現在は、アルマ・クリエイション内およびクライアントのLP(ランディングページ)のライティングやアルマ・クリエイションのコンテンツ戦略の立案・実行、コピーライティング関連講座の講師を担当。

2人とも、この技術があれば
いつでも顧客を創造できるので
将来の不安がなくなったという意見で一致。

## 受講料

ここから
Offer（提案）

価格

文章が違うだけで売上が2倍になったり
6倍になったりすることが実際にあるのです。

それほど、売れる文章を書ける力は
ビジネスの成長にとって価値ある技術なのです。

あなた自身が、あるいは会社の中に、ひとりでも
この技術を身につけた人間がいるだけで
どれほど売上があがるでしょうか？

また、文章というのは
商品や状況によって個別に違うので
画一的な学習方法では応用が難しく
実際の場面で具体的にどう書けばいいのか
迷うことが多いものです。

1ヶ月間のＯＪＴ講座は、スキルアップしながら
あなた自身が直面する場面で
浮かんだ疑問や悩みに対して
講師陣や受講生同士から
フィードバックが得られるのです。

こんな機会はめったにありません。

一生使える技術が好きな時間に学べて
1ヶ月間のフォローアップがついた講座の費用は

定価 ~~110,000円（税込）~~ のところ

このページからのお申し込み限定で

**99,000円（税込）**

特典

## 受講特典

特典1

### 神田昌典のライブコンサルティング オンライン視聴に特別ご招待

神田昌典が、クライアント経営者向けに実施する
メンバー限定のライブコンサルティング。

神田昌典がクライアントの事業内容をヒアリングしつつ
その場で、顧客を創造する文章へと書き換えて行きます。
目の前で事業モデルが書き換わり、
また新たな言葉が生み出されるプロセスを
オンラインでご覧いただけます。

開催日時：2020年7月10日（金）
※ 収録でもご覧いただけます。

視聴方法詳細はお申し込み後にご案内致します。

特典2

さらに・・・

**7月1日までにお申し込みの方には**

法人有料会員向け会報誌の衣田順一連載（6回）

**「仕事で使えるコピーライティング」をプレゼント**

## 満足保証

**リスクリバーサル**

本講座は
単なる自習型のオンライン講座ではなく
講座スタート時から
講師およびチューターによる価値提供が
実際にはじまりますので
講座スタート後のご返金は
通常であればお受けしかねます。

しかし
顧客を創造する技術は
会社の中で、できる人がひとり育ちますと
今後、何年間も、大きく売上をあげられる貴重な技術です。

たくさんの方に
この素晴らしい技術の効果を体験いただければ
私どもの会社とも、長くご縁をいただけることに
つながると思います。

それは、私どもにとっての大きな喜びでありますので
実際に、トレーニング3（開講後2週目終了時点）まで
ご受講いただき、これは違うとご判断されましたら
**喜んで、受講料全額を**
**理由をお尋ねすることなくご返金**いたします。

## 受講対象

**ここから Narrow（適合）**

### こんな方にはオススメしません。

- 自分の商品やサービスを実際以上に大きく表現して売りたい人
- 顧客と長期的な関係を築くより、一瞬だけ売上を上げたい人
- 細かい言葉のテクニックで顧客の心理を操作したい人

### 一方、こんな方にはオススメです。

- 売る力をつけて売上を大きく伸ばしたい人
- 顧客と長期にわたる関係を構築したい人
- 自分のメッセージで社員が会社に愛着を持つようになって欲しい人
- 自分と周りを幸せにする言葉を編み出したい人
- 自分の思いは自分の言葉で伝えたいけど、伝え方がわからない人

## 募集人数・申込締切

限定・締切

あなたと講師、そして受講生同士の学び合いという
インタラクティブ（双方向）な学びのため
**最大50名まで**
とさせていただきます。

また、本講座は年に3、4回しか開催しておりません。
今回の募集は
**7月1日（水）まで**
締切日前でも募集人数に達した段階で
募集終了となります。

いつでも、どこでも学べるわけではないこの技術。
この機会をお見逃しなく。

## 本物企業、本物商品を日本から世界へ

ここから
Action（行動）

私たち講師には、この技術を
あなたに伝えなければならない
止むに止まれぬ動機があります。
それは、私たち2人が
この技術により、救われたから。

私たちは、当初から「売る力」に
自信があったわけではありません。
しかし、それに向きあわざるを得なくなったときに
出会ったのが、この画期的な文章術でした。

それは目からウロコの体験でした。
当初は半信半疑でしたが、実際に取り組んでみると
いままで本当にいい商品なのに、売りづらかった商品が
面白いほど売れるようになったのです。

それは、何よりも、自分の人生
そして会社の売上を担う立場に
揺るぎない自信をもたらしました。

はじめに言葉ありき。
あなたが大切にする商品を売る言葉を生み出すことは
あなた自身の生まれ持った才能を
社会に向かって表現することと同じです。

この仕事は、人間でしかできないことだと
私たちは固く信じています。

あなたとともに
これからの世界にとって価値ある
本物の会社、商品、そして人材を応援できることを
心から楽しみにしております。

神田 昌典
衣田 順一

顧客を創造するコピーライティング講座
アドバンス編のお申し込みはこちら 

CTA

追 伸

追伸（P.S.）

『顧客を創造するコピーライティング講座』は、ご受講いただいた方から、ご紹介をいただく比率が非常に高い講座です。
あなたもご受講いただいて、ご満足いただけましたら、ぜひ同僚・ご友人へ、ご共有いただければ幸甚に存じます。
そうすることで、本物の企業、本物の商品が、日本から世界へと広がります。

顧客を創造するコピーライティング講座
アドバンス編のお申し込みはこちら 

CTA

# 5. LPのパーツごとのインパクトとボリュームイメージ

「PASBECONA」で構成したLPの各要素は、全体でどれくらいの比重を占めているのだろうか？

よく、**ヘッドラインでLPの8割は決まる**といわれる。

確かにヘッドラインは重要だ。大きなウエイトを占めているのは間違いない。だが、ベネフィットはそんなになくてもいいのか？　というと、そうではない。

そこで、LPの各パーツの成約率へのインパクトと文章量イメージの関係を下の表にまとめた。ただこれは、あくまでも我々がコピーライティングの現場で働いてきた体感値だと思って見てほしい。

文字数は、先ほど「PASBECONA」のLPで紹介した「顧客を創造するコピーライティング講座　アドバンス編」のLPと同じものになる。

### ■文字数と成約率

| 要素 | 成約率へのインパクトイメージ | 文章量イメージ | |
|---|---|---|---|
| | | 文字数 | 比率 |
| ヘッドライン | 20% | 104 | 1% |
| P（問題） | 10% | 336 | 4% |
| A（親近） | 10% | 360 | 4% |
| S（解決） | 5% | 256 | 3% |
| B（利得） | 15% | 1,511 | 19% |
| E（証拠） | 10% | 1,219 | 15% |
| C（内容） | 5% | 2,219 | 27% |
| O（提案） | 10% | 1,093 | 13% |
| N（適合） | 10% | 410 | 5% |
| A（行動） | 5% | 665 | 8% |
| 合計 | 100% | 8,173 | 100%* |

＊小数点四捨五入の関係ですべて足しても100%にならない

**ヘッドラインとオープニング**（PとAの部分）合わせて**40%**、**利得**（ベネフィット、Bの部分）が**15%**。ここが大きなところだ。

これは全体を100%としたときの「相対的」なイメージだ。典型的なのは、行動（A）を促す部分＝CTAだ。CTA自体は文章量も少ないし、最後に購入に向けて背中を押す部分という意味で５%になっているが、他の95%が完璧だったとしてもCTAがない＝申込方法がわからないと、LPとして機能しない。このように95%よくても最終的に成約しないと意味がなくなる。だから、表の比重が低いから重要ではないというのとはまったく違うのだ。

また、文章量全体はこのLPでは8173字だが、もっと多かったり少なかったりする。

また、ここでいうヘッドラインは大見出しという意味ではなく、プリヘッド、デックコピーを含めたヘッドラインを支えるパーツも含めてのイメージだ。この例でいうと次の部分すべてだ。

**■すべてがヘッドライン**

「時間と場所に……」から注釈の「*『GQ JAPAN』（2007年11月号）」まで104字だ。

そして、証拠（E）や内容（C）は、成約への相対的比重は低いが、最も文章量が多いところになる。

このように**文章量と成約への比重は比例**しないし、むしろ**逆**といえる。

■文章量と成約率は反比例する

| 要素 | 成約率への<br>インパクトイメージ | 文章量イメージ | |
|---|---|---|---|
| | | 文字数 | 比率 |
| ヘッドライン | 20% | 104 | 1% |
| C（内容） | 5% | 2,219 | 27% |

ヘッドラインは104字で、文章量としては1％にすぎないが、成約へのインパクトは20％。

一方、Contents（内容）の部分は、文章量は2219字で、全体の文章量の27％を占めるが、成約へのインパクトは5％と低い。

このことから、注意しなければならないのは、**文章量の多い部分を一所懸命書いたからといって、安心してはいけない**ということだ。

逆に、文章量の少ない部分に手を抜いてはいけない。

LPは各パーツが連携した総力戦なので、テキトーでいい部分などない。最初から最後までしっかりと書いて初めて、申込ボタンが押されるのだ。

## 6. 企画書・提案書、プレゼンに「PASBECONA」を使う方法

私、衣田がコピーライティングを知って、「この技術で第二の人生、やれる！」と確信したのがこの「PESONAの法則」だ。

というのも、私は会社員時代に、四半世紀以上にわたり、社内外向けの企画書・提案書を数多く書いてきたが、その重要な点が「PESONAの法則」によって、完璧に説明がついたからだ。

社内で決裁を得るための稟議書も含め、企画書・提案書は要するに、自分の意図していることを伝え、そして人を動かすためのものだ。私は、「どういうふうに書けば、自分が伝えようとしていることが理解され、こちらの意図したとおりに行動してもらうことができるのか？」をずっと考えていた。

なぜ、そのような文章が必要だったのか？　私が勤めていた大手鉄鋼会社は大きな設備を抱えていたので、関係者がものすごく多かったのだ。個別に話すこともあるが、同じ内容を短時間で多くの関係者と共有して理解してもらい、必要な協力を得るためには、資料やメール＝文章が必要になる。

文章作成の試行錯誤を重ねるうちに、自分なりの文章の「型」は持っていたが、原理原則は理解できていなかった。

それが、「PESONAの法則」に出会ったとき、会社で書いてきた「**人に行動してもらうことを目的とした文章**」は、「**PESONAの法則**」そのものだと納得できたのだ。そして、「何を、どういう順番で言えば、理解され、人は動いてくれるのか？」という、長年考え続けてきたことが非常にクリアになったのだ。

もちろん、セールスレターやLPと企画書・提案書は、目的が違うので、少し調整する部分は出てくる。

セールスレターやLPの目的は、おもに「購入」だ。CTAがサンプル請求や、メルマガへの登録になることもあるが、最終目的はやはり「購入」だ。

一方、企画書・提案書の目的は、「自分の考え（企画やアイデア）を承認してもらうこと」だ。しかし、**「何を、どういう順番で言えば、人を動かすことができるのか」の原理原則はそのまま当てはまる**。

その後、「PESONA」を現代のウェブ・スマホ時代に最適化した「PASBECONA」を開発したが、PASBECONAの流れもまた、企画書・提案書にそのまま流用できる。

「PESONA」の流れも企画書・提案書に流用できるが、「PASBECONA」の流れのほうが、ベネフィット、エビデンス、コンテンツが独立しているので、より実態に合い、自然に使える。したがって、ここからは「PASBECONA」を企画書・提案書に使う具体的な方法を見ていこう。

もしかすると、違和感を感じるところがあるかもしれないので、その点を先に解説しておく。２点ある。まず１つ目は、「PASBECONA」の２つ目のA、Affinity（親近）の部分だ。企画書・提案書で、親近感を得るというのは違和感があるかもしれない。

企画書・提案書の場合は、読み手に寄り添うという感じの親近感ではなく、「その問題を放置すると、こんなマズいことになる」という内容や、「その問題が生じている真の原因」（これはP307以降で解説する「共通の敵」）を提示する。

そうすることで、「なるほど、そうだな。話を聞いてみる必要があるな」と思ってもらうことができ、親近感につながるのだ。親近感が湧くと、自分ごととして聞く体勢が整うのは、セールスの場合でも、企画書・提案書の場合でも同じだ。

もう一つは、オファーの部分。セールスレターやLPでは販売価格、特典、締切などの販売条件が入るが、企画書・提案書の場合は、その企画や提案を実現するためにかかる費用を明示する。そして、かかる費用に対する効果、つまり**投資対費用効果を明確にする**。後の部分は、セールスの場合と同じだ。

では、実際の文章で見てみよう。稟議書の場合は、図表が入っても文章が主体になるので、PASBECONAの流れの文章がそのまま使える。一方、企画書・提案書の場合は、スライドの形式にまとめることが多い。したがって、PASBECONAの流れは、スライドの流れと捉えてもらうといい。

あなたは管理職で、部下のAさんがあなたのところに、次の文章を提出してきたと思って読み進めてほしい。

〈Problem〉問題

社内システムは15年前に構築され、今ではかなり使い勝手が悪い。システムが古いのでモバイル端末との連携が悪く、顧客への情報提供に時間差が発生。顧客からたびたび指摘を受けている。

また、情報更新の都度、手作業が発生し、毎日１時間の無駄が発生している。

この作業を担当する他の社員３人も同じ状況なので、４人で１日４時間を無駄にしている。

〈Affinity〉親近

このままこのシステムを使い続けると、顧客満足度を下げる懸念が強い。また、手作業を続けることで、今後担当者が入れ替わったときに重大ミスが生じ、顧客の信頼を失う危険性もある。

〈Solution〉解決

そこで、○○というシステムを導入する方法がある。

〈Benefit〉利得(ベネフィット)

これさえあれば、モバイル端末や周辺システムとの連携が非常にスムーズになり、顧客の不満も解消できる。

さらに、４人計１日４時間の手作業の８割が効率化できるので、１日あたり3.2時間、１か月で64時間の削減が可能。

〈Evidence〉証拠

このシステムは、大手企業から中小企業まで含めすでに○社に導入済で、生産性向上の実績を挙げている。

すでに導入済の企業と生産性向上実績は次のとおり。

・Ａ社の事例：○○○○

・Ｂ社の事例：○○○○

・Ｃ社の事例：○○○○

〈Contents〉内容

このシステムの導入方法は非常に簡単。次のステップで、１週間で切替が可能。

ステップ１:○○

ステップ2:〇〇
ステップ3:〇〇

〈Offer〉提案
導入費用は15万円。一方、4人計1か月で64時間の削減が可能。これに時給をかけたものが「効果額」。さらに残業代削減にもつながるので、残業代の割増分も効果として加わる。よって、導入費用の15万円は「〇か月」で回収可能である。

〈Narrow〉適合
手作業による重大ミスの発生を防ぎ、顧客満足度の向上を重要視するなら、今このシステムの導入がぜひとも必要。

〈Action〉行動
各種設定は私ができるので、〇〇システム導入の承認を早急にいただきたい。

もし、あなたのもとにこんな業務伺いの文章が届いたら、思わずその場でハンコを捺してしまうのではないだろうか？

実際には、もう少し情報＝文章を足すことになるが、それでも骨子が明確になっていれば、わかりやすさが損なわれることはない。

企画書・提案書・プレゼンでも、人に何か行動してもらうことを目的とする場合は、セールスの場合と同様、ベネフィットがポイントだ。こちらの言いたいことだけをいくら主張しても、人はなかなか動いてくれない。
**あなたの提案や企画を受け入れることで、「自分や自社にとってどんないいことがあるのか」がわかれば、行動へのインセンティブは格段に上がる。**

ここで、「PASBECONA」を企画書・提案書に使うときのポイントを整理しておこう。

### ■「PASBECONA」で書く際のポイント

| パーツ | 書く内容 |
|---|---|
| **Problem**<br>**〈問題〉** | 何が問題なのか？<br>（その問題は、どんな悪影響を与えているのか？） |
| **Affinity**<br>**〈親近〉** | このままその問題を放置すると、どんな悪影響があるか？<br>（時間のロス、金銭的マイナス、信用毀損など） |
| **Solution**<br>**〈解決〉** | 問題の解決策を提案 |
| **Benefit**<br>**〈利得〉** | その主張を受け入れると、自分や自社にどんないいことがあるか？ |
| **Evidence**<br>**〈証拠〉** | ベネフィットが得られる証拠を提示 |
| **Contents**<br>**〈内容〉** | 内容詳細を説明 |
| **Offer**<br>**〈提案〉** | 価格などの条件を提示し、費用対効果に優れていることを示す |
| **Narrow**<br>**〈適合〉** | 目的を明確に適合させる |
| **Action**<br>**〈行動〉** | 読み手に取ってほしい行動を明示 |

これに沿って企画書・提案書を書けば、書き手はスラスラ書け、読み手は上司でも部下でも顧客でも、思わず前のめりで読み進めてくれるだろう。

文中にNOという理由がなく、次への行動が具体的に示されていれば、あなたの狙いどおりに読み手を動かすことができる。

セールス以外の場面でも、人を動かす必要があるときには、コピーライティングの技術をフルに活用してほしい。

## この章のポイント

●売れたセールスレターの構造を解明したのが「PESONAの法則」。
「PESONA」の6要素を次の順番で並べるのが基本形。
**Problem（問題）、Empathy（共感）、Solution（解決）、Offer（提案）、Narrow（適合）、Action（行動）**

●「PESONA」をウェブ時代のLPの構造にまとめ直したのが、「PASBECONA」。
**Problem（問題）、Affinity（親近）、Solution（解決）、Benefit（利得）、Evidence（証拠）、Contents（内容）、Offer（提案）、Narrow（適合）、Action（行動）**

●「**PASBECONAテンプレート**」を使うことで、LPに必要な要素が抜け漏れなく、すばやく書くことができる

●LPのパーツごとのボリュームと成約へのインパクトは比例しない。ボリュームの多い少ないに関係なく、**どのパーツも気を抜かずに、しっかり書く**ことが必要

●「PASBECONA」は、**人を動かす文章の原理原則**なので、セールスだけではなく、企画書・提案書・プレゼンにも応用可能

第6章

# PMMを見出す「PMMサーチシート」

前章で紹介した「PASBECONAテンプレート」にあてはめていけば、LPの体裁はできあがる。

LPがないまま販売するのは、営業マンなしで売ろうとするようなものなので、簡単にLPがつくれるのは大事なことだ。

一方、売上をさらに伸ばすには、**LPの訴求力を上げる**ことが必要だ。

そのためには、**PMM＝「誰が・何をして・どうなった？」**をより深く掘り下げていくことがポイントとなる。

深く掘り下げることで、ターゲット顧客の心の琴線に触れる「刺さるコピー」が書けるようになる。「何を言うかは、どう言うかよりも断然重要」だからだ。

本章では、第４章からさらに進んで、**究極の「誰が・何をして・どうなった？」を見出す方法**を解説しよう。

ここは、この本の中でキモ中のキモである。目を見開いてじっくり読み込んでほしい。

## 1.「稼ぐ言葉を掘り当てる5つの質問」をバージョンアップ！ PMMを探索する「PMMサーチシート」

「誰が・何をして・どうなった？」というアイデアを研ぎ澄ますには、何度も何度も深く、自分が扱う商品・サービスと向き合わなければならない。

このプロセスを「**リサーチ**」というが、**書く前の準備**にどれだけ時間をかけられるかがポイントだ。この工程で、商品・サービス、顧客、競合についてどれだけ深く掘り下げられるかによってLPの成否が決まる。

リサーチについては、世界中のあらゆるコピーライターから、何をどのように調べたらいいか、たくさんの意見が出されてきた。

コピーライティングの本場アメリカでは、リサーチとしてターゲットについて細かく調べることが推奨されている。

年齢、性別、家族構成、学歴、所得などの「デモグラフィックデータ」だけでなく、宗教、信条、価値観、好みなどの「サイコグラフィックデータ」まで細かく調査する。

ただ、これは効果的なのだが、このリサーチ法は手段が目的化する危険がある。つまり、たくさん調べること自体が目的となり、労力をかけたわりに顧客の肝心な悩みや痛みがとらえられないことがあるのだ。

プロダクトとマーケットをマッチさせるには、必要なことは調べないといけないが、現実問題、限界がある。

そこで、我々は**必要最低限にして最大の成果**を挙げる「**PMMサーチシート**」を開発した。この「PMMサーチシート」には２つの役割がある。

**① LP・セールスレター作成に必要な情報を抜け漏れなく、すばやく集める**
**② ①で集めた情報をもとに「誰が・何をして・どうなった？」を決める**

「PMMサーチシート」の誕生秘話をお話ししよう。

元々は私、衣田がLPを書くときに、リサーチ段階で抜け漏れが出ないよう、何を調べるべきかをまとめていたものが出発点だった。

その後、神田のビジネスパートナーとなり、マーケティングコンサルタントと共同でLPをつくる機会が多数出てきた。

クライアントとマーケティングコンサルタントが打合せをして、情報収集し、それをもとにLPを書く。

しかし、マーケティングコンサルタントが自分でLPを書くケースは少ないので、書くために必要な情報を、コンサルタント自身が的確に把握しているわけではない。だから、クライアントとの打合せ結果を聞いても、私のほしい情報がなく、もう一度ヒアリングしてもらう必要が出てきた。

そこで、「この情報さえ聞いてきてくれれば、後はこちらでLPにできる」

という項目を厳選し、ヒアリングシートをつくった。

これをベースに、神田と研究を重ね、PMMの観点で必要最低限かつ十分な項目に絞り込んだ。

コピーライティングはプロセスが料理と似ている。

ビーフカレーをつくるには、牛肉、ニンジン、ジャガイモ、玉ねぎ、カレーのルーなどが必要だ。そもそも牛肉がなければ、ビーフカレーにはならない。つまり集めた素材以上のものはつくれない。

コピーライティングも書く前に集めた素材以上のものは書けない。

だから、事前にどれだけ良質な素材＝情報を集められるかが、コピーライティングの成否のカギを握るのだ。

事前準備は効率にも影響する。

カレーを煮込む段階でルーがないことに気づいた場合、煮込みを中断して、ルーを買いにいかなければならない。

コピーライティングも書いている途中で、必要な情報がないことに気づけば、書くのを中断して、情報収集に走らなければならない。

この行ったりきたりが大幅に効率を下げ、時間ばかりかかってしまう。

そこで、神田が『稼ぐ言葉の法則』の中で紹介している「**稼ぐ言葉を掘り当てる５つの質問**」(以下、５つの質問)の要素を加え、必要な情報を抜け漏れなく、効率的に集めるために誕生したのが「**PMMサーチシート**」なのだ。

この５つの質問だけでも、**PMMの心臓部分があぶりだされるように設計**されている。

**質問１：商品・サービス**
**質問２：顧客**
**質問３：自社**
**質問４：共感**
**質問５：証拠**

LP・セールスレターを書く際には、まず５つの質問に答えよう。

逆にいうと、5つの質問の答えが見つからなかったら、**文章でどんなに挽回しようとしても一切無駄**だ。

この作業はとてもシンプルだが、顧客の内面や、商品・サービスの魅力を深く掘り下げる、とても重要な作業でもある。ぜひ成果を信じてやってみてほしい。

## ■稼ぐ言葉を掘り当てる5つの質問

**質問1：商品・サービス**

あなたの商品は、ズバリどんな商品か？
その特徴2つを、20秒以内で、直感的にわかるように説明すると？

**質問2：顧客**

この商品を20秒以内で説明しただけで、「なんとか売ってくれ」と頭を下げて
嘆願してくるお客は、どのようなお客か？

**質問3：自社**

いろいろ似たような会社がある中で、既存客は、なぜ自分の会社を選んだのか？
同じような商品を買えるような会社がいろいろある中で、なぜ既存客は、
自分の会社から、この商品を買うことにしたのか？

**質問4：共感**

いったいお客は、どんな場面で、
怒鳴りたくなるほどの怒りを感じているか？
どんなことに、夜も眠れないほどの悩み・不安を感じているか？
どんなことに、自分を抑えきれないほどの欲求を持つか？
その「怒り・悩み・不安・欲求」をお客が感じる場面を
「五感」を使って描写すると？

**質問5：証拠**

なぜこの商品は、その悩みを簡単に、短時間で解決できるのか？
それを聞いたとたん、お客はどんな疑いを持つか？
その猜疑心を吹き飛ばす“具体的・圧倒的な”証拠は？

これだけで、PMMのメインの部分は考えられるが、この5つの質問をベースに、LP・セールスレターを書く前の準備=リサーチに必要な情報を織り込んでまとめたのが、次の「PMMサーチシート」である。

## 2.「PMMサーチシート」の使い方

「PMMサーチシート」は下の表のように、全部で**9カテゴリー、23項目**ある。23項目を調べ、まとめることで、書く前の準備が効率よく、抜け漏れなくできる。同時にそれらの情報を総合的に見ることで、PMMの根幹である「**誰が・何をして・どうなった?**」を深く考えられるのだ(表の「質問1」〜「質問5」は前ページに対応)。

### ■「PMMサーチシート」の9カテゴリー、23項目

| | | |
|---|---|---|
| (1) | 商品名 | ① 商品・サービスの名称 |
| (2) | 理想の顧客 | ② あなたの熱烈なファン顧客 or 理想と思える顧客像(質問2) |
| (3) | 今想定する顧客 | ③ 新規客 or 既存客<br>④ 年齢層<br>⑤ 性別<br>⑥ 問題・理想・痛み(質問4)<br>⑦ 現状維持バイアス(詳細後述) |
| (4) | オファー | ⑧ 価格<br>⑨ 特典<br>⑩ 保証<br>⑪ 限定(条件)<br>⑫ 締切<br>⑬ CTA |

| | | |
|---|---|---|
| **(5)** | **ポジショニング** | ⑭ 顧客の声（質問３）<br>⑮ USP（優位性） |
| **(6)** | **商品内容** | ⑯ フロントエンドかバックエンドか<br>⑰ ズバリどんな商品か（質問１）<br>⑱ 内容・使い方<br>⑲ 提供者の権威<br>⑳ 機能する証拠・根拠（質問５） |
| **(7)** | **ベネフィット** | ㉑ 大きなものを３つ |
| **(8)** | **顧客のためらい** | ㉒ 先入観・迷い・疑い（質問５） |
| **(9)** | **まとめ** | ㉓「誰が・何をして・どうなった？」とシンプルに表現 |

各項目を一つずつ解説していくが、先にアウトプットのイメージを具体例で示す。こちらは我々の講座で提出された「PMMサーチシート」で、実際に展開されているサービスだ。

## ■「PMMサーチシート」を使って書かれたLPで実際展開されているサービス「ワンちゃん出張シャンプー」

出所：株式会社i-DOGライフパートナーズLP

## ■「ワンちゃん出張シャンプー」の「PMMサーチシート」

| | | |
|---|---|---|
| (1) | 商品名 | ① ワンちゃん出張シャンプー |
| (2) | 理想の顧客 | ② 愛犬を大切に思い、定期的なケアの大切さを理解し、毎月利用してくれる人 |
| (3) | 今想定する顧客 | ③ 新規客<br>④ 45〜65歳<br>⑤ 男性2：女性8<br>⑥ 愛犬に負担をかけたくないので、ドッグサロンに連れていけない<br>⑦ 現状維持バイアス(240ページ)やや強め |
| (4) | オファー | ⑧ 犬種別価格(詳細省略)<br>⑨ 出張料無料特典(通常有料)<br>⑩ 利用後7日間満足保証<br>⑪ 初めての利用者限定<br>⑫ ◎月×日締切<br>⑬ CTAは予約申込 |
| (5) | ポジショニング | ⑭ 顧客の声<br>・出張サービスがあると知り利用した<br>・ストレスが少ないと思い利用した<br>・きてもらえるのはとってもラク等<br>⑮ 出張ドッグサロンチェーン国内No.1 |
| (6) | 商品内容 | ⑯ フロントエンド<br>⑰ 家の目の前でプロが愛犬をシャンプーする移動ドッグサロン<br>⑱ 予約制。シャンプー設備を備えた車、「シャンピングカー」が自宅前にきて、シャンプーする。大型犬も可。ハーブが主原料の天然成分シャンプーを使う。ドライ、耳掃除、爪切り、ブラッシングまでセット。歯磨き等別途オプションあり。自宅前に駐車できない等の場合は送迎対応<br>⑲ 年間施術数1,500頭、愛犬飼育管理士、動物取扱責任者<br>⑳ 機能する根拠なし |

| | | |
|---|---|---|
| (7) | ベネフィット | ㉑ ・愛犬のストレスが軽くなる<br>・飼い主の自由な時間が増える<br>・愛犬も飼い主もハッピー |
| (8) | 顧客のためらい | ㉒ ・価格が高いのでは？<br>・準備が大変では？<br>・設備は大丈夫？ |
| (9) | まとめ | ㉓ 誰が：愛犬のストレスからドッグサロンに連れていけないと悩む40～50代の女性が<br>何をして：出張ドッグサロンチェーン国内No.1の「ワンちゃん出張シャンプー」を利用して<br>どうなった？：愛犬がストレスなくシャンプーできるようになった。その結果、愛犬も飼い主も、心理的にも身体的にも健康にすごせるようになった |

具体的な記入の仕方だが、まず、ついやってしまいがちな注意事項がある。それは、「**詳しく書きすぎない**」ことだ。

前述したアメリカの「デモグラフィックデータ」や「サイコグラフィックデータ」は、とことん細かく書き出すアプローチだが、**「PMMサーチシート」はダイレクトにターゲットの悩みにアプローチするので、表現が長すぎると、かえってポイントが絞れなくなる。**

典型的なのは(6)－⑰「ズバリどんな商品か(質問1)」のところ。「ズバリ」と言っているのに、次のようなNG事例だとまったくそうなっていない。

## ■NG事例とOK事例

| | |
|---|---|
| NG事例 | 飼い主の自宅前まで、シャンプー設備を備えた「シャンピングカー」がやってきて、その車の中で愛犬に負担の少ない天然成分が主原料のシャンプーを使って、年間施術数1,500頭の実績のある人がシャンプーしてくれるもの |
| OK事例 | 家の目の前でプロが愛犬をシャンプーする移動ドッグサロン |

大事なのは最小限に削ぎ落とし、ズバリ表現することだ。

削ぎ落とすと、OK事例のようにコンパクトに表現できる。

これ以外も、「PMMサーチシート」の全項目は極力シンプルに表現するように心がけよう。

では、各項目について、調べ方、書き方を解説していこう。

## (1)－① 商品名

売る対象となる商品・サービスを**一つだけ書く**。なぜ一つなのか？

それは、**商品・サービスが違えば、ターゲットとベネフィットが違う**からだ。もし、一つにまとめられると感じる場合は、「誰が・何をして・どうなった？」がクリアにイメージできていないと考えるべきだ。

次の例を見てみよう。

**誰が**：健康に不安のある人が

**何をして**：サプリを飲んで

**どうなった？**：毎日元気にすごせるようになった

このケースでは、ひざの痛みに効くサプリと、眼精疲労に効くサプリではターゲットも違うし、悩みも違う。ターゲットと悩みが違えば、ベネフィットも違う。

173ページのターゲット設定でも触れたが、コピーライティングではターゲットを絞ることが重要。絞ることで、メッセージが尖（とが）り、顧客の心に刺さるようになる。

商品・サービスを一つだけシンプルに書くとわかれば、簡単だ。

商品・サービスの名称が決まっていない場合は、現時点のベストか仮置きでOK。全プロセスを踏まえ、ふさわしいネーミングを考えよう。

ちなみに、商品・サービスの名称は、それだけで、どんなものかイメージできるほうが有利だ。

事例の場合は、「**ワンちゃん出張シャンプー**」と記入する。

## (2)－② 理想の顧客

なぜ、理想の顧客をイメージするのか？

私、神田の経験から、買ってくれれば誰でもいいというスタンスだと、**価値観の合わない顧客を集めてしまう**。

自分の価値観に合わない顧客に売ると、後でクレームになったり、返金を要求されたり、手間がかかる。そして結局はあまり儲けにつながらない。

だから、理想の顧客をイメージし、価値観を共有できる顧客に売るほうが、売り手にとっても買い手にとってもハッピーだ。

理想の顧客をイメージするには、まず既存客の中で、あなたの会社、商品・サービスに熱狂的な顧客がいて、あなたから見ても理想的な顧客なら、その人を入れてみよう。

「５つの質問」の「**質問２　頭を下げて嘆願してくるお客**」がここに入る場合もある。

ただ、頭を下げて売ってくれという顧客や、熱狂的に支持してくれる顧客でも、あなたから見て「ちょっと勘弁してほしい」と思うケースもあるだろう。

熱狂的な顧客はいるが、あなたの理想と少し違うケースや、熱狂的な顧客が思い浮かばないときは、こんな人が理想という顧客像を入れる。ここは、長くなりすぎないよう注意しつつ、具体的に入れよう。

単に「お金持ちの人」というより、

「**大手企業を定年退職し、3000万円以上の退職金をもらって使い道を考えている人**」

「**土地を複数所有していて、不動産収入で生計を立てている人**」

などと書いてみるとイメージが湧きやすい。

「ワンちゃん出張シャンプー」の事例のケースは、「**愛犬を大切に思い、定期的なケアの大切さを理解し、毎月利用してくれる人**」だ。

## (3)－③～⑦ 今想定する顧客

ここには、あなたが今売ろうとしている顧客像を入れよう。

具体的な人が思い浮かばなくても、「PMMサーチシート」の5項目に対し、イメージを入れればいい。

では、5項目を具体的に見ていこう。

まず、③ **新規客 or 既存客**を確認する。

両方がターゲットになる場合は、比率の高いほうを選ぶ。まったく半々の場合は「新規客」としておく。

**新規客か既存客かを確認する意味は、それによってコピーライティングの難易度が変わってくるからだ。**

新規客と既存客では、**新規客のほうがコピーライティングの難易度は高い**。既存客は、あなたの会社から、一度は商品・サービスを購入しているので、信頼関係はある程度はできているが、新規客にはそれがないからだ。

ネットショップだけの場合は、あまり印象に残っていないケースもあるが、それでも初回購入で満足度が最悪でない限り、新規客に比べれば売り手への不安感や不信感はかなり少ない。

一方、新規客の場合は、保証など買い手が感じるリスクを減らす**リスクリバーサル**(144ページ)を中心に、買い手の不安感・不信感を丁寧に取り除く必要がある。

ちなみに、マーケティング専業企業では、新人コピーライターは既存客向けのレターから書くのが一般的。それだけ新規客向けは難しいのだ。

先の事例の場合、「ワンちゃん出張シャンプー」はリピートされることを狙っているが、今回のLPでは、**新規客**にターゲットを絞っている。

次に、ざっくりとした④ **年齢層**を入れる。

ターゲットが絞られていればいるほどメッセージは刺さりやすい。

ここでは「30～40代」とか、「50代メイン」という書き方でOK。

この場合は、「**45～65歳**」だ。

⑤ **性別**も、「男性メイン」「男性60％」「男性：女性比率」などでいい(詳細な比率はなくてもいい、だいたいのイメージでOK)。

また、これからの時代はジェンダーフリーへの想定も必要になってくる。

この場合は、「男性２：女性８」なので、女性がメインターゲットだ。

ここまででも、ターゲットのイメージがかなりはっきりしてくる。

年齢は45〜65歳の女性がメインで、このサービスを使ったことがない新規客だ。

**⑥ 問題・理想・痛み(質問４)**

あなたが今売ろうとしている顧客は、どんな**問題**を抱えているだろうか？

あるいは、どんな**理想**を持っているだろうか？

また、どんな**痛み**を感じているだろうか？

ここが、LP・セールスレターを書くうえでの最重要ポイントの一つだ。

何かを売るのは、ソリューションを提供すること。だから**解決すべき問題・理想・痛みが的確にとらえられるか**どうかがポイントとなる。

これを考えるうえで、「**５つの質問**」の「**質問４**」が効果的だ。

## ■「５つの質問」の「質問４」

**質問４：共感**

**いったいお客は、どんな場面で、**
**怒鳴りたくなるほどの怒りを感じているか？**
**どんなことに、夜も眠れないほどの悩み・不安を感じているか？**
**どんなことに、自分を抑えきれないほどの欲求を持つか？**
**その「怒り・悩み・不安・欲求」をお客が感じる場面を**
**「五感」を使って描写すると？**

**同じことでも、それを「問題」ととらえるか、「理想」ととらえるかで、表現の仕方が違ってくる。**「ビジネスを拡大したい」と思えば**理想**だし、「売上が頭打ちだ」と思えば**問題**になる。

コピーライティングでは、**問題と理想なら「問題」ととらえたほうが、より人は動きやすい**ことがわかっている。

人は「理想的な状態になりたい」という欲求より、**「嫌なものから今すぐ逃げたい」という欲求のほうが強い**。欲求が強い「問題」に訴えるほうがメッセージは刺さりやすくなる。

また、少しニュアンスは違うが、人間の欲望(欲求)は、**究極は2種類**しかない。

**「持っていない何かを手に入れたい欲望」**=**「理想」**か**「今持っている何かを失いたくない欲望」**=**「問題」**か。それぞれの欲望(欲求)を列挙してみよう。

### ■「手に入れたい」欲望と「失いたくない」欲望

| 手に入れたいという欲望 | 失いたくないという欲望 |
|---|---|
| 儲けたい | 批判されたくない |
| 時間を節約したい | 財産を失いたくない |
| 楽をしたい | 身体的苦痛を避けたい |
| 快適にすごしたい | 評判を落としたくない |
| 健康になりたい | お金を失いたくない |
| 人気者になりたい | トラブルを避けたい |
| 楽しみたい | |
| 身だしなみをよくしたい | |
| ほめられたい | |
| 流行のおしゃれをしたい | |
| 好奇心を満たしたい | |
| 食欲を満たしたい | |
| 美しいものを所有したい | |
| パートナーを引きつけたい | |
| 個性的でありたい | |
| ほかの人たちと肩を並べたい | |
| チャンスをものにしたい | |

出所:『ザ・マーケティング【実践篇】――激変する環境で通用する唯一の教科書』(ボブ・ストーン+ロン・ジェイコブス著、神田昌典監訳、齋藤慎子訳、ダイヤモンド社)

「手に入れたい欲望」のほうが数は多いが、**「失いたくない欲望」のほうがはるかに強い**のだ。

これについては行動経済学の「**損失回避性**」でも明らかにされている。「損失回避性」とは、「**あるものを失うときの惨めさは、それと同じものを得るときの幸福感の二倍に達する**」というものだ。

これを証明する、マグカップを使った簡単な実験がある。

「クラスの学生の半分に、母校の校章が型押しされたコーヒーマグが渡される。マグを渡されない学生は、近くにいる学生のマグを念入りに調べるように言われる。その後、マグをもっている学生はマグを売るように勧められ、マグをもっていない学生はマグを買うように勧められる。その際に、次の質問に答える。『次に示す価格について、この価格ならマグを売ってもよい(買ってもよい)と思いますか』。その結果はこうだ。マグの所有者がマグを手放すために要求する値段は、マグをもっていない人がマグを買うために支払ってもいいと考えている値段のほぼ二倍になる。この実験は何千個ものマグを使って何十回も繰り返し行われたが、結果はほとんど変わらない。せっかくマグを手に入れたんだから、マグを手放したくはない。しかし、マグをもっていないとしたら、マグを急いで買う必要は感じない——。人々は対象物の価値を厳密に判断していない。なにかを手放さなければならなくなったときの痛みは、まったく同じものを手に入れたときの喜びよりも大きい。

ギャンブルを使って損失回避性を測定することもできる。私があなたに賭けをもちかけたとしよう。コインの表が出るとXドルもらい、裏が出ると100ドルを払う。Xドルがいくらなら賭けに応じるだろう。ほとんどの人は200ドル前後の金額を答える。それは200ドル手に入れる期待と100ドルを失うリスクがちょうど釣り合うことを暗に意味する。」(『実践 行動経済学』)

この観点からも、**何かを手に入れようとする「理想」より、「何かを失う危険性がある「問題」のほうがメッセージの訴求力は強い。**

だが、恐怖や不安をあおりたてる方向に行ってしまうと、おどろおどろしいコピーになるので、それは避けなければならない。

次に、その問題や理想の根底にある**ターゲットの痛み**は何かを考える。
「問題・理想」と「痛み」の区別が難しいので、一例を挙げる。

## ■問題・理想・痛みの一例

| 問題 or 理想 | 売上が頭打ち（問題） | ビジネスを拡大したい（理想） |
|---|---|---|
| 痛み | 固定費アップに耐えられず、会社存続が危ない | 従業員から待遇改善を迫られている |

「痛み」の例としては「**不安や怒り**」を覚えるものをイメージしてほしい。
具体的には、次のようなものがある。

## ■痛みの一例

| | |
|---|---|
| 不安に感じること | 将来（自分、子ども、会社など属する組織など） |
| | 金銭（お金が入ってこなくなる、今あるお金がなくなる） |
| | 健康（自分、子どもなど） |
| | 地位や名誉を失う |
| 怒りを感じること | 恥をかかされた |
| | 思いどおりにならない |
| | 正義感から許せない |

先の事例の場合は、「愛犬が嫌がってドッグサロンに連れていけない。愛犬に負担をかけたくない」だ。
他の犬がいたりして、ドッグサロンに行くのを嫌がり、連れていけないという問題にフォーカスしている。
また、慣れない場所に愛犬を連れていったりすることで、愛犬に大きなストレスがかかることが飼い主の痛みだ。

記入はシンプルに次のようにする。
「**愛犬に負担をかけたくないので、ドッグサロンに連れていけない**」

最後に、⑦ **現状維持バイアス**だ。
ここで、「**問題解決や理想実現に向けて、どの程度動く気持ちがある人**」**をターゲットにするのかを考える**。

現状維持バイアスは行動経済学で頻繁に出てくる用語で、ざっくりいうと、**人は未知のものを避け、現状を維持したくなる傾向が強い**ということ。
いいとわかっていても、人は変化につながる行動はなかなか起こさない。
これはいいとわかっていても、行動しないだけでなく、やめなければと思っていても、なかなかやめられないケースも同じだ。
一度契約したら同じ新聞を続けて購読したり、プロバイダの乗り換えでも、得だとわかりながらも手続きの面倒さから変えられなかったりする。
特に、このようなサブスク（サブスクリプション＝継続契約）型ビジネスモデルでは、乗り換えを促すのは心理的な抵抗が大きく、難しいものだ。

モノを売るのは、問題解決であれ理想実現であれ、何かに対するソリューション（解決策）を売ることなので、現状からの変化を伴う。
**変化しないとソリューションとして機能しない。**
ここが難しいところで、いいソリューションだ、いいオファーだとわかりながらも、**顧客は変化につながる行動はそう簡単には起こさない。**

そんな現状維持バイアスだが、人によって、あるいはそのときの状況によって、強い、弱いの程度がある。
現状維持バイアスが「弱い」と現状へのこだわりが少ないので行動しやすくなるが、現状維持バイアスが「強い」と現状へのこだわりが強いのでなかなか行動を起こそうとしない。
現状維持バイアスの強弱を具体例で見てみよう。

薄着になる夏に向け、スリムで筋肉質な体になって、女性にモテたいと考えている男性がいるとする。

この人は、夏までの3か月間でなんとかやせて、スリムになりたいと考えている。この男性に、「3か月で効果的にやせる方法があります」と提案し、その方法で効果が出ている人がたくさんいるとわかれば、ちょっとやってみようかと思う確率は高い。この人は現状維持バイアスが弱く、熱心に解決策を探している状態だ。

一方、同じメッセージを次の人に投げかけたらどうだろう？

明らかにメタボ体型だが、本人は太っているとは思っていない。だからやせなきゃとはさらさら思っていない。この人に、「3か月で効果的にやせる方法があります」と提案しても「自分ごと」として認識されることなく、スルーされるだけだろう。現状維持バイアスが強い状態というのは、問題そのものの自覚がない状態だ。

また、やせなきゃと思ってはいるが、積極的に自分から動く意志がなかったり、どうしたらいいかわからなかったりする人も、現状維持バイアスはやや弱めだ。

一方、太っている自覚症状があり、やせたいと思っているが、なかなかアクションを起こせず、ラクで効果的な方法があればやってみたいが面倒ならいいやと思っている人は、現状維持バイアスがやや強めだ。

現状維持バイアスの強さは次ページの表のように、強弱のグラデーションになっている。

どこまでが「弱い」で、どこからが「やや弱い」かは明確でなく、定量的に測れるものではない。

細かく分けてもかえってわかりにくので、**「弱い」「やや弱い」「やや強い」「強い」の4段階**でとらえよう。

## ■現状維持バイアスの度合

| 現状維持バイアス | 例：ダイエット | 度合 |
|---|---|---|
| 問題から強く逃げたい、または理想を実現するために努力はいとわない＝商品を探している状態 | 一刻も早くやせたくて、いい方法を探している | 弱い |
| 問題から逃げる、または理想を実現するために動きたいと思っているが、実際には動けない＝背中を押してあげれば動く可能性が高い | やせなきゃと思っているが、自分ではどうしたらいいかわからない | やや弱い |
| 問題や理想に気づいているが、実際に行動しようとは思っていない＝○○だったらいいけどね～ | 自分が太っているという認識はあるが、やせようとは思っていない | やや強い |
| そもそも何も感じていないので、動く気配すらない | 自分が太っていると思っていない | 強い |

弱
↓
強

そして、現状維持バイアスの度合による「LP・セールスレター」で重視すべきポイントは右の表のようになる。

どの程度の現状維持バイアスの人をターゲットにするのかを決め、その現状維持バイアスの度合に応じて、重視すべきポイントが異なってくる。

ここがズレてしまうと、241ページの例のように、「自分ごと」、つまり、「このメッセージは自分のためのものだ」という実感が得られなくなってしまう。むしろ、「何を言ってるんだ？」とか、「自分には関係ないな」と思われてしまい、まったく「刺さらない」のだ。

したがって、右ページのLPの作成ポイントをしっかり認識しておくことが、「刺さるコピー」へのカギとなる。

## ■現状維持バイアスによるLPの作成ポイント

| 現状維持バイアス | LPの作成ポイント | 度合 |
|---|---|---|
| 問題から強く逃げたい、または理想を実現するために努力はいとわない＝商品を探している状態 | 問題の説明は簡単でOK<br>共感とオファー重視 | 弱い |
| 問題から逃げる、または理想を実現するために動きたいと思っているが、実際には動けない＝背中を押してあげれば動く可能性が高い | 共感とベネフィット重視 | やや弱い |
| 問題や理想に気づいているが、実際に行動しようとは思っていない＝○○だったらいいけどね～ | 問題を放置するとマズいことを気づかせ、問題解決した際のベネフィットを魅力的に表現する | やや強い |
| そもそも何も感じていないので、動く気配すらない | 今の状態が間違っていることにハッと気づく「コマーシャルインサイト*」が必要 | 強い |

弱 ↑↓ 強

＊コマーシャルインサイトについては279ページで詳説

現状維持バイアスが弱い＝動く準備がある人ほど、自身の問題についてはよくわかっている。

太っていると自覚していて、やせようとしている人に対し、太っていると何が問題なのかを説明してしまうと、「わかってるよ！」と思われるだけ。

だから、ストレートに、「こんな商品がいくらで買えます」と**オファーをメインに訴求**するのがいい。

逆に、現状維持バイアスが強い＝今の状態でいいと思っている人には、**まず、問題に直面していることに気づいてもらい、それを放置してはいけない理由を理解してもらい、その後に解決策を提示する流れ**になる。よってコピーライティングの難易度は上がってくる。

一方、現状維持バイアスが弱い＝問題をよく認識し、熱心に解決策を探している人には売りやすいが、そんな人は非常に少ないので、マーケット規模は小さい。

逆に、問題があっても気づいていない、現状維持バイアスの強い人が多いのでマーケット規模は大きい。

現状維持バイアスの弱い人は**顕在顧客**、現状維持バイアスの強い人は**潜在顧客**と位置づけられる。

現状維持バイアスと、マーケット規模とコピーライティングの難易度をまとめると、次のようになる。

**■現状維持バイアス・マーケット規模・コピーライティングの難易度**

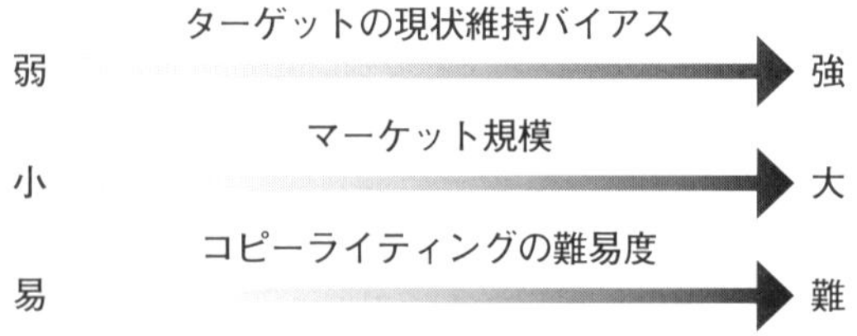


これらを踏まえたうえで、どのターゲットを狙っていくかを考える。

事例の場合、現状維持バイアスは「やや強い」と分析。愛犬のために何かしたいけれど、愛犬に負担をかけるくらいならやめておこうと思っている人をターゲットにしている。

## (4)－⑧～⑬ オファー

次がオファーである。オファーは売ろうとする商品・サービスの**販売条件**のこと。次の４項目を入れていこう。

**⑧ 価格**はいくらか？　グレード別価格がある場合は、複数書いてもいい。グレード別価格としては、一般的には、「**松竹梅オファー**」(142ページ)**という３つの価格帯か、スタンダードとデラックスなどのような２本建て**がメイン。

⑨ **特典**は142ページで触れたが、お得感を演出するために、何かつけるのが望ましい。

⑩ **保証**は144ページで解説した**リスクリバーサル**だ。返金保証が多いが、必ずしも返金だけではない。新規客がターゲットの場合、購入への心理的ハードルを下げるため、リスクリバーサルはぜひ入れたい。

⑪ **限定(条件)**は148ページで解説した「限定」や「資格」だ。条件をつけることで、希少性につながる。また、購入できないかもしれないという危機感があれば、その後の行動につながりやすい。

⑫ **締切**は150ページで解説したように、常時販売する商品・サービスでもキャンペーンを企画して期限を切るほうが反応はよくなる。

⑬ **CTA**は153ページで解説したが、読み手にどうしてもらいたいのかを確認する。CTAをわざわざ確認するのは、特に高額の商品・サービス＝バックエンドを新規客に売る場合だ。CTAがいきなり「購入」だと、心理的ハードルが高い。その場合は、「2ステップマーケティング」(70ページ)にして、無料相談への登録などワンクッション入れたほうがいい。

「ワンちゃん出張シャンプー」事例の場合は、次のとおり。

⑧ 犬種別価格(詳細省略)
⑨ 出張料無料特典(通常有料)
⑩ 利用後7日間満足保証
⑪ 初めての利用者限定
⑫ ◎月×日締切
⑬ CTAは予約申込

## (5)－⑭～⑮ ポジショニング

**ポジショニングとは、マーケットにおける自社、あるいは商品・サービスの「位置づけ」**のこと。

単に、「業界第1位」と順番を指すものではない。

**高級路線志向や、子ども向け衣服に特化など、意図的に自社のポジション**

**を決める**ことだ。

ただ、ポジショニングについては書籍が多数あり、ここで全部網羅はできない。コピーライティングで最低限知っておくべき内容だけに絞る。

衣服の場合を考えてみよう。

大手チェーンのように、男性・女性・子ども・大人向けなど幅広く扱えば、ポジショニングは「総合衣料」になる。

一方、女性向け海外高級ブランドのセレクトショップのポジショニングは、女性向け高級ブランドになる。

スペースが限られた商店街店舗の近所に、大手チェーンがやってきた場合、同じように「総合」のポジショニングを取ろうとしても、まったく歯が立たない。

そんな場合は、**特定の分野や商品に特化**することでポジショニングを変え、大手が扱わない珍しい商品を揃えれば、活路が見出せる。

そうすると「**地域No.1の品揃え**」や、「**〇〇日本一**」といった表現につながる。

また、対象となるマーケットを決めるのもポジショニングである。

特に、事業規模を拡大したいときは、マーケットを大きくとらえるのが効果的だ。

牛丼店の場合、牛丼業界というマーケットで自社を位置づけるのが普通だが、自社を「ファーストフード業界」ととらえると、マーケットは大きくなる。

さらに、「外食産業」ととらえると、もっと大きくなる。

この場合、**直接競合**と**間接競合**という観点で考えてみる。

直接競合とは、自社や個別の商品・サービスと直接競合する同業者。

一方、間接競合とは、広い分野でとらえたときに競合となりうる相手だ。

牛丼店でいえば、直接競合は他社の牛丼店。間接競合は、ファミリーレストランとなる。

Uber（ウーバー）で知られるアメリカのUber Technologies Inc.は「タクシー業界」を、もっと大きなマーケットである「物を運ぶことに関連することはすべて含む」という「**物流業界**」ととらえ、ポジショニングを変えることで急成長した。

## USPとは？

このようにポジショニングとは、マーケットにおける自社の位置づけのことだ。ポジショニングを考えるうえで最低限必要な知識は2つある。

1. USP
2. ニッチ

ポジショニングで真っ先に出てくるのは、「**USP**」だ。

USP(Unique Selling Proposition)とは、「**他にはない独自のウリ**」のこと。「Proposition」とは提案のことだ。

USPはアメリカの広告界で著名なロッサー・リーブス(1910〜1984)が1961年に刊行した『USP ユニーク・セリング・プロポジション――売上に直結させる絶対不変の法則』(加藤洋一監訳、近藤隆文訳、海と月社)でリリースされた概念で、マーケティングやコピーライティングの世界では昔から重要視されてきた。

似たような商品・サービスがあふれる現代では、USPの重要性はますます高まっている。他社の商品・サービスと同じなら、顧客がそれを選ぶ理由はない。あるのはただ、価格だけ。

しかし、他にはない独自のウリがあれば、それに価値を感じてくれる顧客は、他よりも価格が高くても買ってくれるものだ。

USPの事例として最も有名なのは、アメリカの**ドミノ・ピザ**だ。

アツアツのピザを30分以内でお届け。
できなければ代金はいただきません。

この広告が出た当時、宅配ピザは冷めているのが当たり前だった。

そこに、ドミノ・ピザだけが冷めていないピザを届けられると提案。他社がどこもやっていない、独自のウリだった。

USPは「他でやっていない」ことが前提になるので、他社が商品・サービスをマネし始めると、USPではなくなってしまう。

携帯電話の「通話し放題」というサービスは、他社がやっていない時代はUSPだったが、競合他社がやり始めればUSPでなくなる。

しかも、そうなるとUSPから「**それがないと劣位になる必要条件**」に変わってしまう。「通話し放題」が入っていないと、他社より劣るとみなされてしまうのだ。

また、**USPは「違っているだけ」ではダメで、その違いが顧客のベネフィットにつながって初めてUSPといえる。**

これはどういうことか？

我々の講座で出た事例で見てみよう。

ある人が、学習塾で、塾長自ら教える点が、他の塾にはない独自のウリということで、USPは「塾長自ら教える」とした。

確かに、他にはないのかもしれないが、読み手に「塾長自ら教える塾」はどこにでもあるのでは？　と思われてはUSPとして機能しない。

さらに、塾長自ら教えるのが本当に生徒にいいのか？　という生徒のベネフィットがないと、「だから何？」となってしまう。

自分ではすごい、ありえないと思っていても、読み手には伝わらないことが多い。

**県下唯一。〇〇で実績のある塾長自ら教えるので、**
**生徒の理解が他塾に比べ格段に早い**

などと表現できればUSPになるかもしれない。

別事例として、セラピストで、「身体と心を整える」のが自分のUSPだと言う人がいた。

「身体と心を整える」はベネフィットになっているが、それができるセラピストはたくさんいる。

もし業界内で他にいないなら、
「○○で唯一の身体と心を整えるセラピスト」
とし、業界No.1になればUSPになる。
他に同じようなセラピストがいる場合、
「**他よりも○○の点で優れた○○のアプローチにより、**
**身体と心を同時に整える**」
とすれば「優位性」になるだろう。

前述したドミノ・ピザの場合、宅配ピザは冷めているのが常識という時代背景があったので、「アツアツのピザを届ける」というベネフィットがそのまま「他にはない」とすぐに理解され、即USPとなった。

常識を覆すインパクトがあれば、強力なUSPだが、そこまでのものはなかなか見つからないのが現状。だから**マーケットでの自社の位置づけが、読み手にわかるように表現する**必要があるのだ。

## ニッチとは？

次にニッチだ。

**ニッチ**とは「**マーケットのすき間**」。他の人がやらない特定の小さなマーケットを指す。

例を挙げてみよう。一般的な酒店は、日本酒、ワイン、ビールなど多くの種類を扱っている。

しかし、日本酒専門店やワイン専門店となると、ターゲットが絞られる。ワイン専門店にビールを買いにいく人はいないので、ワインに興味がある人がくる。

ワイン専門店でも「チリワイン専門店」となると、さらにターゲットは絞られる。ビール好きはもちろん、フランスワイン好きはターゲット外。

このような限定されたマーケットを「ニッチ」という。

なぜ、わざわざ、マーケットを小さくする必要があるのか？

「差別化」するためだ。量販店が扱わないレアものを扱うことで、独自性が出せ、それが目あての顧客にアプローチできる。

さらに、ニッチに特化するメリットは、**自分の専門性を発揮でき、同じ興味・関心の顧客が集まってくるので日々楽しい**ことだ。

うまくいけば、マーケットが空いているすき間を狙えるだけでなく、自分が本当に好きな分野に特化してやりがいも得られる。

経済産業省は、世界マーケットのニッチ分野で勝ち抜いている企業や、国際情勢の変化の中でサプライチェーン上、重要性を増している部素材等の事業を有する優良な企業113社を、2020年版「グローバルニッチトップ企業100選」として公表している。

2020年版の選定企業を見ると、中小企業だけでなく、川崎重工業株式会社が航空用ギヤボックス製品の分野で、また田中貴金属工業株式会社が燃料電池用触媒の分野で選ばれている。

このように、会社全体ではなく、一部の商品・サービスで、ある分野に特化すると、グローバルなマーケットで圧倒的なシェアを確保することができる。

ポジショニングを考えるうえでは、まず⑭ **顧客の声(質問３)**を確認しよう。

顧客の声には２つの役割がある。

一つは、あなたの商品・サービスが機能しているという**証拠**としての役割(新規商品の場合など、顧客の声がまったくないときはどうしたらいいかについては324ページで詳説)。

もう一つは、**既存客向けの顧客の声には、独自性や優位性のヒントが隠されている**ことが多く、それを見出すものだ。

ここで、顧客の声を集め、調べておくことで、証拠としての顧客の声にも使えるし、ポジショニングを見つけるヒントにもなるので、一石二鳥なのだ。

それには、**「５つの質問」の「質問３」**が役立つ。

## ■「５つの質問」の「質問３」

**質問３：自社**

**いろいろ似たような会社がある中で、既存客は、なぜ自分の会社を選んだのか？
同じような商品を買えるような会社がいろいろある中で、なぜ既存客は、
自分の会社から、この商品を買うことにしたのか？**

今まで集まった顧客の声をじっくり見直してみると、そこにポジショニングのヒントが隠されていることがある。

顧客の声の中に、

**「なぜ他の店、商品・サービスではなく、あなたから買ったのか？」**

に関するコメントがあれば、それが他社にない独自性や他社より優位な点である可能性が高い。

では、ポジショニングはどうやって表現すればいいのか？

ポジショニングの代表例としては次のものがある。

- **サンカは、アメリカで三番目に売れているコーヒーです**
- **エイビスは、ナンバー２のレンタカー会社です。
だからこそ、一層のサービス努力を重ねています**
- **セブンアップ――コーラではありません**

出所：『ポジショニング戦略〔新版〕』（アル・ライズ＋ジャック・トラウト著、フィリップ・コトラー序文、川上純子訳、海と月社）

このようなキャッチコピーで表現できればベストだが、難しいケースも多い。そこで、**⑮ USP（優位性）**は、顧客の声の中に、次ページのように表現できるものがないか、探していくといい。

## ■独自性と優位性

| | |
|---|---|
| **独自性** | ・〇〇ができるのは当社 or この商品・サービスだけ<br>・〇〇が他社にはない〇〇だ<br>・〇〇のパイオニア<br>・地域 or 分野No.1（No.1といえるまでカテゴリーを小さくする）<br>・〇〇分野専門<br>・どこよりも速く（ゆっくり）〇〇できる（スピード）<br>・どこよりも大量に（少なく）〇〇できる（ボリューム） |
| **優位性** | ・〇〇の点で他社より優れている（品質、価格、利便性、保証など）<br>・〇〇に自信がある（根拠が必要）<br>・業界第〇位（2、3位程度まで） |

ポジショニング表現の具体例をいくつか見ておこう。次の3つはNo.1といえる分野で表現している。

## ■「No.1」で訴求した事例

出所：住友林業株式会社ウェブサイト

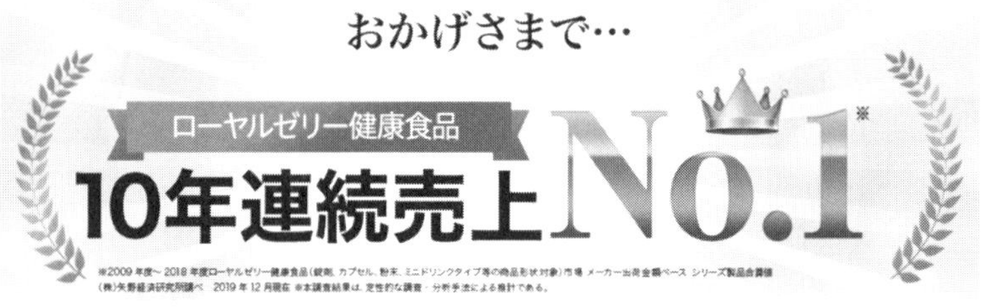


出所：株式会社山田養蜂場ウェブサイト

さらにこの会社では、**No.1を裏づける情報**も提示している。

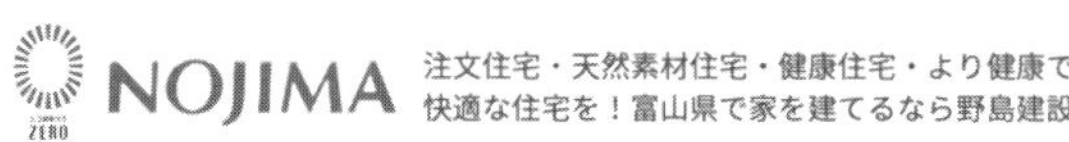

2017年度新川地区着工棟数No.1　累計棟数1000件超え

認定証

野島建設株式会社 殿

第一位地区

魚津商圏、魚津市、朝日町

貴社は上記地区の 2017 年度住宅販売において総合部門第一位であることを認定いたします。

2019年2月8日

株式会社 住宅産業研究所

代表取締役 関 博計

NOJIMAは「2017年度新川地区着工No.1」「魚津市の２年連続着工棟数No.1（2016年度・2017年度）」「2018年度入善町着工棟数No.1」を実現しました。
知名度の高い会社がほぼNo.1を独占する中、地場の工務店がNo.1を獲得するのは全国的にもレアケースです。
広告費が限られ知名度が低い中でも、お値打ちに、デザイン性も良く、高性能な住宅を提供しようと努力している結果、お客様満足につながり、地域の評判となり、この結果につながったと思います。

出所：上記いずれも野島建設株式会社ウェブサイト

次は「**パイオニア**」を表現している事例だ。

## ■「パイオニア」をアピールした事例

プラスチックのパイオニア

出所：住友ベークライト株式会社ウェブサイト

このように、その分野＝マーケットで、どんなポジションを占めているのか、読み手にわかるように表現できて初めてポジショニングが表現できたことになる。

先の「ワンちゃん出張シャンプー」の事例の場合、既存客の声には、次のようなものがあった。

- **出張サービスがあると知り利用した**
- **ストレスが少ないと思い利用した**
- **きてもらえるのはとってもラク**

そして、ポジショニングを「**出張ドッグサロンチェーン国内No.1**」とした。「出張」とうたうことで、ドッグサロンに行かなくてもいいというベネフィットが伝わる。

この経営者は、出張ドッグサロンをチェーンで多地域に展開している。

当時、他に出張ドッグサロンをチェーンで展開しているところはなかった。いわばニッチのポジショニングなので、「国内No.1」と表現した。

## (6)－⑯～⑳ 商品内容

次は商品内容だ。

まず、⑯ **フロントエンドかバックエンドか**を確認する（フロントエンド、バックエンドの詳細は67ページ）。

ここは（3）－③で見た、今想定する顧客は新規客か既存客かと合わせて確認が必要だ。

基本的には、**新規客にはフロントエンド（＝安い商品）、既存客にはバックエンド（＝高額商品）**を売るものだが、そうでない場合もある。

バックエンドを新規客に売るケースもある。

この場合はまず、**フロントエンドが他にないか**を確認する。

もし、新規客にバックエンドを直接売るなら、**CTAはいきなり購入にせず、説明会への申込や資料請求にして、買い手の心理的抵抗感を和らげる。**

まったく初めての顧客が、クリック一つで高額なバックエンドを購入するのはレアケース。最初の行動のハードルを下げ、スムーズに購入につながるよう設計すべきだ。

⑰ **ズバリどんな商品か**は、「5つの質問」の**「質問1」の答え**がここに入る。ただ、232ページのとおり、シンプルに表現するのは結構難しい。

あれもこれも盛り込みたくなるが、グッと我慢し、「ズバリどんな商品・サービスか」をシンプルに表現する。「要するにこの商品・サービスはこういうものなんだ」と書く。ここで悩む場合は、(7)－㉑のベネフィットを先に考えてからもう一度考えよう。

⑱ **内容・使い方**は、その商品・サービス内容に加え、それをどうやって使用するかの説明だ。

自分のビジネスについて書く場合は、いちいち調べなくても頭の中にある。

一方、他人の商品・サービスのLPを請け負って書く場合は、ここをしっかり確認しておかないと、何について書いているのかわからなくなる。

書いている本人がわかっていない場合、文章にも如実に表れ、まったく読み手に伝わらない。また、商品説明の箇所は、LPの中で、最もボリュームがあるが、事務的な側面が強いので、最も書きやすい部分でもある。

⑲ **提供者の権威**は、その商品・サービスを提供する人に、何か「権威性があるか」を書く。ここも簡単でいい。

「○○大学客員教授」「弁護士」のような肩書きや、「○○分野指導歴15年」「創業90年」など顧客から見て、客観的に「おお、すごい！」といえるものだ。

意外と盲点なのは、「長くやっている」ということ。それだけで権威になることが多い。つぶれないのは、それなりに信用があると想像できるからだろう。ただ、具体的に何年かは、業種によっても違ってくるが、10年以上ならまずまずの権威と考えられる。権威性が思い浮かばなければ、「なし」でいい。

「自分には権威性なんて何もない」と思うのもよくあるパターン。だが、我々の経験では、どんな人でも、よくヒアリングしていくと、必ず何か出てくるものだ。
「実は先祖から引き継いで80年間やってます」
「本業とは関係ないが、警察庁から毎年表彰されています」
「業界紙に連載は書いていますが……」
など。そういう目で何かないか探してみよう。

次に⑳ **機能する証拠・根拠**を調べる。
顧客の声以外に、ビフォー・アフター(140ページ)など、証拠として使えるものがあれば入れておく。
また、140ページのとおり、根拠といえるものはないケースが多い。なければ「なし」でOK。むしろ、何かあれば強力な訴求につなげられる。

ここまでのところを事例のケースでまとめると、次のとおりだ。

⑯ フロントエンドかバックエンドか
**フロントエンド**
⑰ ズバリどんな商品か
**家の目の前でプロが愛犬をシャンプーする移動ドッグサロン**
⑱ 内容・使い方
**予約制。シャンプー設備を備えた車、「シャンピングカー」が自宅前にきて、シャンプーする。大型犬も可。**
**ハーブが主原料の天然成分シャンプーを使う。ドライ、耳掃除、爪切り、ブラッシングまでセット。歯磨き等別途オプションあり。自宅前に駐車できない等の場合は送迎対応**
⑲ 提供者の権威
**年間施術数1500頭、愛犬飼育管理士、動物取扱責任者**
⑳ 機能する証拠・根拠
**なし**

これくらいの情報でも、どんなものか、だいたいわかるはずだ。

ここに書き込む以外に、「手持ち」としてLPに詳細が書き込めるだけの情報は持っておこう。

## (7)-㉑ ベネフィット

ベネフィットは37ページのとおり、「その商品・サービスを購入すると、どんないいことがあるのか」だ。

あなたが提供する商品・サービスを買った結果、どんないいことがあるのかを十分考えておく必要がある。

ここでは、メインのベネフィットを**3個**書き出しておこう。

これは、(6)-⑰ズバリどんな商品かをはじめ、全体のアイデアを考えやすくするためだ。LP・セールスレターに書き込む際には、細かなベネフィットも含めて網羅するといい。

先の事例の場合は次の3つだ。

① 愛犬のストレスが軽くなる

② 飼い主の自由な時間が増える

③ 愛犬も飼い主もハッピー

ここでは、簡略化しているが、実際には「○○という特徴があるので、○○といういいことがある」(40ページ)に則っている。

①は、他の犬がおらず、自宅で飼い主の近くでシャンプーできる(これが特徴)ので、愛犬のストレスが軽くなる。

②は、ドッグサロンに連れていかなくても、出張してきてくれるので、ドッグサロンを往復する時間が節約できる。結果、飼い主の自由な時間が増える。

③は、①と②のベネフィットがあるおかげで、愛犬も飼い主もハッピーになれる。

## (8)－㉒ 顧客のためらい

（１）〜（７）で基本的な情報は埋まったが、ここまでの情報を踏まえ、顧客が「その商品・サービスの**購入をためらうとしたら、どんな点か？**」を考える。どこで迷うか？　どんな点に疑いを持つか？

「価格が高い」「本当に効果があるのか」「この会社は信用できるのか」など、もしここで迷いや疑いがないなら、飛ぶように売れるはず。

でも、実際にそうならないなら、なんらかの迷いや疑いがある可能性が高い。

これを考えるには、「５つの質問」の「**質問５**」が効果的だ。

### ■「5つの質問」の「質問5」

**質問5：証拠**

なぜこの商品は、その悩みを簡単に、短時間で解決できるのか？
それを聞いたとたん、お客はどんな疑いを持つか？
その猜疑心を吹き飛ばす“具体的・圧倒的な”証拠は？

この「質問５」を考えると、ビフォー・アフター(140ページ)など、顧客の声以外で「⑳ 機能する証拠・根拠」が見つかることもある。

ここで出てくる**“顧客のためらい”を、LPの中で先んじて対応しておくと成約率を高められる。**

価格が高いために購入をためらうのが予想されるなら、顧客が感じる価格の価値(＝知覚価値)を高める部分をしっかり説明する。効果について疑いがあるなら、証拠・根拠を充実させておく。

LPの中で、顧客が感じる購入へのためらいに前もって対処しておくのだ。

次の事例は、当社のデジタルマーケティング講座のLPで、価格についてのためらいを払拭するよう、しっかり説明したものだ。

■価格へのためらいを払拭したLP

机上の空論、禁止！
実践マーケター3人が
あなたとともに挑戦します。

目標は、30日で、
デジタルマーケティングの基礎スキルを学び、
楽しみながら実践できるようになることです。

学びながら、新規顧客獲得にチャレンジするのですから、
これほど費用対効果が高い人材育成法はありません。

比較してみてください。

あなたの会社を深く理解する、有能なマーケターを
人材サーチして、採用するなら、
いったい月々いくらかかるでしょうか？

毎月40万円？ 50万円？ それとも80万円？

しかも、その素晴らしい経歴のマーケターは、
指示はできても、手を動かすことはできないかもしれないのです。

30日間トレーニング参加費用

1名参加 定価150,000円(税込) のところ

このページ限定で、
33%OFFご優待価格

1名参加 100,000円(税込)

出所：アルマ・クリエイション株式会社LP

## (9)－㉓ まとめ「誰が・何をして・どうなった?」

（1）～（8）を踏まえ、最終的に「誰が・何をして・どうなった？」で表現する。

ここでは、「誰が・何をして・どうなった？」を、「PMMサーチシート」を使って深く掘り下げる方法から解説する。

まず、「PMMサーチシート」の「**誰が・何をして・どうなった？**」への**対応項目**は次のとおりだ。

### ■「PMMサーチシート」の対応項目

| | 「PMM サーチシート」の対応項目 |
|---|---|
| **誰が** | ② 理想の顧客、③〜⑦ 今想定する顧客 |
| **何をして** | ① 商品名、⑰ ズバリどんな商品か<br>⑭ 顧客の声、⑮ USP（優位性） |
| **どうなった？** | ㉑ ベネフィット |

この確認で、当初想定していた顧客像と違う顧客像になるケースがある。

たとえば、次の事例だ。商品は美容液である。

〈当初のターゲット〉

顔の肌の衰え（＝老化）に悩む人

「PMMサーチシート」の② 理想の顧客と㉑ ベネフィットを考える中で、
「現状のエイジングスキンケア商品に満足していない人」
が思い浮かび、次のように変わった。

〈変更後のターゲット〉

既存のスキンケア商品に満足していない人

ぼんやりしていたターゲットがクリアにイメージできるようになった。

このように、「理想の顧客」と「今想定する顧客」からターゲットをイメージしてUSP（優位性）を考慮し、それがターゲットにどんなベネフィットをもたらすかを考えると、PMMが練り上がる。

最終的には次の表現にまとめる。

### ■誰が・何をして・どうなった？

| | |
|---|---|
| **誰が** | ○○で悩む◎◎の人が or ○○したい◎◎の人が |
| **何をして** | ○○の点が他と違う<br>○○ができる（商品名）を使って（買って） |
| **どうなった？** | ○○できるようになった<br>その結果（だから）○○できるようになった |

176ページで触れた「誰が・何をして・どうなった？」に対し、「何をして」の部分が少し違う。

「他のものとどう違うのか？」をクリアにするために、「**○○の点が他と違う**」を入れている。これはポジショニングを意識した表現だ。

「ワンちゃん出張シャンプー」の例では次のようにまとめた。

### ■「ワンちゃん出張シャンプー」の事例

| | |
|---|---|
| **誰が** | 愛犬のストレスからドッグサロンに連れていけないと悩む40〜50代の女性が |
| **何をして** | 出張ドッグサロンチェーン国内No.1のワンちゃん出張シャンプーを利用して |
| **どうなった？** | 愛犬がストレスなくシャンプーできるようになった。<br>その結果、愛犬も飼い主も、心理的にも身体的にも健康にすごせるようになった |

## 3.「PMMサーチシート」とLPの各パーツの関係

「PMMサーチシート」ができれば、実際にLPを書いていく。

「PMMサーチシート」の各項目が、LPとどうつながっているのかを、次ページの表で整理しておこう。

## ■「PMMサーチシート」と「LP」の関係

| 「PMMサーチシート」の項目 | LPの該当箇所 |
|---|---|
| ① 商品・サービスの名称 | 商品・サービス名称 |
| ② あなたの熱烈なファン顧客 or 理想と思える顧客像 | ターゲット設定 |
| ③ 新規客 or 既存客<br>④ 年齢層<br>⑤ 性別<br>⑦ 現状維持バイアス | |
| ⑥ 問題・理想・痛み（質問４） | ヘッドラインからオープニング |
| ⑧ 価格<br>⑨ 特典<br>⑩ 保証<br>⑪ 限定（条件）<br>⑫ 締切 | オファー＝販売条件 |
| ⑬ CTA | CTA |
| ⑭ 顧客の声（質問３） | 顧客の声 |
| ⑮ USP（優位性） | プリヘッド or デックコピー |
| ⑯ フロントエンドかバックエンドか | CTAの確認 |
| ⑰ ズバリどんな商品か（質問１） | 商品・サービスの概要説明 |
| ⑱ 内容・使い方 | 商品・サービスの内容詳細説明 |
| ⑲ 提供者の権威 | プロフィール<br>プリヘッド or デックコピー |
| ⑳ 機能する証拠・根拠（質問５） | 証拠・根拠 |
| ㉑ ベネフィット（大きなものを３つ） | ベネフィット |
| ㉒ 先入観・迷い・疑い（質問５） | 価格や証拠に織り込み |
| ㉓「誰が・何をして・どうなった？」 | LPの骨子 |

① **商品・サービスの名称**は、そのまま商品・サービス名にあてはまる。

② **あなたの熱烈なファン顧客 or 理想と思える顧客**と③ **新規客 or 既存客**、④ **年齢層**、⑤ **性別**、⑦ **現状維持バイアス**は、ターゲット設定に関わる部分だ。だから、LPのパーツとして直接該当する箇所はない。

⑥ **問題・理想・痛み(質問4)**は、ヘッドラインからオープニングにかけて表現する。⑧ **価格**、⑨ **特典**、⑩ **保証**、⑪ **限定(条件)**、⑫ **締切**は、オファー＝販売条件にあてはまる。⑬ **CTA**は、そのままCTAだ。⑭ **顧客の声(質問3)**も、そのまま顧客の声となる。

⑮ **USP(優位性)**は、プリヘッドかデックコピーでヘッドラインの補足として表現できると、ヘッドラインのインパクトを強めることができる。

⑯ **フロントエンドかバックエンドか**については、直接LPで該当する箇所はないが、CTAが購入や申込に誘導する形でいいのか。それとも、説明会への参加などワンクッション置くほうがいいのかの確認に使う。要するに70ページで触れた1ステップマーケティングか2ステップマーケティングか、どちらが適しているかを確認するのだ。

⑰ **ズバリどんな商品か(質問1)**については、商品・サービスの概要をまとめて説明する際に非常に役立つ。⑱ **内容・使い方**で詳しい内容を説明するが、それらをまとめて、ズバリこんな商品だと表現しておくと、伝わりやすい。

⑲ **提供者の権威**は、プロフィールに入れたり、プリヘッドかデックコピーで表現するのがいい。

⑳ **機能する証拠・根拠(質問5)**は、証拠・根拠に入れる。

㉑ **ベネフィット(大きなものを3つ)**は、ベネフィットに該当するが、LPでは「PMMサーチシート」で抜き出した3つ以外も書き込む(257ページ)。

㉒ **先入観・迷い・疑い(質問5)**は、それらを払拭するよう、あらかじめ、価格の説明をする部分や証拠の部分に書き込むようにする。

最後の㉓「**誰が・何をして・どうなった？**」は、LP上では直接表現されないが、LPの骨子として常に念頭に置いて書くようにする。こうすることで、書き手の言いたいことが、ブレなく一貫して表現できるようになるのだ。

左の表を「**PASBECONAテンプレート**」(193ページ)にあてはめてLPをつくれば、すばやく、訴求力の高いLPが書けるだろう。

## この章のポイント

●PMMを見出すには、**「稼ぐ言葉を掘り当てる5つの質問」**をバージョンアップした**「PMMサーチシート」**を使う

●「PMMサーチシート」には2つの役割がある。
1. **LP・セールスレター作成に必要な情報を抜け漏れなく、すばやく集める**
2. **1.で集めた情報をもとに、「誰が・何をして・どうなった?」を決める**

●「PMMサーチシート」に記入するときは、**詳しく書きすぎない**ようにする。文章が長いとポイントが絞れなくなるので、コンパクトに表現する

●商品・サービスの名称は、**「顧客がイメージしやすいか?」**がポイント

●**自分の価値観に合う顧客を集める**ために、理想の顧客をイメージする

●今想定する顧客の**「問題・理想・痛み」**を的確にとらえられるかが、PMMのカギ

●新規客と既存客なら、**既存客**のほうが信頼関係があるので売りやすい

●**現状維持バイアスが弱い=解決策を探している人**のほうが売りやすいが、マーケットは小さい

●**マーケットにおける自社、あるいは商品・サービスの位置づけをポジショニング**という。ポジショニングでは、他とは違う独自のウリを意味するUSP(Unique Selling Proposition)と、**他の人がやらないすき間のマーケット(ニッチ)**がポイント

●「PMMサーチシート」の項目から**「誰が・何をして・どうなった?」**を考える

●「PMMサーチシート」の項目をLPの各パーツにあてはめていくだけで、**抜け漏れなく**、**速攻で**LPが書ける

# 第7章

# 成約率を高める32のライティング技術

PMMを深く掘り下げられたら、「何を言うか」は万全だ。

これを読み手に存分に伝えるために必要なのが、「**どう言うか**」の技術である。

「どう言うか」の様々な技術を組み合わせることで、さらに成約率を高められる。

重要なのは、**読み手を惹きつけ、納得感を強めること**。

LPを読んで「なるほど、そうか」と読み手が納得してくれれば、購入確率はグッと高くなる。

逆にいうと、**PMMがぴったりでも、読み手の納得感がなければ、購入には至らない**。

この章では、読み手の納得感を高め、**成約率を高める32のライティング技術**について解説する。

# 1. コピーを研ぎ澄ます技術

## (1)自分が書いたメッセージどおりの顧客が集まる

まず、はじめに理解してほしいのは、**自分が書いた＝投げかけたメッセージどおりの顧客が集まる**ということだ。

「どこよりも安い」と投げかけると、どこよりも安いところから買いたい顧客が集まる。

もし、「価格は高いが、素材は超一流」と投げかけた場合は、価格は高くても品質重視の人たちが集まる。

だから、「**自分はどんな顧客を集めたいのか？**」をよく考えてメッセージを練る必要がある。

「PMMサーチシート」(第６章)で「理想の顧客」像を考えるのはそのためだ。

自分の価値観に合う顧客を集めたいなら、理想の顧客に合うメッセージを投げかけてみよう。

これは、メッセージ内容だけではない。色のトーンを含めたLPのデザインによっても、メッセージどおりの顧客が集まる。

赤と黒の「どぎつい」トーンなら派手好きな人が集まってくるし、パステル調なら、ソフトな感じを好む人が集まる。

ここで少しでも違和感があると、顧客はすぐ離脱する。

言葉遣いのトーンも、力強いものか、やわらかいものか、どんな人に反応してほしいかをよく考えながら、メッセージを練り込もう。

## (2) ベネフィットを深く掘り下げる技術

ベネフィットは、コピーライティングで最も重要だ。

特徴をとらえ、ベネフィットに変換する方法は39ページで触れたが、ここでは、ベネフィットを深く掘り下げる方法を紹介する。

次の事例は、178ページの歯科医院向け接遇講座だ。

まず、ベネフィットの掘り下げが浅い例を見てみよう。

### ■ベネフィットの掘り下げが浅い例

| | |
|---|---|
| 特徴 | 300以上の歯科医院スタッフ教育実績がある<br>歯科医院専門の接遇講師による講座 |
| ベネフィット | スタッフの接遇が改善され、<br>患者からのクレームが減る |

クレームは誰でも避けたいもの。それが減るのはベネフィットだ。

しかし、ここで次ページの図のように、さらに深く掘り下げてみよう。

直接的なベネフィットは「患者からのクレームが減る」だが、**「その結果どうなる？」と何度も自分に問いかけることで、ベネフィットを掘り下げられる。**

**■ベネフィットを掘り下げるフローチャート**

300以上の歯科医院スタッフ教育実績がある
歯科医院専門の接遇講師による講座

↓

スタッフの接遇が改善される

↓

クレームが減る

↓

院長もスタッフも治療に専念できる

↓

治療のクオリティが上がる

↓

患者の満足度が高まる

↓

定期検診のリピートが増える

↓

経営が安定する

このフローチャートを次のような文章にまとめるのだ。

**この講座を受けることで、スタッフの接遇が改善される。**
**その結果、院長もスタッフも治療に専念でき、患者の満足度が高まる。**
**だから、定期検診でのリピート率が向上し、経営が安定する。**

やや冗長に見えるが、順序立てて、ベネフィットを掘り下げることで、読み手は納得して読み進められる。

このプロセスを実際のLP・セールスレターに落とし込めば、読み手は「なるほど！　そういうことか」と次を読みたくなるのだ。

だが、**「特徴」からいきなり最終的なベネフィットに飛んでしまうと、読み手の頭に「？」が浮かび、信じられなくなる。**

たとえば、「300以上の歯科医院スタッフ教育実績があるから経営が安定する」と一足飛びで表現するとどうだろう。

途中経過がないので、なぜ経営が安定するのか？　イマイチ釈然としない。そうなると、途中で離脱してしまうのだ。

## (3) ペルソナを設定する方法

LP・セールスレターは基本、「**話しかけるように書く**」。

**文体は口語**、つまり**話し言葉**だ。

書き言葉(文語)と話し言葉(口語)の違いは下記のとおりである。

### ■書き言葉と話し言葉(例)

| 書き言葉(文語) | 話し言葉(口語) |
| --- | --- |
| 貴社 | あなたの会社 |
| 贈呈する | 差し上げる |
| そのような | そんな |

「話すように書く」コツは、「**ペルソナ**」を設定することだ。

ターゲットとペルソナはよく同じ意味合いで使われるが、ターゲットは買ってくれそうな人を**グループ**としてとらえる。基本的に個人ではない。

**ターゲットの中で、特定の一人を選んだのがペルソナ**だ。

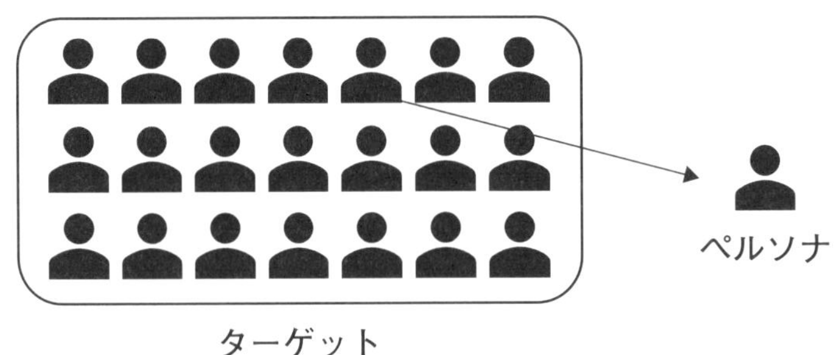


特定の個人を設定するほうが、**リアリティがあって書きやすく、読み手が感情移入したり、親近感を抱いてくれたりする**。そして、不特定多数に投げかけられたメッセージなのに、「**これは自分だけに向けられたメッセージだ**」と**感じてもらう**ことができるのだ。

### ■「ターゲット」と「ペルソナ」の違い

| ターゲット | ペルソナ |
|---|---|
| 40〜50歳の会社員で、第2の人生を考えている人 | 田中一郎氏<br>○×会社勤務、46歳(課長)<br>今以上の昇進は見込めず、会社員として限界を感じている。<br>給料は下がってもいいので、もっとやりがいのある仕事がしたいと考えている |

ペルソナがはっきりしていればいるほど、「悩みの解決」や「理想の実現」について熱量を持って語りかけやすくなる。

だから、ペルソナは**あなたがよく知っている人**がいい。

具体的なペルソナ設定法は、次の3つだ。

## ペルソナ設定の3つの方法

① **既存客でターゲットとして典型的な人**を設定
② 既存客がいない場合は、**自分が知っている人で、ターゲットにぴったりな人**を設定
③ **それでも見あたらない場合は、自分で理想の顧客を想像してペルソナを設定**

ペルソナは、極力①、②が望ましい。

そして、可能な限りその人に、**悩みや理想、購入の決め手などを実際にヒアリングしてみる**のが一番確実だ。

ここで面倒がってはいけない。

リアルなターゲットの声には貴重なヒントが詰まっている。ちょっとの時間、話を聞くだけで成約率が上がる。一人であれこれ悩むより、よっぽど効率的な方法だ。

もし、③の場合は、話し相手になるくらい、人物像を具体的にする必要がある。ここで、よくある質問は、

「**ペルソナは自分でもいいのか？**」

自分自身がターゲットにあてはまっているなら、自分をペルソナにしてもいい。

特に、**過去のあなたの悩みを解決する商品の場合は、過去の自分**をペルソナにしても**大丈夫**だ。

この場合は、あなた自身が痛みをよくわかっているからだが、それ以外は自分をペルソナにしてはいけない。つい自分目線で考えてしまい、ターゲット目線になれないからだ。

読者の中には、「特定の個人を設定してしまうと、それ以外の人に“自分には関係ない”と受け取られるのでは？」と思う人がいるかもしれない。

確かに、セールスメッセージで親近感を出そうと、レターの出だしを、

「おととい一緒に行った、渋谷にある×▽のカツカレーはおいしかったよね」

としてしまうと、読み手にそっぽを向かれるのは当然。

あくまでも、**その人が、その場所にいるように、親しげに話すように書く**スタイルが大事なのであって、冒頭から誰も知らない個人的な話をするのはご法度だ。

## (4)なぜ、「顧客の頭の中にある言葉」を使うのか?

LP・セールスレター、メールなどでセールスメッセージを書くときに重要なのは、「**顧客の頭の中にある言葉を使う**」こと。これを知っているか否かで天国と地獄なのでもう一度言う。

自分の頭の中にある言葉ではない。「**顧客の頭の中にある言葉**」を使うのだ。

「顧客の頭の中にある言葉」には2種類ある。

1. 顧客が普段使う単語
2. 顧客の悩みや理想が言語化されたもの

1. は、**顧客が知っている言葉、普段使っている言葉**だ。

売り手はその道の専門家だが、買い手は違う。

だから、売り手がなにげなく使う専門用語が、買い手にはまったくわからない。業界用語や専門用語は無意識に使ってしまうから要注意だ。

ただ、業界用語や専門用語を絶対に使ってはいけないわけではない。

相手もその道の専門家である場合は使っていい。

この場合、あえて業界・専門用語を使うことで、「この人はわかっている」「同じ仲間だ」と親近感につながる。特に医師や弁護士、税理士など高度な専門職の場合は有効だ。

たとえば、医師・看護師の世界では「バイタル」という言葉を使う。

バイタルとは、「バイタル－サインの略」で、「脈拍・呼吸・体温・血圧・意識・反射など」のことだ(『広辞苑 第七版』)。

医師・看護師向けに「**バイタル管理をラクにする３つの方法**」という見出しは通用する。

しかし、一般の人には「**日々の血圧測定をラクにする方法**」くらいに表現しないとわからない。

逆に、医師・看護師向けに「**脈拍や呼吸や体温の測定をラクにする方法**」と書くと、「それってバイタルのことだよね。この人、素人だな」と思われてしまう。

このように読み手が普段使っている言葉を使うと、読み手の頭にスッと入ってくるが、逆に、読み手が見慣れない言葉だとさっぱり興味を持たれない。

次に、「２．顧客の悩みや理想が言語化されたもの」は、必ずしも単語とは限らない。

先のペルソナ設定で、ペルソナとおぼしき人にヒアリングして話を聞くのが一番と述べたが、ヒアリングの最大の収穫は、「**読み手＝顧客の頭の中にある言葉**」を発見できることだ。

先ほど触れたターゲットが「毎日血圧を測るのが大変でね～」と語っていたら、それが顧客の頭の中にある悩みが言語化されたものだ。

**顧客が何に悩んでいるのか(悩んでいたのか)？**

**どんな理想を持っているのか？**

これらを聞き出し、**顧客の言葉で表現**するのが「刺さるコピー」の秘訣だ。

ただ、どうしても直接ヒアリングできない場合もあるだろう。

そんなときは次のことを実行してみよう。

**●ターゲットがよく見そうなウェブサイトや雑誌の中を探す**

**●既存客のアンケートの記述から探す**

さらに次に紹介するツールを使い、顧客の頭の中にあるキーワード、キーフレーズを探ることができる。

ここで紹介するのは、すべて誰でも使える**無料ツール**。ただ、各ツールの技術革新は日進月歩だ。ここでは詳細なツールの使い方ではなく、着眼点だけを紹介する。

## グーグルなど検索エンジンの「サジェストキーワード」

グーグル、ヤフーなど検索エンジンの検索窓に、あるキーワードを入れると、キーワードの関連用語が候補として出てくる。

これを「**サジェストキーワード**」という。

「オリーブオイル」と入力すると、オリーブオイルの関連用語が出てくる。

**■サジェストキーワード**

オリーブオイル

オリーブオイル
オリーブオイル おすすめ
オリーブオイル効果
オリーブオイル ドレッシング
オリーブオイル レシピ
オリーブオイルカロリー
オリーブオイル 効能
オリーブオイル 揚げ物

Google 検索　I'm Feeling Lucky

不適切な検索候補の報告

「オリーブオイル」と入れると「オリーブオイル　おすすめ」「オリーブオイル効果」「オリーブオイル　ドレッシング」など、いくつもの組合せが提示される。

これを見ると、オリーブオイルについて、おすすめ＝どれがいいのか探している人が多いことがわかる。また効果に関心を持っている人が多いこともわかる。ドレッシングにオリーブオイルを使おうと考えていることもわかる。

このように、**検索エンジンの検索窓の関連用語の組合せを読み解く**ことで、読み手の関心を探ることができる。

ここから「どんな言葉を投げかけると響きそうか」のアイデアが湧いてくる。

## トレンドを見る「Googleトレンド」

そのキーワードで探す人が増えているのか、減っているのか？

トレンドを見るには「**Googleトレンド**」が有効だ。

検索エンジンに、「Googleトレンド」と入れると、Googleトレンドのサイトが出てくる。そこにキーワードを入れると、**ある期間でのその言葉の人気度**がわかる。たとえば、ここ3か月くらいで人気急上昇中とか、逆に人気急降下中といったトレンドがわかる。次のような画面になる。

**■Googleトレンド**

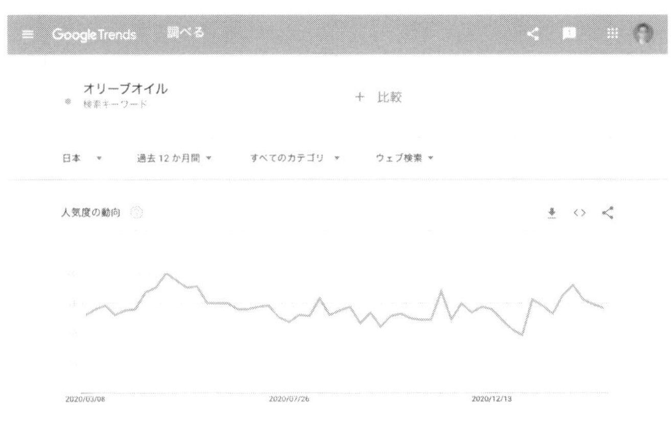


さらに、関連キーワードやトピックスもわかる。

| 関連トピック | 注目 | 関連キーワード | 注目 |
|---|---|---|---|
| 1 スプレッド - 食品 | | 1 オリーブ オイル デメリット | |
| 2 アンチョビ - 食物 | | 2 青空 レストラン | |
| 3 有機農業 - トピック | | 3 オリーブ オイル 選び方 | |
| 4 モッツァレラ - チーズ | | 4 感動 オリーブ オイル | |
| 5 燻製 - トピック | | 5 納豆 に オリーブ オイル | |
| 19 件中 1～5 件目のトピックを表示しています | | 25 件中 1～5 件目のクエリを表示しています | |

また、複数のキーワードを比較したトレンドもわかる。

たとえば、「リモートワーク」「在宅勤務」「テレワーク」「在宅ワーク」の4つのキーワードで、どれが一番多く検索されているか？

Googleトレンドを見ると、次のようになっている。

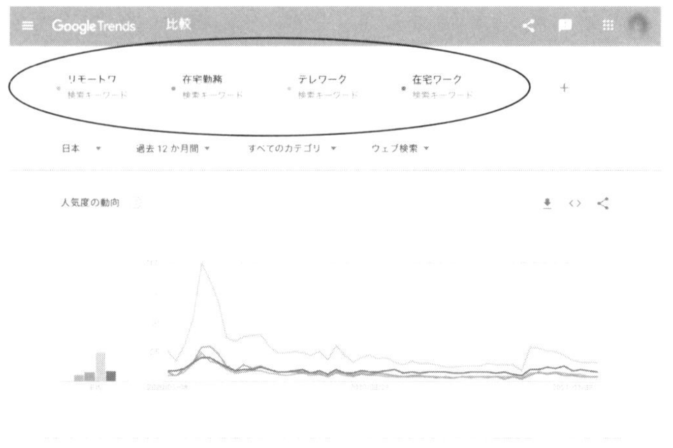


グラフの一番上が「**テレワーク**」だ。

他の３つは時期によって、順位が変わっているが、「テレワーク」はいつも上位にある。

ただ、Googleトレンドで複数の言葉を比較する際には、注意すべき点がある。それは、Googleトレンドはあくまでも「検索された言葉」が対象になっている点だ。「テレワーク」は、頭の中にない言葉＝知らない言葉だったので「何だろう？」と思い、検索されている可能性もある。この点を踏まえて、候補を絞り、402ページで詳説するA/Bテストで確認するのがいい。

## (5)究極の意外性「コマーシャルインサイト」とは?

コピーライティングでは「顧客の頭の中にある言葉」を使うのが基本だが、さらに進んだ技術がある。

それは、**「まだ言葉になっていない読み手の深層の欲求」を言葉で表現すること**だ。これを**「コマーシャルインサイト」**という。

「コマーシャルインサイト」は、『隠れたキーマンを探せ！――データが解明した最新B2B営業法』(ブレント・アダムソン＋マシュー・ディクソン＋パット・スペナー＋ニック・トーマン著、神田昌典＋リブ・コンサルティング日本語版監修、三木俊哉訳、実業之日本社)で紹介されている概念だ。

「コマーシャルインサイト」は深い概念だが、次のことだけは覚えておこう。

- **「なんと！　今までの自分の考えは間違っていたのか」**という読み手(顧客)のハッとした気づき
- **読み手(顧客)自身さえも気づかなかった問題**を指摘
- 熟知しているはずの読み手(顧客)に**思いもしなかった知見**を教える

つまり、読み手(顧客)が**「あっと驚く」、究極の意外性**といえる。

似たような商品・サービスがあふれる現代では、読み手(顧客)は、他と比べて何がどう違うのかを理解することは難しい。どれも同じに見えてしまう。

ほんのちょっとの差別化をうたったところで、「はい。知ってます」「またこれか」という反応になってしまう。

そんなときに、自ら信じて疑わなかったことが、**実は間違っていた**となれば、いてもたってもいられなくなり、行動(購買)への大きなインセンティブに変わる。

**読み手(顧客)が、今すぐ行動しなければ！　という衝動に駆り立てられるインパクトを与えるのが、「コマーシャルインサイト」**なのだ。

「コマーシャルインサイト」を見出すのは容易ではない。

だが、これを見出せれば、マーケットを一気に広げられ、**成熟産業の既存事業を再び成長軌道に乗せられる。ものすごいインパクト**があるのだ。

「コマーシャルインサイト」の面白い事例がある。

株式会社メカは、飲食店向けの食用油のろ過機を製造販売しているメーカーだ。

メカのろ過機を使うと、油の鮮度が保たれるので、揚げ物の美味しさが引き立つ上、油の交換頻度が減ってコスト削減も期待できる。

「『美味しさ』『コストダウン』という売りを武器に、メカはこの分野のリーディングカンパニーにのし上がった。しかし、開発から20年近く経ち、成長は鈍化していた。そのため、新しく就任した二代目社長が、ろ過機に代わる新規事業を開発しなければいけないと考えていた。

だが、実際には、飲食店向け食用油ろ過機の市場は、競合他社が次々と参入し、価格競争を繰り広げていた。

見方を変えれば、まだまだ有望だということだ。

そこで、メカの開発チームは、さまざまな顧客や関係者に、食用油ろ過機についてヒアリングした。すると、あるキーワードに行き着いた。それは、『**安全性**』だ。

食用油に関して、飲食店が抱える一番の痛みは『**油の交換**』にあった。

通常、閉店後の深夜に行う油の交換作業は、油が冷めるのを待てないので、熱いうちに交換するケースが多い。しかし、業務で使う油の量は重さも相当なものだ。交換中にやけどをする事故も少なくなかった。

ある飲食店では、閉店後に、重く熱い油を終電までにバックヤードに運ばなければならなかった。それが嫌で辞めていくアルバイトスタッフも少なくなかったという。

そうした『痛み』から従業員たちを救ったのが、メカのろ過機だった。これさえあれば、ボタンひとつで油をろ過できるので、従業員を危険にさらさずに済むし、深夜残業も減る。

こうした『安全な職場環境』を求めるニーズに気づいたことで、メカは、**ろ過機の売り方を変えた**。『美味しさ』『コストダウン』を前面に出すのではなく、『**安全性**』を訴求し始めたのである。すると、口コミで広がり、生産キャパシティが追いつかないほど売れるようになった」(『マーケティング・ジャーニー――変容する世界で稼ぎ続ける羅針盤』神田昌典著、日本経済新聞出版)。

こうして爆発的に市場を拡大することに成功したのだ。

そして、そのコンセプトをまとめたのが次のLPだ。

**■安全性を訴求して成功したLP**

Ⓐ 3日に1回　Ⓑ 1週間に1回　Ⓒ 1ヶ月に1回

**一流チェーン店の答え**

（次ページに続く）

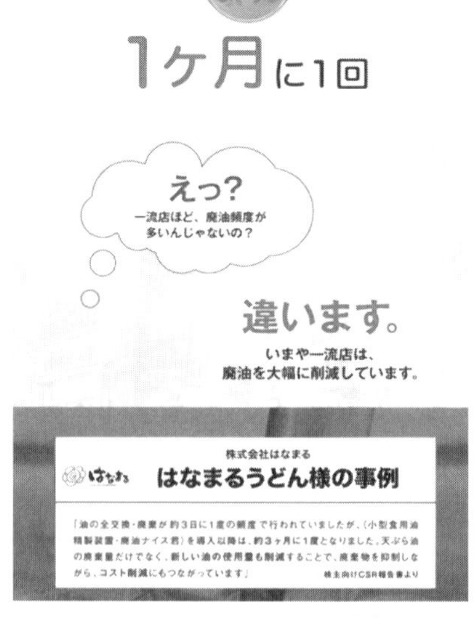


出所:株式会社メカLP

このように、**読み手(顧客)**が**常識だと思い込んでいることに関して、実は違っていると断言できるアイデア**がないか、一度探してみるといいだろう。

## (6)人を動かす3大要素

人を動かす要素の中で、最もシンプルな組合せが次の3つだ。

- **共感**
- **数値**
- **権威**

読み手に「共感」が起こると、「これは自分のためのものだ」と感じてもらいやすい。
「PESONAの法則」(184ページ)では「Empathy(共感)」がこれにあたる

が、必ずしも文章の内容だけではない。

文章全体のトーンや画像、レイアウトなども共感に直結する。

ターゲットが読む雑誌や、サイト画像のトーンやレイアウトを研究することで、読み手が「見慣れた」印象になり、親近感が湧きやすくなる。

「共感」と「親近感」はほぼ同義だが、あえて違いをいえば、共感は「**他人の体験する感情や心的状態、あるいは人の主張などを、自分も全く同じように感じたり理解したりすること。同感**」(『広辞苑 第七版』)であり、親近感は、「身近なものとしての親しみの感じ」(同上)ということ。共感のほうが納得感があるが、あまりナーバスに考えすぎなくていい。

次に、人を動かす第2の要素、「**数値**」を見ていく。

数値や図表で事実を伝えることで、その商品・サービスのすごさが読み手に伝わる。

たくさんの人にご購入いただいております。

より、

14,326人が購入済(2021年1月30日現在)

のほうが信頼性も高くなる。

「たくさんの」「数多くの」「驚異の購入数」「信じられない人数」などは、いずれも書き手の主観なので、客観的な読み手にはあまり伝わらない。

数値を使う際は、「**23.2%**」を「**23%**」や「**20%以上**」と**してはいけない**。

そのままのほうがリアリティが出る。

**精緻な数値がある場合は、そのまま出す**(本当は23%なのに23.2%のほうが信頼性がありそうだから、そうするのはNG。あくまでも事実ベースが基本)。

数値をうまく使うとインパクトが出るが、注意すべきことがある。

それは、「**使う場所**」と「**見せ方**」だ。

数値を表やグラフなどのデータで表示すると、読み手にロジカルな印象を与えやすい。すると、感情より論理が優先してしまい、行動につながらないときがある。

人が購買決定をするのは、論理よりも感情が優先すると考えられている。そして、アメリカの有名なコピーライターの一人である、ダン・S・ケネディ(1954~2020)は、次のように言っている。

「何のビジネスであれ、どんな見込客や顧客であれ、**買うのは感情、それから、自分の選択を理屈で正当化する**」(『究極のセールスレター』)。

購買決定を感情でするのは間違いないが、論理的な説明がまったく必要ないのかというとそうではない。

あくまでもバランスが大事で、より重要なのは「感情」ということだ。

購買決定に至るプロセスの説明が論理的でないと、「すごいんです、すごいんです」とあおっているだけになる。

「うわ、これほしい」と思った後に、購入することはあなたにとって正しい選択なのだ、必要な選択なのだという理屈にあと押しされる形で、納得して購入できるのだ。

だから、ヘッドラインやオープニングなど、**最初の部分は「感情」にウエイト**を置いたほうがいい。いきなり論理的に始めるのはNG。

図表やグラフも早い段階で出さないほうがいい。見た瞬間、論理的な脳にスイッチしてしまうからだ。これが、「使う場所」に注意が必要ということなのだ。

また、データやグラフは最適なタイミングで適量使っている分にはいいが、多用すると「理屈っぽさ」が出て、特に女性に敬遠されることがある。

たまに生データを延々と掲載しているLPがある。B to B(企業間の取引)のケースで、生データ自体をじっくり見てほしい場合はいいのだが、一般的にデータを出す際には、生データではなく、右ページのように「**視覚的」にわかりやすくする**のがポイントだ。

## ■データは視覚的にわかりやすく

**読書量と年収は、比例する。**

日本では、『プレジデント』の調査で、次の内容が紹介。

**Q：1ヶ月に書籍を何冊読みますか？**

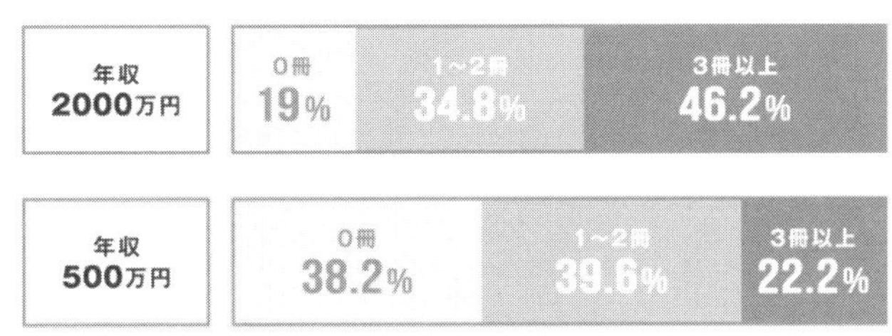


『プレジデント』2016年7月号より

年収によって、1冊も読まない人と3冊以上読む人に
圧倒的な差があります。

出所：アルマ・クリエイション株式会社LP

ここでは、1冊の場合、2冊の場合、3冊、4冊、5冊など細かなデータを載せるのではなく、くくれるところをくくってシンプルにわかりやすくしている。

最後に人を動かす第3の要素が「**権威**」だ。

権威は読み手の信頼感につながる。受賞歴など、商品・サービス自体の権威はもちろんのこと、その商品・サービスを売っている、会社や人の権威も有効だ。

たとえば、**資格、国からの許認可、著書、マスコミ掲載・出演、社歴、実績件数、著名人の推薦**などがある。

## ■受賞歴をアピールした事例

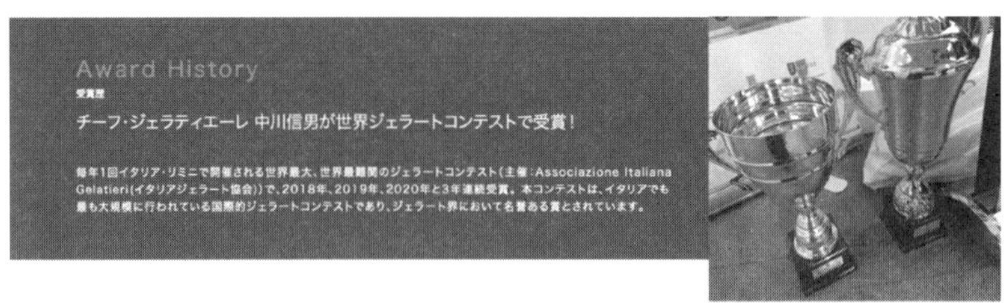


“ イタリアジェラート協会SIGAの国際コンテスト結果
Concorsi – Associazione Italiana Gelatieri

2020

自由部門と今年の課題部門（チョコレート）2部門入賞

2019

ソルベ部門第5位
2年連続入賞！

2018

シャーベット部門3位
自由部門10位 ダブル入賞

出所：プレマ株式会社「プレマルシェ・ジェラテリア」ウェブサイト

住宅販売総合部門13年連続No.1
（さいたま市商圏、越谷商圏、柏商圏）

グッドデザイン賞18年連続受賞
2020年度9作品受賞

3年連続　オリコン
顧客満足度ランキング総合No.1

出所：中央グリーン開発株式会社「東京5LDK」ウェブサイト

中央グリーン開発株式会社は、245ページのポジショニングで解説した「No.1」と同時に「**グッドデザイン賞**」受賞をPRしている。

## ■メディア掲載の事例

メディア掲載情報

2020.07.29
掲載　FIGARO japon
2020年9月号

2020.07.17
掲載　veggy　vol.71

2019.10.02
めざましテレビで放映されました！

出所：プレマ株式会社「プレマルシェ・ジェラテリア」ウェブサイト

## ■著名人の推薦事例

# アメリカでの推薦の言葉

売上累計800万部の『1分間マネージャー』の著者

**ケン・ブランチャード博士**

“フォトリーディングは、今日のリーダーが直面する全ての課題の達成に役立つ。新しいアイデアを素早く掴んだり、たくさんの重要なトピックスを熱心に読んだり、自分の分野の先進性を保ったりすることができるのである”

作家『こころのチキンスープ』シリーズ著者

**ジャック・キャンフィールド氏**

“読むスピードだけでなく、情報を理解するスピードを上げるための、私が見つけた最高の教育法が、フォトリーディングだ”

天才教育、組織活動のエキスパート

『エブリディ・ジーニアス』『こうすれば組織は変えられる』著者

**ピーター・クライン氏**

“フォトリーディングは想像を超える方法で人生を変えるだけでなく、新しいアイデアをもたらしたり、新分野への進出を手助けしてくれる”

ビジネスコンサルタント、ベストセラー作家、講演家

**ブライアン・トレーシー氏**

“フォトリーディングは、一流のビジネス書をくまなく読破するための最善の方法だ”

出所：アルマ・クリエイション株式会社LP

ただ、権威になるかどうかは、規模や知名度によって変わってくる。

著書でもAmazon限定の自費出版だと、市販書籍に比べて権威性は劣る。

同じ自費出版でもAmazonで「ジャンルベストセラー1位」になったら権威性が生まれる。社歴も創業百年だと権威につながるが、創業4年ではまったく権威がない。権威のポイントは、いかに読み手に「すごそう」という印象を与えられるかどうかだ。

## (7)型をマネる方法……「お願いレター」の事例

LP・セールスレターを書くときに、売れた実績のあるものを型としてマネる方法がある。

といっても、どうマネたらいいかわかりにくいので実例を見ていこう。

これから紹介する事例は、私、神田が若い頃に、実家の学生服店から、チラシ内容について相談されたときのものだ。

まず、次ページの1.オリジナルレターは、私が実家の学生服店の社員に指示してつくらせたもの。

つくり方は丁寧に説明したはずだったが、出てきたのがこのレベルだった。

どうだろう?

時代こそ違うが、今でもありそうな広告メッセージではなかろうか。

このレターは「Meメッセージ」の典型だ。つまり書き手の言いたいことを書いただけ。まったく「Youメッセージ」=顧客視点で書かれていない。

コピーライティングの原理原則を理解せずに、書き方だけ理解したつもりだと、こうなってしまう。

そこで、私が書いたのが、2.のレター(291ページ)。

これは、3.のロバート・コリアーのレター(295ページ)がもとになっている。

2.は3.を穴埋めで変えたわけではなく、書き手が読み手にお願いする形で「**お願いがあります**」と、はっきり文章で書くアイデアだけをマネたものだ。ヘッドラインの型をマネる場合は穴埋めでもいいが、レター全体となると、穴埋めだけでは難しい。マネる対象は「**アイデア**」だ。

## 1. オリジナルレター

### ご挨拶状

ご入学おめでとうございます

21世紀最初の輝かしい記念すべき年に、中学校にご入学なされますお子様へ、神田商会社員一同心よりお慶び申し上げます。

早いもので、ご入学まであと３カ月を残すところとなりました。ご準備・ご計画はいかがお済みでしょうか。

創立80年の神田商会は、地元のお客様とのご交流とご支援を賜り、学生服・体育着販売の実績とたゆまぬ研究の結果、毎年５人に３人の方に神田商会の制服を愛用していただいております。国内で製造され、人の手で１着ずつ丁寧に仕立てられた制服は、丈夫で安心して着用していただけます。

また、神田商会では、たえず学校と連絡を取り、学校の方針に合った商品をお子様に販売しております。入学までにご用意いただく用品のリストを同封いたしましたのでご覧になり､準備の参考になさってください。

### 1月31日までのダブルチャンス

毎年３、４月は高校生の入学準備と重なり、大変混雑いたします。

そこで、いち早く余裕のあるご準備を！

３月11日までのサービス(パンフレットをご参照ください)に加え、さらに特別サービスをいたします。１月31日迄にご予約頂きますと、ワイシャツ(男・女)またはブラウス(女)いずれか１枚をサービス。クーポン券を同封いたしましたのでお友達もお誘いください。必需品なだけに、お得なプレゼントです。

**ご予約の方法は?**

① 電話　フリーダイヤル　0120-○○○-○○○
② FAX　○○○-○○○-○○○
③ インターネット　http://www.xxxxxxxx

**中学校通学服は、実績と信頼のある**
**神田商会におまかせください。**

出所：『禁断のセールスコピーライティング』

## 2.「お願いレター」神田昌典バージョン

**お願いがあります。**

お父さん、お母さん。
お子様の中学校への入学、本当におめでとうございます。心よりお祝い申し上げます。

実は、私にも、息子がおります。長男が入学したときのことを、昨日のように、思い出します。「もう、中学生になったのか」と嬉しさを感じると同時に、赤ちゃんのころから、いままでの成長ぶりが、目に浮かびました。

お母さん、お父さん。ご苦労さまです。まだまだ大変でしょうが、お子様のために、頑張ってあげてください。

嬉しい入学ですが、その準備を考えると、正直、気が重くなりませんか？
特に、最近のお母さんは忙しいので、必要な用品をすべて購入するだけでも大きな負担です。学生服、通学かばん、体操着、ジャージ、上履き等。中学校からの指示どおりのものをそろえることになります。多くのご両親は、これらの入学用品の準備を、学校説明会までお待ちになります。それは説明会で「詳しい説明があるだろう」との理由ですが、実際には、説明は10分程度で、後は、業者のダイレクトメールを集めて終わりになるケースがほとんどです。

そこで問題が起こります。

学校説明会が終わると、一度に、お客様が、学生服店に殺到することになります。学生服は、丁寧に採寸をするのに30分程度、そして、すべて購入が終わるまでには45分程度の時間が必要になります。そこで入学直前になると、どの学生服店でも、行列ができる有様です。そのため、あっちのお店にいったり、こっちのお店にいったり。結局、学生服を購入するために、何時間もの、お母さんの貴重な時間が無駄になってしまうのです。

直前になると、私どもも大変忙しくなります。ピーク時には、パート社員で対応することになりますので、その分人件費も多くかかります。

そこで、お願いがあります。

１月31日までに、ご来店いただけませんでしょうか？ そのお礼に、通常2100円〜2700円で販売されているワイシャツまたはブラウスを１枚無料で進呈いたします。無料進呈用の安物ではありません。私どもの面子がありますので、きちんとした商品を進呈致します。

「はは〜ん、無料というけど、このワイシャツ・ブラウスは、初めから価格のなかに入っているんじゃないの？」そう、思いませんでしたか。

そうでは、ありません。実は、早めにご予約していただけると、私ども社内の費用負担も少なくなりますので、その分、お礼といたしまして、あなた様に還元しようということなのです。

ご予約されることの特典は、これだけではありません。

さらに通学カバン、夏ズボン、夏スカートのうちから、どれか１つを2100円で特別ご奉仕いたします。もちろん、こちらの商品も通常販売商品ですから、品質に妥協はありません。2100円という価格で販売しますと、私どもにとっては赤字になります。しかしながら先に申し述べました理由で、お客様と私どもが協力することにより、双方がメリットを得ることができるのです。

私どもは、学生服専門店として、現在市内の中学生の５人に２人がご利用していただいております。浦和市内では、もっとも古い学生用品店です。中学校から信頼を受け、頻繁に連絡をとり、学校の指示どおりの商品を販売しております。

これだけ多くの中学校およびご父兄に支持されておりますが、正直、値段だけで比べますと、一番安い品物を用意している店ではございません。学生服というのは、普通の洋服とは違います。中学生は活発に活動いたします。「安かろう、悪かろう」の商品では、すぐにダメになってしまうのです。そこで、私どもとしては、品質・耐久性に疑問のある、値段が安いだけの商品は販売しておりません。私どもの学生服は、全国でも有数のトップ生地メーカー（ニッケ）とトンボ学生服の一流製造メーカーと共同で製作しております。海外ではなく、国内で、丁寧に縫製された学生服です。

繰り返し申しますが、「安かろう、悪かろう」の商品はご用意しておりません。しかも同等品質の商品を比べていただければ、どこよりもお得な買い物ができることは、私どもがお約束いたします。なぜかといいますと、私どもは、浦和市内ではもっとも実績と経験がある会社でございます。何十年にわたって学生服をご提供しています。そのために仕入れ先からの信頼が厚いからこそ、ご提供できる価格になっているのです。

今年は、同封のパンフレットに掲載されているとおり、特に多くの特典をご用意しています。もちろん、これだけのサービスをすべての方にご提供できるわけではありません。2100円〜2700円相当のワイシャツ・ブラウスの無料進呈は、１月31日までにご採寸いただけた方限定となります。

それでは、お早めのご来店、心よりお待ち申し上げております。

株式会社神田商会　社員一同

追伸、この時期のお母さんは、たいへん忙しいですよね。私どもでは、お母様のご負担をできるだけ少なくするよう、神田商会独自の、次のサービスをご提供しております。是非、ご利用ください。

★その１　ご自宅で採寸ができます。(お１人からでも結構です。ご連絡ください)
★その２　無料で宅配いたします。(しかも時間が指定できます)
★その３　夏服については、ご来店いただかなくても電話１本でご用意できます。

学生服専門店　神田商会
フリーダイヤル　0120-〇〇〇-〇〇〇
TEL 〇〇〇-〇〇〇-〇〇〇
FAX 〇〇〇-〇〇〇-〇〇〇

出所：『禁断のセールスコピーライティング』

## 3.「お願いレター」ロバート・コリアーバージョン

お客様へ

１つお願いがあるのですが。

この12年間、私たちはあの有名な「キープドライ」レインコートを、通常小売価格よりずっとお得なお値段で直接販売させていただいております。

今年は少し品揃えに変化をつけようと思い、生地を、見た目はおしゃれな薄手のコートのようなものに変更しました。それでも水をちゃんとはじく生地です。

そして、通常のダブルのレインコート型ではなく、シングルの薄手のコート型を採用しています。これが男性の方々に受けがいいのは、洗練されていながら、良質な仕立ての軽いコートのようにゆったりとしたシルエットで見た目も損なわれていないからです。

嵐や雨のなかへ出かける人なら誰でも、この「オールウェザー」コートのほうが、ほかのどのレインコートや薄手のコートよりもいい、とお考えになるに違いないと思うのですが、ご存じのように、商売においてはこれなら確実ということは決してなく、大金を投じてみるまでわからないものです。

そこでお願いです。

この新しいコートにどれくらい需要があるか、また需要不足かを確かめてから、資金投入したいのです。そこで、ご愛顧いただいているお客様にお手紙を差し上げている次第です。

この新製品「オールウェザー」コートを１週間、お試しいただけないでしょうか。

実際に羽織ってみて、着心地や見た目がどうか、すでにお持ちの、25ドルあるいは30ドルくらい出されたコートと比べてみてどうか、お確かめいただけませんか？ 特に、雨風の防ぎ具合はどうでしょうか。それからお返事をいただけますか？

もちろん、どこへ着てお出かけになっても恥ずかしくないコート、行きつけの仕立て屋で採寸でもしたようにピッタリ合うコートをお送りします。

それができるのは、どんな小売店よりもずっと幅広くサイズを取り揃えているからです。小売店が６種類のサイズと丈１種類しかないコートを置いているところ、私たちは、57種類のサイズと５種類の丈をご用意しているからです！

それだけではありません。普通のレインコートや薄手のコートは１つの目的にしか使えませんが、この新しい「オールウェザー」コートなら、薄手のコート、車に乗るときやカジュアルなシーンのコート、そしてレインコートと、すべてこの１着でOKです！　軽いオーバーコートを羽織るようなあらゆるシーンや、かなりどしゃぶりの日でもお使いいただけます！　雨の日、寒い夜、車に乗るとき、すべての男性に必需品のコートです。

「オールウェザー」コートを着ていれば、嵐の日でも、寒気がしたり服が台なしになったりすることはもう２度とありません。体も着ているものもしっかりと守りつつ、いつもと変わらぬすっきりした格好だと自他ともに認められます。

それでも、最初にこのコートをお客様に売り込まなかったのは、これを着てどこへ行かれても、どなたとご一緒でも、どんな天候でも、ご満足していただけることをご自身でまずご納得いただきたい、そう考えたからです。

同封のハガキにある３か所の寸法をご記入のうえ、お送りいただければ、この新製品「オールウェザー」コートを、送料当方負担の郵便小包ですぐにお届けします。こちらの責任と費用で１週間無料でお試しください！

１週間後、気に入ったから手元に置いておきたい、と思っていただけましたら、お支払いください。といっても、お店でコートを買うときに普通お支払いになるような25ドルや30ドルという金額でもなければ、直販の「キープドライ」コートの16ドル85セントでもありません。

**新発売特別ご奉仕価格、わずか14ドル85セントです！**

お気に召さなかった場合は、着払いでご返品いただくだけで結構です。その際、１週間のご試着の見返りとして、このコートとその商品性について、忌憚のないご意見をお聞かせください。

当然ながら、このようなご提供をどなたにでもしているわけではありませんので、ご利用になってもならなくても、ハガキは送り返していただければ幸いです。ほかの方の手に渡ってしまうのを防ぐためです。

これもまた当然ながら、ご意見が有効となるのは、**いますぐ**フィードバックいただけた場合のみです。つまり、秋シーズンが始まる前、この新製品の「オールウェザー」コートの大量販売に全力投入を決める前です。

そういうわけで、できれば**今晩中**に３か所の寸法をハガキにご記入のうえ、投函していただけますか。よく考えると、この場ですぐ、ハガキを手にされているいまのうちに投函していただくほうがいいかもしれません。それなら投函し忘れることもありませんから。

ご協力どうもありがとうございます。

出所：『伝説のコピーライティング実践バイブル』

## (8) B to Bの担当者がその気になるライティング技術

コピーライティングは、B to C（企業と消費者の取引）だけでなく、B to B（企業間の取引）にも有効だ。

事実、『伝説のコピーライティング実践バイブル』の著者のロバート・コリアーは、企業向けにセールスレターで石炭を売っていた。それが下記だ。

１立方フィートあたりいくらガス代をお支払いですか？（というのが私たちのレターの基本だった）

そのコストを４分の１減らす方法をお伝えしたら、試してみようと思われますか？

シンシナティの○○ガス会社はそれ以上のコスト削減を実現しました。これが、そのご担当者からいただいた手紙に書かれていた数字です（正確な数字とコストを引用）。インディアナポリスのバンク社や（ほかにも４、５社、同業者に評判のいい、有名な会社名）でも同じようにコストを削減されています。お時間がございましたら、こうした各社の正確な数字も喜んでお送りいたします。

ただし、他社の施設のどんな数字よりも、御社の施設での数字を書き換えるこのチャンスのほうが大切です。同封のハガキをお送りください。お金は不要です。ハガキがこちらに届き次第、パウエルトンの検査済ガス用石炭を貨車１両分お送りします。

ぜひお試しください。お好きなように使ってみてください。そして、石炭1ポンドあたりガスがどれだけ得られたか、そしてそのガス代を計算してみてください！　当パウエルトン石炭が御社のコストを少なくとも25%削減したことにならなければ、お送りする貨車1両分の石炭には一銭もいただきません。

反対に、御社のガス代を25〜33%削減できることが実際にご確認いただけた場合は、来年度のガス用炭すべての契約を当社と結んでください。ウエストバージニア州パウエルトンからのFOB価格は1トンあたり1ドル25セントです。

繰り返します。節約できなければ無料です。でも、当社の石炭で25%の節約になれば、ご契約いただきます。いかがでしょうか？

出所：『伝説のコピーライティング実践バイブル』

B to B向けでも、取引の意思決定をするのは「会社」ではなく取引窓口となる「個人」だ。

だから、**ターゲットはそのメッセージを最初に目にする会社の担当者**にする。

そして、会社だけでなく、**担当者のベネフィットも一緒に考える**。

たとえば、社内でコストダウンの提案が受け入れられれば、その担当者が評価され、社内の立場もよくなる。

B to Bの場合、ターゲットとの関係にもよるが、文章のトーンはB to Cより「硬め」のほうがいい。あまりくだけすぎないようにする。

しかし、これも読み手次第だ。読み手が、金融業界なら硬めにし、ゲームソフト業界ならややカジュアルにするイメージだ。274ページの「**顧客の頭の中にある言葉を使う**」のは、B to CでもB to Bでも同じなのだ。

文章は、ターゲットとベネフィットのところだけ、B to B仕様にすれば、後は一般的なコピーライティングの原理原則がそのまま使える。

### ■B to B向けのチューニングポイント

| ターゲット | 法人ではなく窓口の担当者（個人）を想定 |
| --- | --- |
| ベネフィット | 会社のベネフィットと個人のベネフィット両方 |

## （9）書くスピードが劇的にアップする「33分33秒」集中法

昔のセールスレターの文字数はそれほど多くなかった。

48ページ以降で触れた伝説の３大セールスレターの字数は、日本語訳のベースで次のとおりだ。

### ■伝説の３大セールスレターの字数

| 伝説の３大セールスレター | 字数（日本語） |
| --- | --- |
| ピアノコピー | 2,959 |
| 英語の間違い | 1,383 |
| ２人の若者 | 2,162 |

3000字に満たない程度なので、今のブログ記事に相当するくらいのボリュームだ。しかし、LPの場合は、顧客の声や商品内容の詳しい説明などが入るので、概ね6000～8000字程度になる。

8000字とすると、400字詰め原稿用紙20枚分なので、結構なボリュームだ。

これを一気に書き上げるのはなかなか難しい。

そこで、最速で書き上げられる方法を紹介する。

私、衣田は、いつもこの方法で書いているので効果は保証する。

コツは大きく３つある。

１）書きやすいところから書く

２）「33分33秒」で書く

３）校正は後でやる

まず、「**1)書きやすいところから書く**」からいこう。
LP・セールスレターは下記のパーツで成り立っている(詳細121ページ)。

## ■LP・セールスレターの基本構造

| | |
|---|---|
| **ヘッドライン** | プリヘッド<br>ヘッドライン<br>デックコピー |
| **オープニング** | |
| **ボディコピー** | ベネフィット<br>証拠・根拠<br>オファー<br>特典<br>リスクリバーサル<br>限定<br>締切 |
| **クロージング** | CTA<br>追伸(P.S.) |

パーツの組合せなので、最初から順番に書いていかなくてもいい。
オファーの価格からでも、商品内容からでもいい。
また、**追伸を最初に書く**のもいい。
「**最後に何を言って終わるのか?」を最初にイメージしておく**と、全体の流れがつくりやすいときもある。

ヘッドラインを先に決め、上から順に書くのがやりやすければそれでもいい。
要するに、**自分が一番書きやすいところから書く**のだ。
書く順番を自分なりに決め、いつも同じ順に書いてもいいし、その都度、違ってもいいのだ。そのときに、自分が一番書きやすいところから書いていったほうがいい。
書きやすいところを先に書けば、手が動かせない真っ白な状態から解放され、後は「すき間を埋める」作業になる。

最初からつながった文章を書こうとするとしんどいが、部分的にでもすでにある文章をつなぐほうが書きやすい。

書きにくいところでじっと考えているとなかなか進まないが、書きやすいところから書けば、結果として全体の書くスピードは上がる。

次に「2)『**33分33秒**』**で書く**」について、これは何だろうと思った人も多いと思う。

LPは字数が多いので、全部書くには時間が必要だ。

そこで、**長時間集中力を保つ**いい方法がある。

アメリカの有名なコピーライターであるユージン・シュワルツ(1927〜1995)が紹介したといわれる方法が「**33分33秒の法則**」だ。

それを、私、衣田が経験を踏まえて少しアレンジしている。

やり方は次のとおりだ。

### ■「33分33秒の法則」

| | |
|---|---|
| (1) | タイマー(デジタル式)を用意し、33分33秒にセットする |
| (2) | 時間になるまで、他のことに気を散らさず書くことに集中する |
| (3) | タイマーが鳴ったら、どんなにキリが悪くてもすぐにやめる |
| (4) | タイマーを5分にセットし、休憩する |
| (5) | 5分のタイマーが鳴ったら、また33分33秒にセットする。<br>このサイクルを繰り返す |

ここでコツが2つある。

まずは「**手を止めない**」ことだ。

とにかく書き続ける。行き詰まったら、「**ここは後で書く**」と書いて、書けるところを書く。この間はひたすら、文字化することに集中する。

シュワルツの「33分33秒」では、この時間に、コーヒーを飲んで考えてもいいとなっている。

しかし、私が推すのは、**とにかく手を止めずに書き続けるやり方**だ。

こうすると、LPであれば3または4セット（2時間または2時間半）あれば書ける。いうまでもないが、**これは「PMMサーチシート」で何を書くかが、しっかり決まっている前提**だ。

もう一つコツがある。

33分33秒経ったら、途中でも「**絶対やめる**」。

どうしてもキリのいいところまで書きたくなるが、必ず途中でやめる。

あえて途中でやめて中途半端にするのが、心理学の「**ツァイガルニク効果**」だ。

ツァイガルニク効果とは、「**人間は物事が未完了のままになっていると、そのことをよく覚えている**」というものだ。

このネーミングは、旧ソビエト連邦の心理学者ブルーマ・ツァイガルニク（1901〜1988）の名前からきている。

このツァイガルニク効果でよく例に出されるのは、レストランのウェイターが、客の注文をメモしなくても記憶しているが、料理を出した後は忘れてしまうというもの。**仕事が途中で仕掛かっている状態だと人はよく覚えている**というのだ。あなたにも何かしら経験があるかもしれない。

これを利用し、作業を途中でやめると、脳が記憶していて、再開するときには、すぐにピーク状態から始められるという。

キリのいいところまでやってしまうと、脳が完了したと認識してしまい、再開時に、アイドリング状態となり、集中力が高まるまで時間がかかってしまうのだ。

休憩時間も5分以上休憩してしまうと、やっていたことを忘れてしまうので効果がなくなる。また、休憩時間に別のことに頭を使うのもよくない。休憩時間は体を動かしたり、お茶を飲んだりして頭を使わないようにするのだ。

なぜ、33分33秒になったのか？

詳細は不明だが、時間そのものに厳密な意味はないようだ。

私、衣田もいろいろ試してみたが、33分00秒でも、32分でも、34分でも大差なかった。ただ、40分だと長すぎる。25分だと短い。

疲れてしまわないうちに早めに休みつつ、短すぎないちょうどいい時間が

30分強。ゴロよく33分33秒なのではないかと思う。

この方法は、プレゼンのスライドづくりや、各種資料作成時にも使える。なにより疲れる前に休むので、長い時間、集中力を保てる。だから生産性がとてもいい。

最後のコツは「**3)校正は後でやる**」だ。

33分33秒で集中して書いているときには、文章がおかしくても、あえて校正しない。

校正すると、せっかく頭に浮かんだアイデアが消えてしまう。文章を書き出す最中は、書き出すことだけに集中し、校正は後でじっくりやる。

まとめよう。

**1)書きやすいところから書く**

**2)「33分33秒」で書く**

**3)校正は後でやる**

この3つで、ライティングスピードは確実にアップする。

## (10)動画にも有効な「ストーリーチャート」のつくり方

LP・セールスレターは「**戻らない**」**のが基本**だ。

上から読んでいって、一発で迷いなくわかるようにする。

戻らないと意味がわからないものはその時点で一発アウトだ。

そうならないよう、**構成の骨格をあらかじめ決めておく**必要がある。

そのときに重宝するのが、「**ストーリーチャート**」である。

ストーリーチャートは、**トピックスのエッセンスだけを抜き出し、チャートでつなげていく**もの。

文章だけの状態で見るより、ストーリーチャートを見たほうが要旨は圧倒的にわかりやすい。

ストーリーチャートは本来、LP・セールスレターを書く前につくるが、ここでは「ピアノコピー」(48ページ)をストーリーチャートに分解してみよう。この作業で、「ピアノコピー」がどんな論理展開になっているのかがわかる。

### ■「ピアノコピー」のストーリーチャート

1. 私がピアノの前に座るとみんなが笑いました
でも弾き始めると──！

2. ピアノを弾く前の主人公ジャックを、みんながバカにした様子

3. ジャックがピアノを弾き始めたときのみんなの反応（疑っている）

4. ジャック自身がピアノを弾くときに感じることを細かく描写

5. 弾き終わった後のみんなの祝福と驚きの様子

6. どうやってピアノを身につけたのか、その質問と答え（ここでU.S.音楽スクールの存在を明かす）

7. 先生なしでピアノをマスターする方法と練習法を解説

8. 申込から、やり始めるまでの手順を解説

9. ここで語り手が主人公ジャックから変わり、商品内容を説明

10. 無料冊子と無料デモレッスンの取り寄せを誘導

11. 費用は一切不要で購入義務なし

12. クーポンに署名し返送してください（CTA）

今回は12に分割してみたが、もっと細かくてもいい。

だが、これよりも大雑把だと、流れがわかりにくい。

ストーリーチャートは、コピーライターの舞台裏の作業で、誰かに見せるものではない。だから自分がわかるように書けばいい。

とはいえ、書き方にはコツがある。

**長い「文章」でつなぐのではなく、ポイントだけをコンパクトに書く**ことだ。

たとえば、上から２番目の「ピアノを弾く前の主人公ジャックを、みんながバカにした様子」を、「アーサーが『ロザリオ』を弾き終わった。室内には拍手が鳴り響いていた。云々」と文章で書いてしまうと、ほぼ全文を書いていることになる。

要するにこの部分では「何を言うか」がわかるよう、ポイントだけを書く。そのほうが、前後の流れがよくわかる。

これは、手書きでもいいし、付せんを貼って並べ替えてもいい。

次の事例は、私、衣田が使っている実際の例だ。

### ■衣田が使っている実例

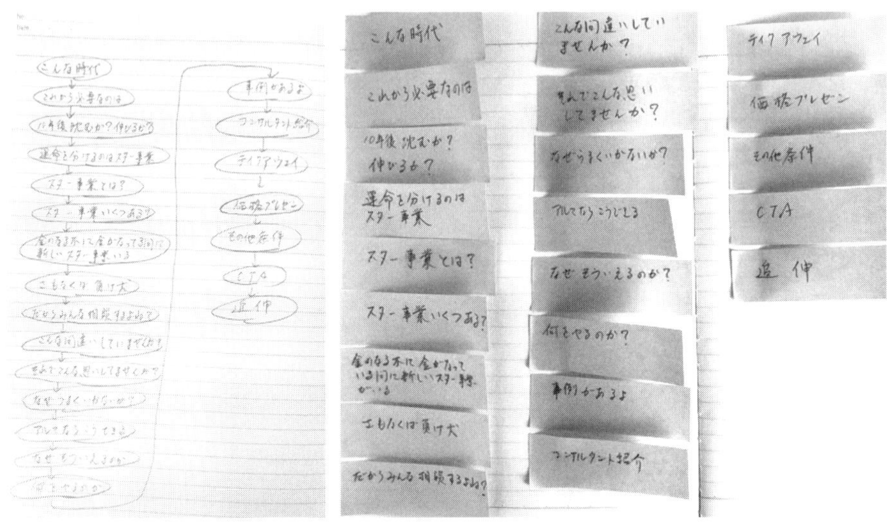

ストーリーチャートは「**どんな順番で言うか**」を**決める**ものなので、LP・セールスレターだけでなく、メールやブログ記事を書く際にも使える。

さらに、プレゼンの資料作成にも使える。

また、「どんな順番で言うか」＝「シナリオ」なので、動画撮影にも応用可能だ（ここでいう「動画」とは、セールス目的であって、娯楽や記録動画ではない）。

動画の場合でも、「**誰に**」「**何を**」「**どんな順番で言うか**」**というコピーライティングの原理原則**がそのままあてはまる（動画で使うコピーライティング技術は412ページで詳説）。

動画の場合は、LP・セールスレターのとき以上に、「戻らない＝戻れない」点はクローズアップされてくる。だから、よりストーリーチャートを事前につくり込む必要がある。

## 2. 納得感と説得力のある文章にする技術

### （11）親近感を高める方法……「正当化」と「共通の敵」

LP・セールスレターで、「親近感」はとても重要な要素だ。

顧客に親近感を持ってもらえれば、「これは自分に向けられたメッセージだ」と受け取ってもらえ、書き手vs読み手、売り手vs買い手という関係から「**仲間・友人**」**という関係性**を築けるようになる。

それが信頼感につながり、購入時の売り手に対する不信感を軽減できる。

LP・セールスレターの早い段階、つまりオープニングで親近感を持ってもらえれば最高だ。

ポイントは、**読み手が抱えている問題や状況がとても困難であることを、書き手が十分わかっていると伝える**ことだ。

具体的には、**8つのアプローチ**がある。

1)親しい友人にメールを出す気持ちで、顧客に文章を書く
2)読み手の、いままでの失敗を正当化する
3)読み手と共通の敵を想定する
4)自分の失敗や恥ずかしい秘密を打ち明ける
5)自分の家族や友人の噂話を共有する
6)絶体絶命の大危機から大成功する、一発逆転ストーリーを語る
7)専門家でないと知らない、専門用語を使う箇所がある
8)顧客の社会的地位と、同じ地位に並んでいる印象を与える

出所:『売れるコピーライティング単語帖』

それぞれコツを解説する。

1)はペルソナ設定(271ページ)で述べた、「**話すように書く**」

2)と3)は後述する

4)と6)は、「ピアノコピー」や「2人の若者」のようなストーリーで始める

5)はパーソナルな内容になりすぎないよう注意する

7)と8)は「顧客の頭の中にある言葉」(274ページ)を使う

上記で難しいのは、2)「**読み手の、いままでの失敗を正当化する**」と3)「**読み手と共通の敵を想定する**」だ。この2つを使うためには高度なライティング技術が必要だが、マスターしてうまく使うことで、非常に効果的に親近感を高めることができる。

「共通の敵」とは、**読み手と書き手以外の第三者を悪者=「敵」に仕立て、その敵を一緒に攻撃して一体感を出す手法**だ。

通常は「書き手 vs 読み手」という1対1の関係だが、

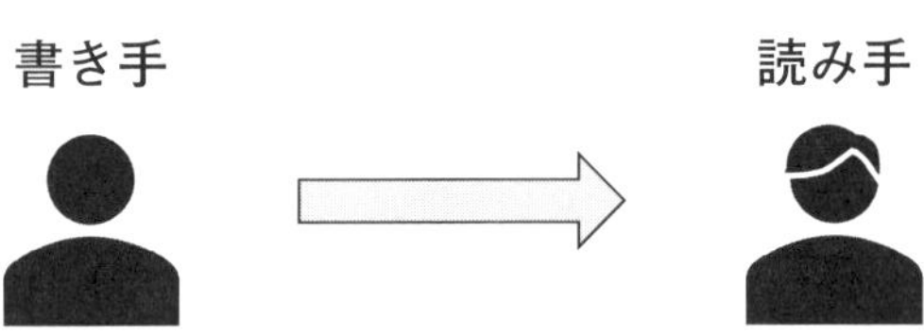

これを、「**(書き手＋読み手)** vs 第三者」という**2対1の構図**をつくり上げる。

すると、「**あなたと私**」あるいは「**私たち(We)**」vs「敵」という関係性ができ、親近感が生まれやすくなる。

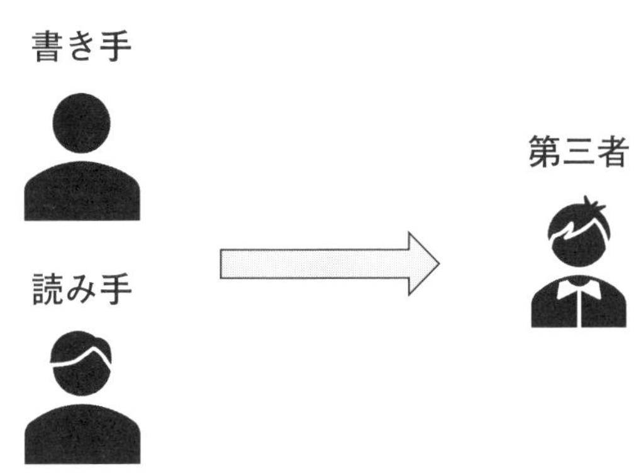


ここでの「**敵**」は**必ずしも人やモノである必要はない**。

特定の個人や会社、商品よりも、制度や仕組み、慣習などを「共通の敵」にしたほうが違和感や反感が少ない。

たとえば、大学入試や年金などの「制度」だ。

他にも、以前、東京都知事が環境問題からディーゼル車を敵に回し、その規制を訴えたことがあった。

「ディーゼル車は環境を破壊します！」

と表現せず、

**「ディーゼル車の毒煙から、子どもたちを守ろう！」**

とすることで、訴えている人と聞いている人がディーゼル車という「共通の敵」に立ち向かう構図ができるわけだ。

そして、「共通の敵」とセットにすると効果的なのが「**正当化**」だ。

これは、今まであなたがうまくいかなかったのは、**あなたが悪いわけではない。他に原因となる悪いものがあったからだ**と主張する方法だ。

ダイエットがうまくいかないのは、食事制限が足りないのではなく、代謝のせいかもしれません。

老後の生活に不安があるのは、あなたの資産運用に問題があるのではなく、今の年金制度自体に問題があるからなのです。

この後、年金制度の問題点を列挙していけば、読み手の怒りを表現できる。「悪いのはこいつだ！」と「共通の敵」が見えたところで、解決策を提示すれば、こちらの提案も受け入れてもらいやすくなる。

ただ、これはある種の劇薬なので、**「共通の敵」の設定を間違えると、反発を買い、不必要な敵を生み出す**ことになる。使用上の注意が必要だ。

## (12)「シズル感」を出す技術

「**シズル(sizzle)**」とは、ステーキを焼くときに出る"ジュージュー"という音だ。

そこから発展してコピーライティングの世界でも、**五感に訴える、その様子がありありとイメージできる表現**として使われるようになった。

「シズル感」を一躍有名にしたのは、エルマー・ホイラー(1903〜1968)だ。

ホイラーは、10万5000もの売り文句を分析、1900万人に実験した、20世紀半ばに活躍した営業講師・コンサルタントである。

「ホイラー5つの公式」をまとめた世界的名著『ステーキを売るなシズルを売れ！——ホイラーの公式』(駒井進訳、パンローリング。元々は『ホイラーの法則——ステーキを売るなシズルを売れ！』1993年、ビジネス社。原書は1937年)で初めて「シズル感」が注目されたが、ホイラーは「シズル感」をベネフィットの意味にもとらえている。

また、ケープルズは『ザ・コピーライティング』中で、**「暴走する機関車並みの力」を込めてコピーを書く、ジュージューと音を立てるほどの熱意を**

**持ってコピーを書く**という意味で「シズル」を使っている。

解釈はいろいろあるが、ここでは「**読み手がありありとその様子**をイメージできる**表現**」と定義する。

シズル感を表現する際に効果的なのは、**擬音語・擬態語**を使うことだ。

擬音語とは音を表した言葉、擬態語は状態を表した言葉という定義が一般的だが、音か状態かを精緻に見分けるのはあまり意味がない。ここでは、両方まとめてコピーライティングで使える表現を列挙する。

下の表のとおり、カタカナ、ひらがななど、表記方法によってもだいぶ印象が違う。表記を変えていろいろな角度で眺めてみよう。

**■シズル感満載の擬音語・擬態語**

| 使用例 | 表現 |
|---|---|
| 焼き物 | ジュージュー |
| 熱いもの | フーフー |
| 辛いもの | ヒーヒー |
| 雨 | ザーザー |
| 雪 | しんしん |
| しずく | ポタポタ(ポタリポタリ)、ポツポツ |
| 風 | ヒューヒュー、ビュービュー、ピューピュー |
| 雷 | ゴロゴロ |
| 粒 | プチプチ |
| 手触り | サラサラ(さらさら)、スベスベ |
| 見た目 | ツヤツヤ(艶々) |
| 頭痛 | ガンガン |
| 痛み | ズキズキ、ジンジン、チクチク、ヒリヒリ、キリキリ |
| 叩く | コンコン、カンカン、ドンドン、バンバン |
| 騒ぐ | ギャーギャー、ワーワー |
| 拍手 | パチパチ |
| 輝き | ピカピカ、ピッカピカ |
| おしゃべり | ペラペラ、ベラベラ |
| 飲む | ゴクゴク |
| 震える | ブルブル、プルプル |

| | |
|---|---|
| **歩く** | トコトコ(とことこ)、トボトボ(とぼとぼ) |
| **食感・触感** | フワフワ(ふわふわ)、トロトロ(とろとろ) |
| **食感** | モチモチ(もちもち)、もっちもち |
| | サクサク(さくさく)、サックサク |
| **出る・切る** | ザクザク |
| **落ちる** | ヒラヒラ(ひらひら)、ハラハラ(はらはら) |
| **元気** | ピンピン、ビンビン |

また、擬音語・擬態語を使わずに**比喩(たとえ)**でも、シズル感を演出できる。次の事例は、『伝説のコピーライティング実践バイブル』でも紹介されている「ジンジャーエール」を描写したものだ。

> その製造手法の伝承は、
> フランスのワインづくりの伝承に近いものがあります。
> つまり、父から子へと伝えられている製法や工程です。
> たった3人の男性だけが、このトリコになるおいしさ、
> 刺激、円熟の輝き、さわやかさの秘密を知っています。
> そののどごしに**山の空気のような刺激**を感じるはずです。

出所：『伝説のコピーライティング実践バイブル』

## (13)リズム感や勢いを出す「3つセット」の技術

読んでいてリズム感が出るのが、**3つ並べる表現**だ。

牛丼の「吉野家」の「**うまい、やすい、はやい**」が有名だが、この3つの順番は、時代背景とともに、吉野家が試行錯誤しながら変えてきた歴史がある。

ベネフィットを短い言葉で3つ並べると、リズム感と勢いが両方出せる。

「**薄い、軽い、小さい**」などもあるだろう。

3つ並べる際は、重要な順に並べるが、同時に「**音感**」に**も注意**する。

「薄い、軽い、小さい」の場合、

「軽い、薄い、小さい」

「小さい、軽い、薄い」

とするとリズム感がよくない。

いろいろ並べ替えてみて、リズム感の出る順番を考えよう。

この他にも、**単純に３つ並べる**だけでも、勢いがつく。

YES YES YES
マジ？ マジ？ マジ？
Big！ Big！ Big！

次のような「**否定の３セット**」もよく目にする表現だ。

〇〇なし、〇〇なし、〇〇なし

「**ヒトなし、モノなし、カネなし**」など。

さらに、「ホップ、ステップ、ジャンプ」など、**３つセットの言葉**を利用し、「ブレット形式＝箇条書き」にするのも有効だ（ブレットについては161ページで詳説）。

- ホップ　：理解する
- ステップ：練習する
- ジャンプ：実践する

３つセットとしては、他にも、「**松・竹・梅**」「**大・中・小**」「**上・中・下**」「**はじめ・なか・おわり**」「**守・破・離**」などがある。

また、次のような表現もある。

〇〇ではありません。
〇〇でもありません。
それは、〇〇です。

次が効果的な事例だ。

顧客を動機づける文章を書くために必要なのは
クリエイティブな才能ではありません。
詩的センスでもありません。

顧客を創造する文章には
原理原則があるので
それに従って書けばいいのです。

「○○ではなく、○○です」という表現よりも、3つセットにより勢いがついている。

## (14)「行動しないデメリット」を訴求する方法

ベネフィットが、「それを購入すると、どんないいことがあるのか」であるのに対し、「**行動しないデメリット**」=「**それを購入しないと、どんなマズいことがあるのか**」を訴求するのも非常に有効だ。

人は「新たなメリットを得る」より、「**現在あるデメリットを回避する**」ための行動のほうが取りやすい。

行動しないデメリットを訴求する典型は、**限定性**だ。

限定性があると、「今買わなきゃ損」と感情に訴えられる。

限定性以外にも、行動しないデメリットを強調することで、ベネフィット側だけではわからなかったアイデアが浮かんでくる。

浴室暖房機の例で見てみよう。

まずはベネフィット側から訴求すると、次のようになる。

A：このN社製の浴室暖房機は、短時間で寒いお風呂が暖まります。
だからお子様やご年配の方にとってもやさしい！

一方、**行動しないデメリット**を切り口にすると、次のようになる。

B：注意！ 60歳以上の方へ　冬場のお風呂は、危険です

Bはヒートショック（寒暖差が激しいと血圧が変動し、心臓や血管の疾患が起きる）の危険性を訴える切り口だ。

Aは「浴室暖房機を買うと、どんないいことがあるか」が切り口。

一方、Bは「浴室暖房機を買わないと、どんな悪いことがあるか」が切り口である。

Aが「**あったらいいな**」という位置づけに対して、Bは「**なければ困る**」という位置づけにできる。

ちなみに、**予防商品は売りにくい**。

「予防」だと、今すぐ行動しなくてもいいやと思われるからだ。

よって、予防的観点ではなく、**治療的観点＝今すでに問題が起こっている観点のコピー**にして行動を促す。

行動しないデメリットは、下記のように価格面にも使える。

**■行動しないデメリットを価格の部分で訴求した事例**

これらのスキルを独学で身につけようとすれば
毎日３時間以上勉強を続けて３年はかかるでしょう。
それが６週間で身につくこの講座の参加費用は

~~220,000円（税込）~~

このページから11月20日（金）までに
お申し込みの方は
特別価格

181,500円（税込）

出所：アルマ・クリエイション株式会社LP

これは、行動しないことで時間が**大幅**にかかる**デメリット(損害、痛み)**を強調し、今すぐの行動を喚起している。

## (15)「反論処理」の技術

「**反論処理**」とは、読み手がLP・セールスレターを読んでいて「そんなことはないだろう」と**反論が出るだろうなと予測される部分に、あえて反論を書いておき、**「そんな**心配は一切いりませんよ**」と、**その直後の部分で顧客の不安を打ち消す技術**だ。

我々の「10倍目標発見と実行プログラム」のLPを見てみよう。

流れがわかるようにヘッドライン部分から掲載する。

最後のほうに丸で囲った部分(320ページ)、「**10倍も成長したくないし、また目標は自分が一番わかっているから、わざわざ学ぶ必要はない**」が反論にあたる。

**その直後「実は…、」以降が反論処理**だ。

「**学ぶ必要がないと思うかもしれないが、そういう人ほど受けとる価値が大きい**」と反論処理をしている。

あえて反論を出して、その直後に処理するので「反論処理」というのだ。

## ■効果的な「反論処理」の事例

**チャンスが広がる、新しい時代**に
必要となるのは、

『令和の**非**常識』
**10倍目標**です

**目標設定と実行に関する**
**3つのよくある間違いとは?**

<間違い1>
10倍目標を達成するには
10倍頑張らないといけない

<間違い2>
常に前進し続けなければならない

<間違い3>
目標を達成すれば、問題は解決する

しかしこれらは、
**目標を達成できない**
**主要原因ではありません。**

**意外な調査結果!**
米国メンフィス大学研究者 Mike Peasley氏による調査

「達成に向かって、劇的に前進した活動は、
プレッシャーをかけないようにして
目標自体を諦めてしまいかねない
完璧主義をなくしたものだった。
(中略)
完璧を目指さないとき、
人々はより生産的になった。」

引用 "FINISH : GIVE YOURSELF THE GIFT OF DONE" BY JON ACUFF

**あなたの仕事は、どちらですか?**

決まり切ったルーチンワーク?

(次ページに続く)

それとも

もし、あなたの会社が創造的な仕事で
大きな価値を生み出したいなら…

**いままでの目標設定法は
忘れてください。**

創造的な時代で活躍するには
10%改善するよりも

**10倍を目指すほうが
もっと楽しくもっと簡単。**

そこで、

**創造的な仕事で、結果をあげるための**

**オンライン講座なので
あなたのペースで
新しい時代に飛躍するための
10倍目標を発見でき
達成に向けた「鍵となる行動」の
習慣化を目指します。**

「創造的な仕事が価値を生む時代には、
創造的な目標を設定する時間ほど
価値ある時間は、ない」

過去からの
延長線上にある目標で
あなたの会社は、

**新しい成長を生み出せますか？**
**YES？／NO？**

もし答えがNOなら…

新しい目標設定アプローチである
「10倍目標」が、あなたには必要です。

**「10倍目標」を体験する前は…**

「新時代の到来で、
可能性が広がっているのに…、
目標が小さすぎるので、動き出せない」

**「10倍目標」を体験すると…**

「一気に世界が広がり、会社のステージを
大きく引き上げられるぞ！」

「10倍目標発見と実行プログラム」で
これからの新しい時代で
ずっとずっと生涯、役に立ちつづける
知識と技術を速習してください。

**10倍目標**
**発見と実行プログラム**

創造的な仕事で、結果をあげる
月曜朝5分の、たったひとつの習慣
**10倍目標**
発見と実行プログラム

管理と努力で
目標を達成する講座ではありません

（次ページに続く）

（以下略）

出所：アルマ・クリエイション株式会社LP

反論処理のポイントは、**反論が出そうなポイントの直後に処理する**こと。

後でまとめて処理しようと思っても、一度、読み手に疑念が生じてしまうと、それまでの購買熱が一気にダウンするからだ。

少しでも疑念が生じると、その後にどんな魅力的な文章が並んでいても一切頭の中に入らず、途中離脱してしまう。

逆に、反論をすぐ処理することで、「ほう、この人はなかなかわかっているじゃないか！」と**信頼感**につなげることができる。

## （16）顧客の声の書き方

顧客の声を載せる場合は、可能な限り次の3つを入れる。

◎実名

◎写真

◎職業（会社名や肩書き）

具体的な事例は次のとおり。

**■効果的な「顧客の声」の事例**

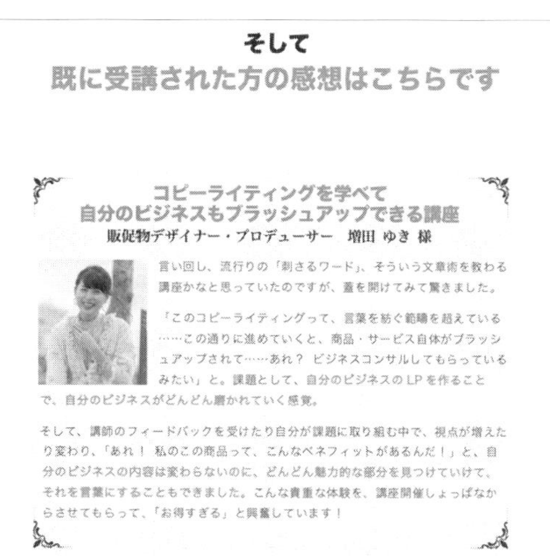


出所：アルマ・クリエイション株式会社LP

この他にも、年齢や居住地(都道府県＋市や区まで)もあればいいが、最低限前ページの３つは承諾を得るようにする。

目的はひとえに「**信憑性**」を出すためだ。

匿名・写真なしだと、事実かどうかわからない。

顧客心理としては、「この時代、実名や写真を出してまでコメントを寄せる人がいるなら信頼してもいいかも」となりやすい。

また、顧客に**ファンの存在**をしっかりアピールできる。

なかには、どうしても「仮名で」という場合もある。

その場合はやむをえないが、実名、写真、職業があったほうが、断然インパクトが強くなる。

ちなみに、「写真なし、仮名」の事例は下記だ。

「写真あり、実名」のときより圧倒的にインパクトが弱いのがわかるだろう。

**■「写真なし、仮名」はインパクトが弱い**

**感覚的なコピーから抜け出すきっかけになった！**

**経営者・マーケティングコンサルタント　山下 由紀（仮名） 様**

自分自身の事業だけでなく、クライアント様の広告コピーや商品キャッチフレーズに不安や悩みを感じていた折に、この講座に出会いました。

これまでは**コピーの善し悪しの判断が感覚的すぎて改善策も不明瞭でした**が、受講後はそんな問題がすべて解決しました。**チェックポイントが可視化できたことで、より効果的な広告戦略をたてられるようになりました。**

また動画で好きな時間に何回も**気になるポイントを聞き直しながら学べる**のが良かったです。対面セミナーでは、聞き直しはできないですものね。
本当にありがとうございました。

出所：アルマ・クリエイション株式会社LP

職業については、会社名だけ掲載するか、業種・肩書きも明記すべきか、迷うかもしれないが、これはTPOによって変わってくる。

次の３つをイメージするといい。

A：XXXX株式会社　常務取締役
B：飲食チェーン店経営者
C：XXXX株式会社（飲食チェーン）　常務取締役

会社の知名度が高かったり、ターゲット顧客に認知されていたりする場合はAにする。
ほとんど認知されていない場合は、BかCにする（Cはやや長くなるのがデメリット）。

顧客の声を載せる際に、もう一つポイントがある。
**顧客からもらった文章をそのまま載せるのではなく、こちらで編集して読みやすくする**ことだ。
顧客の大半は、文章を書くプロではなく、むしろ文章が苦手な人が多い。
だから、ポイントだけ載せ、とことん読みやすくする。
勝手に書き換えると「改ざん」になるので、趣旨を変えずにわかりやすくし、最後に「これでいいでしょうか」とコメントをくれた人に必ず確認を取る（確認を怠るとトラブルになるので要注意）。
コメントを確認する際、直接ヒアリングして、あなたが言ってほしいこと、強調してほしいことを聞き出し、それをこちらで文章にした後、本人に確認を取るのがベストだ。
顧客の声は多いほどいい。
だが、読み手は全部読んでくれない。
それならそうと腹をくくり、先ほどの事例のように、**コメントに見出しをつけ、文中の強調したい部分を着色したり、太字にしたりする。**
また、**手書きの「顧客の声」**は、信憑性の面で非常にいい。
こちらも、掲載する場合は見出しをつけておく。
次ページは、手書きの「顧客の声」をうまく使っている**整体院の事例**だ。

### ■手書きの「顧客の声」をうまく使った整体院の事例

体調不良で辛い毎日

症状：お腹の膨満感、胃痛、生理痛、排卵痛、足のむくみ

例）ひとりずつの施術で落ち着きます。　腰痛で階段がつかえなかったのに、すすっと上り下りできるようになりました。痛くなくて、施術してもらえるのが、何よりです。

元々、体のゆがみを感じ、どんどん排卵痛、生理痛もひどくなり、体の不調も続いて、しんどくない日の方が少ないぐらい、いつも辛かったのですが、こちらにお世話になってから、体調の良い日の方が多くなりました。

膨満感もいつもあり、足のむくみもひどかったのですが、今ではすっかりなくなりました。

元々、体のゆがみを感じ、どんどん排卵痛、生理痛もひどくなり、
体の不調も続いて、しんどくない日の方が少ないぐらい、
いつも辛かったのですが、こちらにお世話になってから
体調の良い日の方が多くなりました。
膨満感もいつもあり、足のむくみもひどかったのですが、
今ではすっかりなくなりました。

（枚方市 J.I）

※個人の感想であり、成果や成功を保証するものではありません。

出所：ひらかたレディース整体「宙（sora）」ウェブサイト

## （17）顧客の声がない場合はどうするか？

初めてビジネスを立ち上げるときや、新商品・サービスの販売開始時点で、顧客の声がないときにはどうしたらいいか？

これもよく質問を受ける。対応策は２つある。

1. **顧客の声は省略し、LP・セールスレターをリリースして、顧客の声が集まった時点で後から入れる**

2. 正式に売り出す前に、モニターなどで無料または割引価格で「**お試し**」してもらい、**顧客の声をもらう**

まず、**新規客がターゲットの場合は、顧客の声はほぼ必須**なので2.で**対応**するのが基本である。

もし、すでにビジネスが立ち上がっており、会社などに一定の知名度がある＝権威がある場合は、1.でも対応可能だ。

ビジネス自体も商品・サービス自体も初リリースの場合は、2.で行く。

これすらハードルが高い場合は、友人など身近な人に実際に商品・サービスを使ってもらい、その感想をLP・セールスレターにアップする。

もし、誰からも声がもらえないとしたら、その商品・サービスは誰からも応援されないということ。そのままでは相当苦労するので、とにもかくにも商品・サービスの品質アップを目指そう。

## (18) 読み手のイメージアップに効果的な「フューチャーペーシング」

LP・セールスレターのクロージングで有効なのが、「**フューチャーペーシング**」だ。

フューチャーペーシングとは、元々はNLP(神経言語プログラミング)で使われていた用語で、**未来をイメージさせる**というもの。

講演会やセミナーなどで、「**これから重要なポイントを3つ言います**」と言うと、途端にペンを走らせ、メモを取る人が増える。これもフューチャーペーシングの一種だ。

コツは「**3つの方法**」「**5つの秘訣**」など数字を使うこと。

「ポイントが3つある」とあらかじめわかれば、聞く(読む)体勢が自然とできる。

コピーライティングでフューチャーペーシングというと、**ビフォー・アフター**で読み手にイメージを持ってもらうのが一般的だ。

しかし、フューチャーペーシングを活用し、**これから起こることを予告すると、未来をあらかじめ体験できる**ことを知っておきたい。

具体的には、申込手順を先行きが見通せるようわかりやすく表現するのだ。

これが効果的なことは、行動経済学でも実証済だ。

次の事例はイェール大学での実験である。

（学生たちは）破傷風のリスクと大学の医療センターに予防接種を受けに行く大切さを訴える説得力のある啓蒙講演を聞いた。学生のほとんどはその講演に納得し、予防接種を受けに行くと語ったが、（中略）実際に予防接種を受けに行った学生は３％だけだった。

別の被験者グループも同じ講演を聞いたが、医療センターがある場所を丸く囲んだキャンパスの地図も渡された。次に自分の１週間のスケジュールを確認し、いつ予防接種を受けに行くか計画を立て、地図を見てどのルートで行くか決めるよう求められた。（中略）結果、学生の28％が首尾よく予防接種を受けることができた（『実践 行動経済学』）。

この実験と同じように、申込手順をあらかじめ「フューチャーペーシング」で予告することで、申込への行動がしやすくなる。

たとえば、「**次のボタンをクリックして、お名前とメールアドレスだけご入力いただければすぐにご利用いただけます**」と、今後の手順を具体的に書いておくのだ。

申込手順を「**Step**」で表示したり、「**あと３項目です**」など、全体の手続きの中で今どの位置にいるかを表示して見せるのも、「フューチャーペーシング」の一種だ。

次の事例は「**STEP**」で手順を効果的に表記している。

## ■「STEP」で手順を効果的に表記

出所：ENEOS株式会社ウェブサイト

次の事例は手順をフローチャートで示し、あとどのくらいか、わかるようになっている。

## ■手順をフローチャートで示した事例

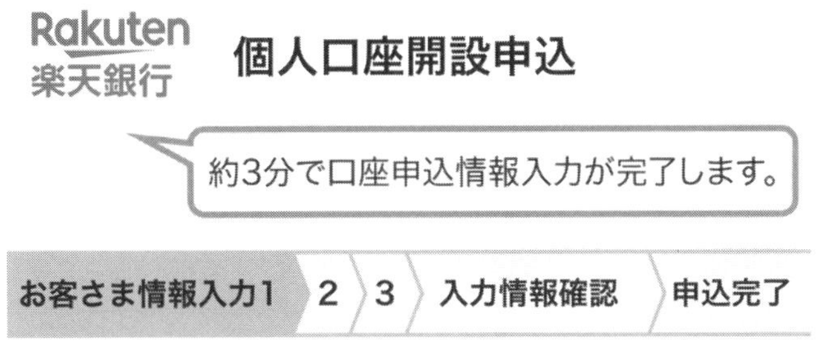


出所：楽天銀行株式会社ウェブサイト

このように、先が見通せることで、読み手は安心感が得られるのだ。

## （19）「価格が高い」と思われるのを防ぐ技術

顧客は、**購入しようとする商品・サービスの価値**が、**支払う金額**よりも**高いと感じたときに購買を決定**する。

モノを売る方法は２つある。

① **支払う金額を安くする＝割引をする**

② **商品・サービスの価値を高める**

①は簡単だが、当然、収益を圧迫する。よって②を取りたいが、価値には「**２種類**」ある。

**１．絶対的な価値**

**２．顧客が感じる価値（知覚価値）**

**絶対的な価値**とは、値札に書かれた価格で、売り手が決めた価値のこと。

１本3000円のネクタイなど個別商品の価格だ。

一方、**顧客が感じる価値（知覚価値）**とは、「これはお得だ」「これを買わなかったら損する」と顧客自身に生じる価値観のこと。買い手が感じる価値で、必ずしも商品の値札とは一致しない。

こう考えると、**顧客が感じる価値が、絶対的な価値を上回ったときに、購買が起こる**ことがわかる。

顧客が感じる価値を高められれば、原価は同じでも、高い価格に設定できる。問題は、「どうすれば、顧客が感じる価値を高められるか」だ。

ここでは２つ例を挙げよう。

あなたが海外旅行に行ったときに免税店に入ったとする。

すると、「ネクタイ３本買うと、もう１本無料」というキャンペーンがある。それは「25%OFF」と同じだが、「ネクタイ25%OFF」とは書かれていない。なぜだろう？

「１本無料」のほうが「25%OFF」よりレジに並ぶ率が高いからだ。

まったく同じ商品でも、「**1本無料**」としたほうが、顧客が感じる価値が高くなる。

また、テレビ通販を思い出してほしい。

典型的な売り込みパターンはこうだ。

A：「それでは、気になるお値段ですが……」
B：「今なら、この高級カメラが、なんと19,800円」
A：「安いですね。こんなに安くしていいんですか？」
B：「特別ご奉仕のお値段です。しかも、今なら、この望遠レンズとスタンドを無料でおつけいたします」

誰もが、「おまけをつけるなら、その分、安くしてくれればいいのに」と思うが、値段を安くした場合と、おまけ商品(特典)を無料でつけた場合で比較すると、おまけ商品(特典)をつけたほうが売上が高くなる。

この経験則は、昔から変わっていない。

つまり、**おまけ商品(特典)は、絶対的な価値以上に、顧客の感じる価値を高める効果があるのだ。**

顧客の感じる価値(知覚価値)を高める方法として、もう一つ別の手法がある。

それは、「**リンゴとミカン**」という技術だ。

端的にいうと、「**違うものと比べて割安感を出す**」技術だ。

あなたが何かのレッスンDVDを1万円で売るとする。

DVDというと、3000〜5000円程度の映画ソフトを連想するので、1万円だと直感的に高い印象がある。

しかし、これを、「**同内容の一日セミナーに参加すると3万円**」なのに「**DVDなら1万円**」とすると、ずいぶん割安な印象になる。

さらに、往復電車の時間と交通費も不要で、時間を拘束されることなく、好きな時間に見られるメリットを合わせてアピールすれば、ずいぶん印象が変わってくるだろう。

このように、違う価値と価格を比較することを「**リンゴとミカンを比べる**」と呼んでいる(『究極のセールスレター』)。

価格だけを単に「いくらです」と提示するより、その価格が読み手にとって**いかに得か**をアピールするほうがはるかに成約率は高くなる。

これは**読み手に頭を使わせない、疲れさせない観点**からも重要だ。

どのくらい得かがないと、その価格が適切かどうか、読み手が考えないといけない。それがはっきり書かれていれば、「なるほど。そうだよね」と納得してもらえる。

ここでも「Meメッセージ」にならないよう注意が必要だ。

どれだけ自腹を切って安くしているかをアピールしても意味はない。あくまで顧客にとってどのくらい得なのか？　をアピールするのだ。

## (20)「CTA」のベストな配置と書き方

コピーライティングの経験不足の人にありがちなミスに、行動を呼びかける**CTAが抜けている**ことがある。

「**お申込はこちら**(URLを入れてクリックで申込画面に遷移するようにする)」
「**0120-XXX-XXXまで、今すぐお電話を**」

などだ。

会社などある程度大きな組織のLPの場合は、CTA「ボタン」が抜けていても、デザイン段階や販売責任者が発見するので大事に至らないケースが多い。だが、個人事業主として自力でLPやセールスレターを書く場合は、要注意だ。

CTAが抜けているのは論外だが、ポイントは**遠慮せず、はっきり書くこと**。読み手に行動を起こしてもらいたい場合は、**どうしてほしいかをはっきり書こう**。これはLP・セールスレターに限らない。

説明会は13時からとなります。
お忙しいところ恐れ入りますが、みなさまのご理解、ご協力をお願いいたします。

このような文章はよく見かけるが、コピーライティングのCTAを取り入れると、次のような書き方に変わる。

説明会は13時からですが、冒頭部分でお伝えすべき重要な内容がありますので、12時55分までに会場にお入りいただけますようお願いいたします。

要するに「定刻どおり始めたいので、**定刻５分前までに**くる」ことをはっきり書くのだ。

この場合は「５分前」ではなく「**12時55分**」とはっきり書いている。

「５分前」だと、「開始が13時だから、その５分前だな」と読み手に一瞬考える余地を与えてしまう。だが、「12時55分」とはっきり書けば考えなくてすむ。

LP・セールスレターのCTAは、「購入してください」「申し込んでください」がほとんどだ。単に「お申込はこちら」という表現がオーソドックスだが、次のように「**１年間無料でお試し！**」と表示するのもいい。

### ■「1年間無料でお試し！」の事例

出所：弥生株式会社ウェブサイト

一方、CTAの文言はもっと凝ったものにもできる。

「ピアノコピー」のCTA（53ページ）もユニークだ。

フランク・クレーン博士が紹介文を書いた無料冊子『自宅で音楽のレッスンを』を送ってください。デモレッスンと詳しい案内書も送ってください。以下のコースについて知りたいです。

これは、内容のリマインドと期待感を高める効果、さらには**意思表示をあらかじめ書いておくことで、読み手を自然と導く狙い**がある。

ただ単に「お申込はこちら」と書くより、**ワクワク感**を印象づけられる。

これが100年近くも前のセールスレターで使われていた技術なのだから恐れ入る。

次の事例は、「ピアノコピー」同様、読み手が宣言する形だ。

### ■読み手自らが宣言する事例

お申し込みは、以下のボタンから
3分で完了します。
審査後、合否のご連絡を順次いたします。

手続き完了後に盛りだくさんの
入会キットをお届けいたします。

インパクトカンパニーへと
生まれ変わるために
実践会に申し込む

出所：アルマ・クリエイション株式会社LP

「インパクトカンパニーへと生まれ変わるために実践会に申し込む」と最後に**自ら宣言する形**にしている。

下記も同様に「おトクに購入する」と自ら宣言する形でのCTA事例だ。

送料無料　おトクに購入する
(ご注文までカンタン入力)

出所：アサヒグループ食品株式会社「アサヒカルピスウェルネスショップ」ウェブサイト

また、**CTAを表示する位置**には、「早めに出したほうが成約率は高い」「中間がいい」「最後に出すべき」など、いろいろな考えがある。

結論は、どこがベストとはいえない。ターゲットの関心の強さによって変わってくる。

CTAはプロポーズと同じなので、**タイミングが非常に重要**。

初対面で名刺を差し出した直後に「結婚してください」と言う人はいない。

一方、長期間つき合って、「もうそろそろかな」と思っているのに、なかなか言い出さないのもじれったい。

**顧客が「その気」になった段階でCTAを出すのが最も効果的**なのだ。

CTAボタンを表示する頻度も、あまりに多いと、うっとうしい。離脱リスクが高まるから注意しよう。

ここで新型iPhoneを売る場合を考えてみたい。

熱烈なアップルファンで、新型が出れば必ず買う人には、価格だけわかればすぐに申し込めるよう、早めにCTAボタンを持ってくる。

逆に、今、アンドロイドのスマホを使っている人がターゲットなら、アンドロイドと何が違い、長所はどこかを先に説明してから最後にCTAボタンを配置する。

また、スマホ自体を初めて購入する人には、スマホで何ができるかを説明してから、iPhoneが他の機種と比べてベストなことを説明する。

この場合、冒頭にCTAがあったり、途中で何回もCTAが出たりすると、うっとうしい。

このように、読み手との関係性(新規客か既存客か)や、読み手の関心の度合=どの程度買う気になっているかによって、適切なCTAの位置は変わってくる。

コピーライティングは流れが重要なので、**CTAの位置は、流れを阻害しないように、自然な流れの中でクリックできる位置に配置**するのがポイントだ。

# 3. 文章をエレガントに仕上げる技術

## (21) LP・セールスレターの最適な長さ

長いレターと短いレターではどちらが効果的か？

これは昔からよく議論されてきた。

セールスレターを初めて見た人の多くは、こんな長い文章、誰が読むのか？　もっと短くしたほうがいいだろうと思う。

しかし、この問題は、すでに結論が出ている。

「伝えたいことを十分にカバーできるだけの長さで、かつ、興味を失わせない程度の短さであるべき」

（『ザ・マーケティング【実践篇】』）

言い方を変えると、

「必要な情報を十分に伝えられる長さで、最も短いもの」

となる。

「何文字」という絶対量があるのではなく、LP・セールスレターに掲載された**商品・サービスによって、適切な長さは変わってくる**のだ。

非常にシンプルな機能の商品・サービスの場合、3000字程度ですべて伝えられるなら、無理して7000字にする必要はない。

一方、どうしても１万字必要なときは、7000字に減らしてはならない。

当然、誰が見ても「冗長」なのはNG。必要最小限に削ぎ落とした結果、１万字なら、それでいい。

字数に加え、現在はスマホを前提にするので、読み手がどれだけスクロールするかも重要だ。画像が多いなど、延々と下にスクロールが続くのは考えもの。本当に必要な部分だけを残し、極力削ぎ落とすことが大切だ。

## (22)集中力「8秒」時代のスマホユーザーに刺さる編集技術

書き手は精魂込めて、一字でも少なく、無駄なく書く。

しかし、それだけ一所懸命書いても、**読み手は同じ熱意で読んでくれない**ことを、重々認識しておかなければならない。

スマホ登場前の時代は、紙のセールスレターにびっしり情報が詰め込まれていても、興味さえあれば、ある程度は読んでもらえた。

しかし、現代では、**人間の集中力は著しく低下**している。

これはデータでも実証されている。

2015年5月、マイクロソフトのカナダの研究チームが、約2000人の脳波などを測定した結果、**現代人の集中力は8秒になっていて、これは金魚以下**という衝撃の報告をリリースした(「ダイヤモンド・オンライン」2017年1月10日)。

この記事によると、2000年は「12秒」だったが、2013年に「8秒」になった。となれば、今を生きる現代人の集中力はさらに低下しているだろう。

たとえば、「フリーランスのための税金還付申告の仕方」という書類であれば、税金が戻ってくる大きなベネフィットに突き動かされ、読みにくくてもなんとか読んでもらえるが、「広告」を一所懸命に読む人は極めて少ない。

仮にヘッドラインに興味があって読み始めても、昔のセールスレターのように文字だけが延々と続くLPは、スマホ時代には読まれない前提に立つ必要がある。

ただし、これは「長いコピーがいいか？　短いコピーがいいか？」という議論ではない。

先ほど述べたように、コピーの最適な長さは、「**必要な情報を十分に伝えられる長さで、最も短いもの**」だ。だから、スマホ時代には必要な情報を削って短くすべきだということではない。**必要な情報を「読みやすく」編集する技術**が必要になっているのだ。

「見やすさ」と「理解度」の関係は、行動経済学の「**認知容易性**」で説明される。

認知容易性とは、『ファスト＆スロー(上・下)——あなたの意思はどのように決まるか？』(ダニエル・カーネマン著、村井章子訳、友野典男解説、早川書房)で紹介されている。

認知容易性とは、**「見やすい表示」は認知を容易にし、親しみを感じたり、信頼できると感じたり、ラクだと感じたりすることにつながる**ということだ。

LP・セールスレターで**認知容易性を高める**には、次の方法がある。

1)**改行位置**に配慮する
2)文章を**短く**する
3)フォントを使い分け、**メリハリ**をつける
4)画像を**効果的に**使う
5)適度な**行間**を取る

では、一つずつ見ていこう。

## (23)改行位置に配慮する

認知容易性を高める一つ目の方法は、**改行位置に配慮する**ことだ。

LP・セールスレターに限らず、メール、SNSなどの文章で、どこで改行するかはとても重要だ。

**改行の仕方次第で読まれる確率が変わってくる。**

次ページの事例は、ともにフェイスブック広告で、Aが改行あり、Bが改行なし。それ以外は文章も画像もまったく同じだ(フェイスブック広告については377ページ)。

## ■A：改行あり

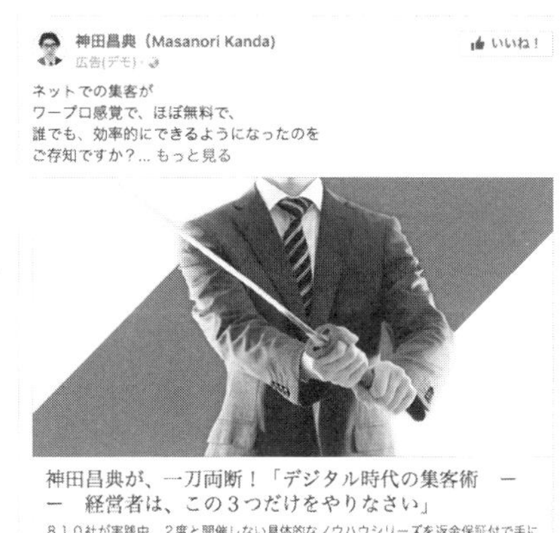


## ■B：改行なし

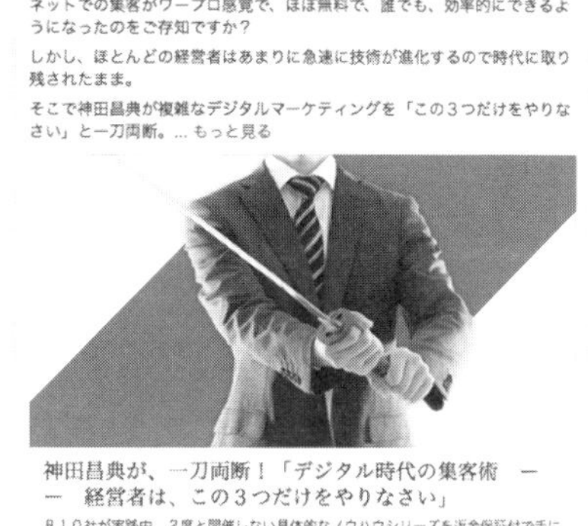


このAとBの両方をテストすると、どんな違いが出たか。

改行ありのAが、改行なしのBよりも**54%も多くクリック**された＝もっと読んでみようと思われたのだ。

| 広告 | クリック数 |
|---|---|
| A：改行あり | 921 |
| B：改行なし | 598 |
| 計 | 1,519 |

このように、適度な改行は見た目が「読みやすそう」だと感じられ、読まれる確率が上がる。だから１行が長くなったからといって、テキトーに改行してはいけない。

まず避けたいのは、意味の切れ目ではないところで無理矢理改行してしまう次のケースだ。

**■NG事例**

25年前のあるうららかな晩春の昼下がり、２
人の若者が同じ大学を卒業しました。
彼らはとてもよく似ていました。
２人とも平均的な学生より成績がよく、人柄も
よく、そして大学を卒業した大半の若者が
そうであるように、彼らは将来に向け大きな夢
に満ちていました。

**■OK事例**

25年前のあるうららかな晩春の昼下がり、
２人の若者が同じ大学を卒業しました。
彼らはとてもよく似ていました。
２人とも平均的な学生より
成績がよく、人柄もよく、
そして大学を卒業した大半の若者が
そうであるように、
彼らは将来に向け
大きな夢に満ちていました。

NG事例では、１行目「２」と「人の若者が」の間で改行され、「２人の若者が」が分断されてしまった。他にも「人柄も」で改行され、読みにくい。

通常は避けるべき例だが、「**レスポンシブデザイン**」の場合は、改行位置がコントロールできないので悩ましい。

レスポンシブデザインとは、ウェブで、読み手側のデバイス(機器)に表示される画面のサイズによって表示を最適に自動調整してくれる機能のこと。

レスポンシブデザインの場合、パソコンとタブレット、スマホでの見え方の違いは次のようになる。

見出しの部分や本文の改行位置が、自動的に変わっているのがわかるだろう。

## ■レスポンシブデザインのパソコンでの表示例

出所：長野県・峰の原高原「ぷれじーる」(ペンション)ウェブサイト(以下同)

## ■同じ部分のタブレットとスマホの表示例

**【タブレット】**　　**【スマホ】**

**レスポンシブデザインの場合は、改行を入れると、かえって読みにくくなる場合がある。**

1行の字数がレスポンシブデザインの改行位置と違うと、次のように表示されてしまう。

**■失敗例**

25年前のあるうららかな晩春の昼下<br>がり、<br>2人の若者が同じ大学を卒業しました<br>た。

メールでは、これを避けるため、**1行20字以下**で頻繁に改行を入れる。

これは、いわゆる「ガラケー」=スマホ登場以前の携帯電話の画面が小さかったときの名残だが、頻繁に改行することで、「**じっくり読む**」より「**見る**」**感覚で読める**メリットがある。

LPの場合、使用するフォントサイズと文字間隔の設定にもよるが、1行の字数があまりにも少なく、改行ばかりだと逆に読みにくい。

このあたりは、実際にいくつかのデバイス(機器)で確認し、最適字数を自ら見つけ出すしかない。

## (24)スマホ時代の文章を短くする技術

認知容易性を高める2つ目の方法は、**文章を短くする**ことだ。

スマホが情報入手ツールの主流を占めるようになり、以前とはまったく異なる編集技術が必要になってきた。

ウェブ以前は、情報入手は、もっぱらテレビ、ラジオ、新聞、雑誌、書籍などだった。しかし今は情報の更新頻度がすさまじい。

昔のセールスレターからアイデアを借りてLPに反映するのは大いに結構だが、文章をそのままマネするより、**少しでも文章を減らし、短く表現する**

ことが**必要**だ。実際に例を見てみよう。

57ページで紹介した伝説のセールスレター「２人の若者」の事例で見てみよう。

### ■セールスレターとしての書き方（下記は1行文字数が35字の例）

25年前のあるうららかな晩春の昼下がり、２人の若者が同じ大学を卒業しました。彼らはとてもよく似ていました。２人とも平均的な学生より成績がよく、人柄もよく、そして大学を卒業した大半の若者がそうであるように、彼らは将来に向け大きな夢に満ちていました。

最近、この２人は卒業 25 周年の同窓会で大学にやってきました。

彼らは今でもとてもよく似ていました。２人とも幸せな結婚をしていました。２人とも子どもが３人いました。さらにわかったことですが、２人とも卒業後は同じ中西部のメーカーに勤め、今でもそこで働いていたのです。

しかし違いが一つありました。

一人はその会社の小さな部署の管理職でした。

もう一人はその会社の社長でした。

これをスマホ表示にすると、次ページのようになる。

もちろん、スマホでは読み手のデバイス画面の大きさやフォントのデフォルト設定で、文字を大きめにしているか、小さめにしているかで、表示される１行の字数は変わってくる。

ここでは１行の字数を20として、同じ部分を表示してみた。

当然、１行の字数が減っている分だけ、縦に長くなる。

従来のセールスレターと同じ文章量なら、スクロール回数が相当増える。

その分、流し読みどころか、肝心なところを読み飛ばされるケースが圧倒的に増える。

また、「一覧性」でもＡ４用紙とスマホ画面ではまったく違う。

一度に目に入る情報量でもスマホは圧倒的に不利だ。

改行を入れることで読みやすさは改善されるが、文章量自体が減るわけではない。また、改行を入れれば、その分だけ下へのスクロール回数は増える。

■スマホで表示した事例

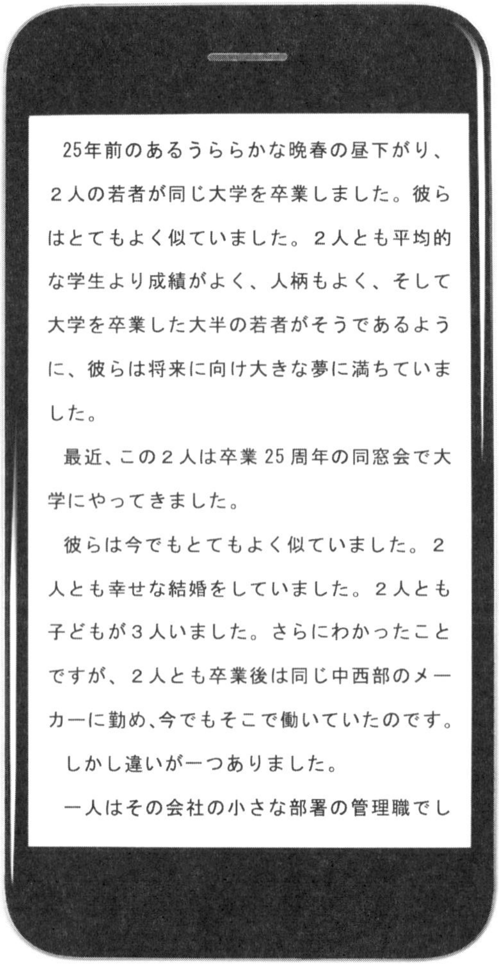

LPをスマホベースにするには、レイアウトだけでなく、**根本的に文章量を減らす必要**がある。その一つが、次ページBのように、極力短い文章で表現することだ。

Aはセールスレターの書き方、Bは「**読むより見る**」**感覚で表記**を**変え**たものである。

■「読むより見る」感覚で表記を変えた事例

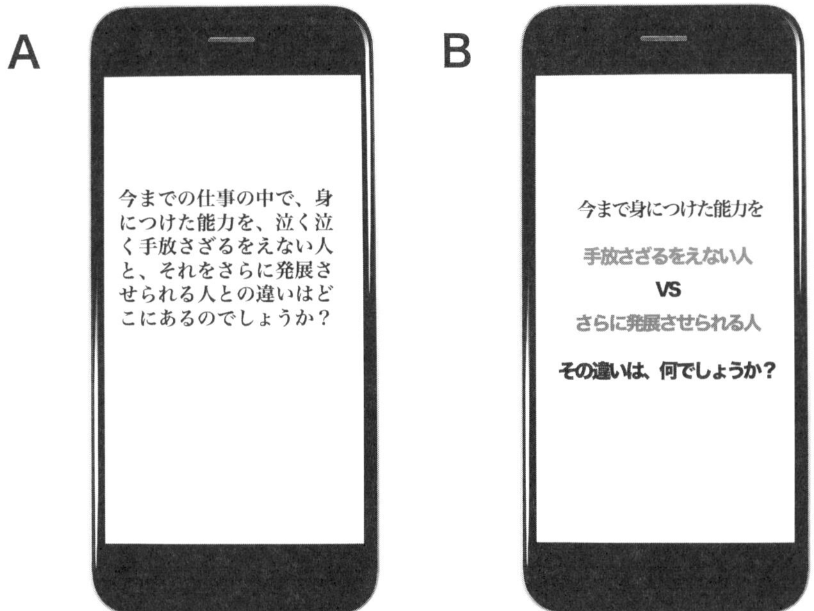


このように、文章自体をスマホベースにすることで、見やすく改善され、これをパソコンで見たときも、スッキリした構成になる。

## (25) フォントを使い分け、メリハリをつける

認知容易性を高める3つ目の方法は、**フォントを使い分け、メリハリをつけること**だ。

よく「LP・セールスレターで、どんなフォントを選ぶべきなのか」と質問を受ける。

答えは、「**視認性の高いフォント**」。つまり、見やすい、読みやすいフォントだ。これは掲載場所、メディアによって違ってくる。

以前は、紙の印刷物には明朝体、ウェブではゴシック体がよいとされてきたが、今は必ずしもそうではない。ウェブで明朝、印刷物でゴシックを使う

こともある。
「ヒラギノ」はゴシック、明朝ともに、メディアを問わず比較的見やすいが、標準フォントになっていないことがあり、対応していないパソコンで見ると、フォントが変わってしまうことがあるので要注意だ。

総じていえるのは、**「細め」のフォントは見にくいこと**。
「ヒラギノ」含め、下記にいくつかの例を挙げたが、「MS系フォント」は、他のものに比べて細いため、「色が薄い」印象で力強さに欠ける。

ただ、太字フォントは、読み手に「暑苦しい」印象を与える場合もある。
「ヒラギノ」が使えないときには、**「游」「HGP」「メイリオ」**などを使おう（下記参照）。

### ■おもなフォント一覧

**＜明朝体例＞**

コピーライティング　（MS 明朝）
**コピーライティング　（MS 明朝太字）**
コピーライティング　（ヒラギノ明朝 ProW3）
**コピーライティング　（ヒラギノ明朝 ProW6）**
コピーライティング（游明朝 Regular）
**コピーライティング（游明朝 Regular 太字）**
**コピーライティング（HGP 明朝 E）**
**コピーライティング（HGP 明朝 E 太字）**

**＜ゴシック体例＞**

コピーライティング　（MS ゴシック）
**コピーライティング　（MS ゴシック太字）**
コピーライティング　（ヒラギノ角ゴ ProW3）
**コピーライティング　（ヒラギノ角ゴ ProW6）**
**コピーライティング　（ヒラギノ角ゴ StndN）**
**コピーライティング　（メイリオ）**
**コピーライティング（游ゴシック Bold）**
**コピーライティング（HGP 創英角ゴシック UB）**
**コピーライティング（HGP 創英角ゴシック UB 太字）**

フォントは時代とともに変わっていくので、選ぶ際は、まず圧倒的に「読みやすいかどうか」を基準にしよう。

また、一つのLP・セールスレターで、**フォントの種類はいくつまで**がいいのだろうか？

ベストは２種、多くても３種だ。

実際には同じフォントの「標準」と「太字」を使うので、それも合わせると**４〜６種類くらいが一つの基準**となる。

我々は、ヘッドラインやサブヘッドなど、強調部分は**ゴシック**、文章で読み込む部分は**明朝**にする。

ただ、100％そうではない。あくまでもベースをここに置くだけだ。

逆に、１種類のフォントしか使わないケースはまずない。これだと、強調部分がアピールしにくいのと、全体が単調な印象になってしまうからだ。

デザイナーに全体デザインを依頼するときでも、コピーライターが強調したい部分のメリハリは必ず伝える必要がある。

太字を入れて最低３種類くらいは使い分け、コピーライターの意図がデザイナーに伝わるようにすべきだ。

また、私、神田がよく使う**強調技術**としては、次のように**助詞のフォント**を**小さくする**方法がある。

**■「助詞」を小さくする技術**

**デジタルでもない。アナログでもない。**

**全く新しい発想で**

**やり抜く力を習慣化**

上記のように「で」と「を」を小さくし、それ以外を大きめにすると、メリハリが出てインパクトが強くなる。

## (26)効果的な画像とキャプションの使い方

認知容易性を高める4つ目の方法は、**画像を効果的に使う**ことだ。

郵送のセールスレターからウェブのLPに変わったことで最も変わったのは画像の使い方だ。

商品自体の画像を載せるのはセールスレター時代からあったが、LPは画像を多用し、全体のデザイン性が高い。

32ページでレスポンス広告とイメージ広告の違いに触れたが、レスポンス広告の目的は直接レスポンス(反応)なので、デザインに凝ったイメージ広告になってしまうと本末転倒。あくまでも画像は1パーツとして、**文章の代わりに画像を使う感覚**だ。

特にスマホで見る場合、文章より画像のほうが効果的なケースが多いが、画像を使う場合は、**内容がパッと見てわかるもの=言葉だけで説明するよりよくわかる画像**を選ぶ。

典型的なのは、サイズを表す場合。次の例で見てみよう。

まず、文章で表現すると、こうなる。

この手帳のサイズは、縦14.2cm×横7.1cm×厚さ1.2cmでとても扱いやすい大きさです。

サイズが明記されているので具体的なように見えるが、なぜこれが扱いやすい大きさなのかはわからない。

では、画像で表すとどうだろう。

サイズ自体は明確だが、扱いやすいかどうかイメージは湧かない。

では、イメージ重視で、次ページ上のような画像を使うとどうだろう。

これだけだと、何を言おうとしているのかわからない。

しかも、手に持っているのは、この商品の手帳ではなく「ノート」に見える。

実は、このようなイメージだけで何を言っているのかわからない画像をよく見かける。

次にiPhoneと並べた画像で、「iPhoneとほぼ同じ」という文言を入れ、実際のサイズは下に小さく書いておくのはどうだろう。

これなら、視覚的にすぐわかる。

この画像を説明する文章を「**キャプション**」という。

右がキャプションをつけた事例だ。

**この手帳のサイズは**
**iPhoneとほぼ同じ**
**縦14.2cmx横7.1cmx厚1.2cm**

出所：アルマ・クリエイション株式会社講座

画像を効果的に見せるために、うまく**キャプション**をつけてみよう。

特にイメージ画像の場合、「**画像＋キャプション**」で**よりイメージが膨らむ**。下の事例もキャプションを効果的に使っている。

「ゴマ油は、食用油の中でも非常に酸化しにくい」という事実に着目。

出所：サントリーウエルネス株式会社ウェブサイト

## (27) 適度な行間を取る

認知容易性を高める最後(5つ目)の方法は、**適度な行間を取る**ことだ。

**行間が狭いと見にくいのはすぐにわかるが、広すぎても間延びして見づらくなる。**行間はフォントサイズによっても印象が違う。

「ピアノコピー」(49ページ)を事例に見てみよう。

まず、下記のように大きなフォントの場合だ。

〈適度な行間〉

**私がピアノの前に座るとみんなが笑いました**
**でも弾き始めると――!**

〈狭い行間〉

**私がピアノの前に座るとみんなが笑いました**
**でも弾き始めると――!**

〈広い行間〉

**私がピアノの前に座るとみんなが笑いました**

**でも弾き始めると――!**

次に本文の場合だ。

〈適度な行間〉

アーサーが『ロザリオ』を弾き終わった。
室内には拍手が鳴り響いていた。
私はこの場を、自分のデビューを飾る
ドラマチックな瞬間にしようと決心した。

〈狭い行間〉

アーサーが『ロザリオ』を弾き終わった。
室内には拍手が鳴り響いていた。
私はこの場を、自分のデビューを飾る
ドラマチックな瞬間にしようと決心した。

〈広い行間〉

アーサーが『ロザリオ』を弾き終わった。

室内には拍手が鳴り響いていた。

私はこの場を、自分のデビューを飾る

ドラマチックな瞬間にしようと決心した。

このように、ヘッドラインでも本文でもフォントサイズにかかわらず、行間は狭すぎても広すぎても見づらい。

認知容易性を高める次の5つの方法を踏まえ、見やすい表示にしよう。

1）改行位置に配慮する
2）文章を短くする
3）フォントを使い分け、メリハリをつける
4）画像を効果的に使う
5）適度な行間を取る

## （28）文章は寝かせて磨く

書いた文章を練り上げ、校正し、仕上げるのに効率的な方法は、**文章を「寝かせる」**ことだ。

LP・セールスレターを書いたら、最低でも「**一晩寝かせる**」。一晩寝て、朝起きて見直すと、あれほどすばらしいと思ったものが、なんともしょぼく感じたり、違和感が出たりするケースが多い。

特に、夜中に書いたものを朝見直すと、ひどいケースが多々ある。

校正段階でも、一晩寝かせて見直すと、論理展開の不自然さに気づく。

自分が書いた文章だとわからないのに、人が書いた文章だと変な箇所が一発でわかる。「文章を寝かせる」ことで、自分が書いた文章を、ある種他人の目で見られるのだ。

基本的な誤字・脱字はワードなどの文章作成ソフトでチェックできるが、文法的に間違っていない箇所は発見できないので、最後は自分やまわりのスタッフで丁寧に確認するしかない。

さらに効果があるのは、翌日より、**翌々日**に見直すこと。

時間が空けばそれだけ客観的になれる。

一方、締切があるので、この間隔は長くは取りにくいが、絶対にやめるべきなのは、徹夜してギリギリまで書き、そのまま完成品とすること。

最低３日、できれば５日くらいのブラッシュアップ期間を取っておこう。

「そんなに時間をかけるものなの？」と思うかもしれないが、「５日かける＝丸５日作業する」という意味ではない。文章を寝かせるのは、概ね完成段階でのこと。最初から最後まで通しで読んでいき、違和感のあるところをその都度修正する。１回60分程度。それを３～５日くらい読み手目線で見直す。

これを繰り返すことで、読み手のストレスに配慮した細部まで磨き上げられた文章に仕上がっていく。彫刻品をサンドペーパーで、粗い目から細かい目に変えながら丹念に磨くと、ピカピカ、スベスベに変わる。あのような感じだ。

どうしても一晩寝かせられない場合は、数時間だけでも寝かせよう。

その場合、頭を切り替えるために、極力違うことをするのが望ましい。

昔からシャワーを浴びているときやお風呂に浸かっているときに面白いアイデアが浮かびやすいといわれるが、体を動かす、違う仕事をする、遊ぶなど、いったん脳をリセットして文章を見直すと、思いがけない発見があるものだ。

## (29)他人に意見を求めるときに注意すべきこと

コピーライティングの上達に最も効果的なのが、**他人からのフィードバック**だ。

特に経験が浅いときには、自分だけでは、どこがよくてどこがダメか、わからないものだ。

ベストは、ベテランコピーライターに見てもらうことだが、そんな幸運な人は極めて少ない。

だから、一般人から意見をもらうことになるが、注意すべきことがある。「**誰に頼むか？**」だ。人選がカギになる。

**ターゲットやペルソナとまったく違う人に意見を求めても、まったく参考にはならない**。というより、ターゲットとは違う人の意見を参考にしてレターを修正すると、**逆効果**になる。

388ページで詳説するが、メールの平均開封率(メールの件名に興味を持ち、開封する人の比率)は20～30%程度だ。

開封率が20～30%ということは、残りの70～80%の人は、興味すら感じないのだ。だから、意見を訊くなら、興味を持ちそうな＝ターゲットに近い**10人中2～3人のごく一部の人**でないと、参考にならない。

もちろん、それを承知で第三者の意見を冷静に聞き、自分なりに文章を修正したりしなかったりするのは問題ない。

一方、自分が書いた文章を人に見せるのは、心理的ハードルが高いもの。

コピーライティングで生計を立てるプロを目指すような人でさえ、フィードバックを受ける人は意外と少ない。

だから、フィードバックを受けること自体、心理的ハードルがすごく高いのだ。あなただけではない。多くの人がそうなのだ。

だからこそ、**勇気を振り絞ってチャレンジすると大きな差**がつく。

**一度チャレンジして目からウロコの気づきがあると、一気に上達**する。

仮にこっぴどく批評されても、コピーが否定されただけで、人格まで否定されたわけではない。そう割り切ろう。ここが大事だ。

チャレンジする気構えさえあれば、あなたは必ず上達する。

ただ、「PMMサーチシート」で顧客情報を調べ、「Youメッセージ」を駆使して慎重に言葉を選びながら書いたとしても、それがどんな反応になるかは実際にリリースしてみないとわからない。

時間をかけ、「これはいける」と自信があった文章ほど反応がなかったり、逆に、ほぼ時間がない中でギリギリ期限に間に合わせたものが反応がよかったりする。つくづくやってみないとわからないものだ。

「Youメッセージ＝顧客目線」を意識しながらコピーを書いても、自分の思考の枠からはなかなか出られないもの。だからこそ、ベテランコピーライターだけでなく、**ターゲットに近い一般の人からフィードバック**をもらうことが重要なのだ。

## (30) 一人でできる効率的な校正技術

ターゲットに近い人が身近にいて、すぐに読んでもらえればいいが、そうでない場合はどうしたらいいか？

**一人でできる効果的な方法**がある。

書いたレターを、**自分で声に出して読んでみる**、つまり**音読**だ。

音読は目で文字を追うだけの黙読より読むスピードは落ちるが、丁寧に読め、次の**3つの効果**がある。

① **発音しにくい部分を発見しやすい**
② **一文が長い部分を発見しやすい**
③ **言葉遣いの違和感を発見しやすい**

①「発音しにくい部分」は、「平易な言葉で書く」「口語で書く」(271ページ)原則から外れていることがわかる。

②「一文が長い」と一気に読みきれない。息継ぎしたら一文が長い証拠。この場合、**文の冒頭と最後がミスマッチになっている**可能性が高い。論理的

に正しくても、主語と述語がかけ離れていると、何を言いたいかわからない。まずは、文章を短くすることを考えよう。

それでも一定の長さになる場合は、自分が音読するときに「息継ぎ」できるところに、改行や読点を入れるといい。

次の文章は①と②が同時に起こっている。

「彼らには非常に酷似していると思われるような共通点が数多く存在することが見受けられる傾向がありました」

これを声に出して読んでみると、特に「非常に酷似していると思われるような」「存在することが見受けられる」が発音しづらい。なによりこの文章は冗長で回りくどい。

この文章は次の表現で十分だ。

彼らはとてもよく似ていました。

簡単なことを難しく表現しがちな人は要注意。

コピーライティングで売れたいなら、今すぐやめよう。百害あって一利なしだ。売れるメッセージは、**平易で読みやすいことがなにより重要**だ。

また、③**「言葉遣いの違和感」を払拭するにも音読が有効**だ。

ワードなどの文章作成ソフトのスペルチェックと校正機能を使っても、言葉遣いの違和感は払拭しきれないときが多い。

上の例で「非常に酷似」は日本語としておかしいが、文章作成ソフトのチェック機能でエラーにならないことがある。

## (31)LP・セールスレターを自分でチェックできる「PMMセルフチェックシート」

書き上げたLP・セールスレターをリリースする前に、もう一度、全体像を確認しておこう。

特にLP・セールスレターを書き始めの頃は、書くこと自体に必死で、全体像が見えなくなる。結果として多くの抜け漏れが発生する。

一方、ベテランも油断してはいけない。慣れが落とし穴となる。

感覚的によし悪しを判断するようになったら危険信号だ。

納得のいくヘッドラインが書けると、それだけでよいLP・セールスレターが書けたような気になる。

しかし、ベネフィットは明確に書けているか？　などチェックすべき箇所がある。

「なんとなくいい感じ」という抽象的な感覚に頼ってしまうと、全体として訴求力の弱い＝購買につながらないものになってしまう。

特に既存客向けレターが中心になってくると、いざ新規客向けレターを書こうと思ってもなかなかうまく書けない。

新規客に必要な「これはすごい」と思える**証拠や数値**が欠落していたりする。これでは新規客には見向きもされない。

また、LP・セールスレターを書き始めた頃に多いミスが、**価格とCTAが抜けている**こと。

そんなこと、あるはずないと思うかもしれないが、我々の講座で数多くの添削をやっていると、受講生から提出されたLPには、肝心要の価格やCTAがないケースが驚くほど多い。

実は、右にある「**PMMセルフチェックシート**」は、我々のコピーライティング講座で提出されるLPを評価するために開発したものだ。

我々の講座では、提出されたLPを２、３日で評価し、フィードバックしなければならない。

その数は、一度に50人以上になることもある。

数が多いと、一定の評価軸が必要になる。感覚だけに頼っていると、最初と最後で判断基準が変わったり、判定者によって評価が変わったりする。

また、同じ人でも日によって見方が変わったりする。

数々の試行錯誤から、「**インパクトのあるLPとはどんな要素を備えているべきか？**」**を我々が現場でつくり上げたもの**が「**PMMセルフチェックシート**」なのだ。これは、我々がどんな**点を重視して、LPを見ているか**をまと

## ■「PMMセルフチェックシート」のチェック項目

| | チェック項目 | チェック |
|---|---|---|
| ターゲット | 新規客向け or 既存客向け | □ |
| | 現状維持バイアスは強め or 弱め | □ |
| ヘッドライン | B 読み手にとって有益か？ | □ |
| | T 信頼性はあるか？ | □ |
| | R 緊急性はあるか？ | □ |
| | N 数字はあるか？ | □ |
| | U 独自性や優位性が表現されているか？ | □ |
| | T 話題性はあるか？ | □ |
| | S 意外性はあるか？ | □ |
| | S 物語性はあるか？ | □ |
| オープニングに違和感はないか？ | | □ |
| 誰に向けたメッセージか明確か？ | | □ |
| 顧客の痛みをとらえているか？ | | □ |
| 商品・サービスがどんなものか明確にわかるか？ | | □ |
| ベネフィットは明確か？ | | □ |
| オファーは魅力的か？ | | □ |
| 商品・サービスが機能する証拠・根拠はあるか？ | | □ |
| 希少性 or 限定性はあるか？ | | □ |
| リスクリバーサル(返金保証など)はあるか？ | | □ |
| 締切はあるか？ | | □ |
| 価格など販売条件はすべてカバーしているか？ | | □ |
| CTAは明確か？ | | □ |
| CTAを見せるタイミングは適切か？ | | □ |
| レター全体のアイデアは明確で興味深いか？ | | □ |
| 上から下への流れはスムーズか？ | | □ |
| ターゲットが混在していないか？ | | □ |

めたものでもある。

「PMMセルフチェックシート」は、自分が書いたLP・セールスレターを自分でチェックできるだけでなく、**部下など他の人が書いたものをチェックするときにも重宝**する。

また、ウラ技だが、このチェックシート項目を最初から頭に入れてLPを書く方法もある。

これは有効だが、この場合でも常にわかりにくくなる危険性は十分あるので、リリース前にきちんとチェックしておこう。

# 4. 特別な技術

## (32) LPをつくりながら商品開発する技術

LPは、できあがった商品・サービスに対してつくるのが通常だ。

しかし、実は我々は、**商品開発の段階でLPをつくる**ことがよくある。

商品開発がある程度進み、最終形がイメージできたら、その時点でLPをつくるのだ。

そうすることで、「PMMをどう設定するか？」を考え、それによって**商品も改良**していくことができる。

つまり、**LPと商品開発を同時並行**で行うのだ。

我々の舞台裏の作業を一部お見せしよう。「顧客を創造するコピーライティング講座」誕生秘話だ。

この講座は、オンラインでの動画視聴とライブセッションを組み合わせたハイブリッド講座である。

この講座前に、ライブセッションのみで行っていた時期があり、それをベースに商品を開発した。

当初のコンセプトは、「マーケティング・コピーライター養成講座」で、

60日間でコピーライティングをマスターすることをイメージしていた。

メインの訴求は「**ライブ講座がオンラインで学べるようになった**」である。

ライブ講座は活況だったので、オンライン化することで、直接来場できない人に訴求するのが狙いだった。

それをLPにしたのが次の事例である。

紙面の都合でファーストビュー（LPの最初に目に触れる部分）だけを掲載するが、実際には最後のCTAまでつくっている。

**■「ライブ講座がオンラインで学べる」ことを訴求したLP**

「売れる文章」を書く力を
自宅にいながら、身につけられるようになりました。

60DAY チャレンジ
マーケティング・コピーライター
養成講座
エッセンシャル

出所：アルマ・クリエイション株式会社LP

このLPから、コピーライティングのスキルを習得するベネフィットをもっと強調してみようとなった。

そのアイデアをLPにしたのが次ページのものだ。

■「コピーライティング」のベネフィットを前面に出したLP

あなたは今の仕事だけを
このままずっと続けていきますか？
そして、その仕事は、
生涯現役で社会に貢献できるスキル
をあなたにもたらしてくれますか？

もし、あなたが、
どんなに社会が激しく変化しようとも、
変化に左右されない不変のコアなスキル
を身につけたいと思っているなら、、、

あるいは、
年をとっても社会に貢献し続けられるスキル
を今のうちに身につけたいと思っているなら、、、

今の仕事の経験を活かせて、
自分も他人もプロデュースできる。

しかも、
働く時間と場所の制約がなく
100年以上続いている仕事
があるのをご存知ですか？

それは、
マーケティング・コピーライター
です。

聞いたことない！

出所：アルマ・クリエイション株式会社LP

これはコピーライティングのベネフィットを前面に出した形だが、逆に「**コピーライティング」を前面に出さないほうがいいかもしれない**というこ

とになり、つくったのが次のLPだ。

**■「コピーライティング」を前面に出さないLP**

どんなに素晴らしい

**商品・サービス・技術力**

があっても、それだけでは

**生き残れない理由**

私がある日、講演会場に向かうために
タクシーに乗ったときのこと。

60歳くらいの運転手さんに、
場所を伝えたところ、
その会場の音響は、世界トップレベルで
自分が設計したものだと言うのです。

彼は、電機メーカーで
音響デザインの専門家だったのですが、
後進に道を譲る形で引退し、
その才能とはまったく違う世界に身をおいたのです。

いっぽう、
これまでの技術やスキルを生かして、
いくつもの会社の顧問に就任する人もいます。

出所：アルマ・クリエイション株式会社LP

このLPを踏まえ、**コンセプトを大きく変える**ことを思いついた。

それまでは「**ライター養成**」というアイデアだった。

だが、これだと、書くのが好きな人にターゲットが絞られ、マーケットが小さくなる。

そこで、「**コピーライティング技術の習得**」というアイデアに変更したほうが、マーケットは大きくなると考えた。

では、どんな「技術」として表現するか？　ということになり、2人で議論した結果、「**ずっと富み続けるために必要な顧客を創造する技術**」にしようとなった。最終的なLPが次ページのものだ。

## ■最終LP

次々とコンセプトが変わっていったので、**LPと並行して、講座構成のイメージも変えていった。**

当初は「ライター養成」で、60日間ガッツリやるイメージだった。

だが、「技術習得」に変えた関係で期間も30日に短縮、手軽な印象が出るようにした。

もし、講座自体を全部つくってしまってからだと、LPをつくる段階で違うアイデアが出ても修正するのは大変だ。

**講座とLPを並行してつくると**、その手戻りがない。

このケースでは、講座よりLPが先にできあがり、それに合わせて講座内容をつくっていった。

これを実行するには、すばやくコピーが書ける技術が必要なので、高度な作業となる。

LP全体を書くところまでいかなくても、少なくとも、**新しい商品・サービスを開発する段階でPMM＝「誰が・何をして・どうなった？」は並行して考えるべきだ。**

そうすることで、商品・サービス自体を売れるようにつくり込むことができる。

## この章のポイント

### 1. コピーを研ぎ澄ます技術

●自分が書いたメッセージどおりの顧客が集まるので、表現やトーンに十分配慮する

●ベネフィットは、「その結果どうなる？」と何度も自問自答して掘り下げる

●話しかけるように書くために「ペルソナ」を設定する

●「顧客の頭の中にある言葉」を使う。「顧客の頭の中にある言葉」とは、顧客が使う単語や顧客の悩みや理想が言語化されたもの。グーグルなど検索エンジンの「サジェストキーワード」などデジタルツールを使うのも効果的

●コマーシャルインサイトとは、まだ言葉になっていない読み手の深層の欲求を言葉で表現する、究極の意外性

●人を動かす３大要素は「共感」「数値」「権威」

●型をマネるときは、アイデアをマネるのがポイント

●B to B向けのライティングでは、ターゲットとベネフィットを調整する

●書くスピードを上げるには、次の３つがポイント。①書きやすいところから書く、②「33分33秒」で書く、③校正は後でやる

●書く前に「ストーリーチャート」で構成の骨格をあらかじめ決めておくと、説得力のある論理展開ができる

## 2. 納得感と説得力のある文章にする技術

●親近感を高めるには、「正当化」と「共通の敵」が有効

●「シズル感」を出すには、擬音語・擬態語を使う

●リズム感や勢いを出すには、「うまい、やすい、はやい」など、言葉を「3つセット」にして表現する

●行動しないデメリットを訴求する

●反論が出そうな部分の直後に「反論処理」をすることで、信頼感につなげられる

●顧客の声には、実名・写真・職業は最低限必要。さらに、見出しをつけたり強調したりして、パッと見てわかるように編集する

●顧客の声がない場合は、後で入れるか、正式に売り出す前に親しい人にお試ししてもらい、感想をもらう

●これから起こることをあらかじめ書いておく「フューチャーペーシング」を使うと、行動への安心感につながる

●価格が高いと思われるのを防ぐには、「リンゴとミカン」など、違うものと比べる技術が有効

●CTAの文言を自己宣言する形などに工夫することで行動が促進できる。また、CTAの位置は顧客が「その気」になった段階で出すのが効果的

## 3. 文章をエレガントに仕上げる技術

●LP・セールスレターの最適な長さは、必要な情報を十分に伝えられる長さで、最も短いもの

●スマホ時代の編集技術は、次の5つがポイント。
①改行位置に注意し、②文章は短く、③フォントでメリハリをつけ、④画像を効果的に活用し、⑤適度な行間を取る

●改行位置はコンバージョンに影響する。意味の切れ目に配慮する

●文章を短くするには、「読むより見る」感覚で編集する

●視認性の高いフォントを2〜3種類使い分け、メリハリをつける

●画像を使うときは、文章の代わりに言いたいことが伝わるものを選ぶ

●行間は広すぎても狭すぎても見づらいので、適度な行間に配慮する

●文章は時間を空けて見直しながらブラッシュアップする

●他人に意見を求めるときは、ターゲットに近い人に聞く

●一人でできる効率的な校正技術は「音読」

●「PMMセルフチェックシート」でLPを自分でチェックする

## 4. 特別な技術

●LPをつくりながら商品開発をすると、売れるコピーと商品を同時につくることができる

# コラム プロのマーケティング・コピーライターに必要な技術

コピーライターにはいくつか呼び方がある。

一般的にはコピーライターだが、セールスに特化した文章を書く点を強調するために「セールスコピーライター」や「セールスライター」と呼ばれることが多い。

アルマ・クリエイションでは、「セールスコピーライター」からさらに踏み込み、マーケティングの部分、つまりPMM＝売れる仕組みをつくる部分に重点を置く意味で「**マーケティング・コピーライター**」と呼んでいる。

コピーライティングの高いスキルがあれば、クライアントからライティングの仕事を有償で請け負うことを専業とする「プロ」のマーケティング・コピーライターとしてやっていける。

たとえば、私、衣田は会社員から、マーケティング・コピーライターとして独立し、コピーライティングで生計を立てている。

ここでは、プロのマーケティング・コピーライターについて解説しよう。

## 1. マーケティング・コピーライターの仕事の種類

プロのマーケティング・コピーライターの仕事は、LP・セールスレターを書くだけではない。その仕事の幅はかなり広い。

ライティングのレベル別に見ると、次の7つがある。

下に行くほど求められる技術レベルは上がってくる。

**① ブログなど記事のライティング**
**② チラシの作成**
**③ メール、インターネット広告のライティング**
**④ LP・セールスレターのライティング**
**⑤ オンライン講座や動画シナリオの作成**

**⑥ ビジネスモデル構築のコンサルティング**
**⑦ マーケティングやコピーライティングの指導・教育**

もちろん、どれか一つではなく、いくつか組み合わさってくる。
組合せとして最も多いのは「③+④」だ。
LPの前段階にはメールや広告がある。
LPを書いた本人がメールを書けば、内容も訴求ポイントもわかっているので効率的だ。

ライティングの仕事の報酬は、ケース・バイ・ケースで個人差が大きい。
よって「相場」感は出しにくいが、当社のケースをもとにまとめると、次のようになる(2021年11月時点)。

### ■コピーライティングの報酬イメージ

| | 1案件あたり | 1字換算単価 |
|---|---|---|
| ブログなど記事のライティング | 3,000〜6,000円<br>(3,000字程度) | 1〜2円 |
| チラシ作成 | 1万5,000〜3万円<br>(1,500字程度) | 10〜20円 |
| セールスメールのライティング | 2万〜3万円<br>(1,200字程度) | 17〜25円 |
| LP・セールスレター原稿のライティング(デザインなし)* | 15万〜20万円<br>(8,000字程度) | 19〜25円 |

*LP・セールスレターの場合は、30万円、50万円、100万円、あるいは成果に応じて売上の一定割合を受け取る成果報酬などもある

私、衣田もかけ出しの頃は、クラウドソーシングの仕事依頼サイトで仕事を探したものだ。
ブログなどの一般的な記事のライティングと比較し、チラシ作成、セールスメール、LPなどセールスに関わるライティングではひとケタ違うイメージだ。やはり売上に直結する文章を書くので報酬が高いのだ。

## 2. プロでやっていくために必要な技術

マーケティング・コピーライターは世間でいう文系仕事のイメージがあるが、実際は「**技術職**」あるいは「**技能職**」なのだ。

マーケティング・コピーライターのウリは、ライティング技術。

技術をウリものにするプログラマー、エンジニア、医師、大工などと同じ。だから、なによりも優れた技術が求められる。

本書は、コピーライティング未経験者でも、学びながら実践・上達できるよう設計されている。

同時に、ベテランのためのコピーライティング技術もカバーしている。

だから、本書を読んで、書けるようになった人よりも、さらに**一段突き抜けた技術**がないと、その技術でお金をいただくプロとしてやっていくことはできない。

では、コピーライティング技術はどうやって磨くのか？

**正しい方法で一定時間以上かけて量をこなせば、誰でもうまくなる。**

もちろん、人それぞれ、それまでのキャリアや人生経験によって、遅い・早いの差はあるだろう。

だが、**本書を徹底活用すれば、あなたは必ず上達する。**

私、衣田の場合は、世の中にコピーライティングという技術があり、コピーライターという仕事があるのを初めて知ってから、案件を受けて報酬をもらうまで10か月だった。

そして、さらに10か月後に数十年のサラリーマン生活に別れを告げ、独立した。

トータルで２年弱だ。

最初の段階でコピーライターは技術職だと見抜き、技術力がないと話にならないと考えた。

だから、仕事を取ることを一切考えず、**技術を磨く**ことだけに専念した。

半年くらいすると、技術の知識はだいたい身についた。

ただ、知識として知っていることと、技術として現場で使えることは別だ。次のステップでは、実際に書く機会を求めた。

クラウドソーシングに登録したり、知り合いの整体師に頼んでコピーを書かせてもらったりした。そうこうしているうちに、良質なクライアントとご縁ができ、そこから次の仕事へどんどんつながるようになった。やはり人との出会いは大きい。

また、コピーライティングの技術を磨くうえで最も基礎的なトレーニングは「**音読**」と「**写経**」である。

写経とは、**売れているLP・セールスレターを手で書き写す**こと。

最適なのは、「**ピアノコピー**」(48ページ)、「**英語の間違い**」(54ページ)、「**２人の若者**」(57ページ)の３つだ。

どれも3000字未満で、途中に画像がないので、写経には最適だ。

まず、対象レターを**20回音読**する。

２、３回ではない！　20回だ。この時点で９割の人が脱落する。

だが、一見「何のために？」と思える基礎トレーニングに時間を割けるか否かが、天国と地獄の差となって数か月後に現れる。

数年ではない、わずか数か月後に違いが出てくるのだ。

ダマされたと思って、どうかやってみてほしい。

私、衣田も「最初はそんな子どもみたいなことができるか」と思っていた。

だが、10回くらい音読していると、**セールスレターに宿る独特のリズム感や流れ**がわかってきた。

その後、写経を10回やる。１つのレターに対して10回だ。

写経というと、よく「絶対、手書きじゃないとダメ？」と聞かれる。

結論は、手書きとパソコン、両方でやってみるといい。

最初は**手書きで７回**。

７回連続でなくていい。腕や手が筋肉痛になるかもしれないが、効果を信じて邁進しよう。

その後は、**3回、パソコンで写経**してみる。

自分のビジネスを持っている人で、ここまで労力をかける人はまずいない。もちろん、写経だけでプロになれるわけではないが、人がやらない(やれない)ことをやれるかどうかで、プロフェッショナルになれるかが決まるのだ。

# 第8章

# インターネットで活用するコピーライティング技術

インターネットを使うマーケティングを「**オンライン**」と呼び、インターネットを使わないマーケティングを「**オフライン**」と呼ぶ。

インターネットが登場する前は、オフラインしかなかった。

オフライン時代は、顧客とのコンタクト方法は、ダイレクトメールを郵送するか、新聞や雑誌の広告がメインだった(のちに、セールスレターやチラシをFAXで送る「**FAX-DM**」が登場した)。

しかし、現代ではインターネットを使うことで、顧客とコンタクトする方法は多様化している。ホームページ、LPに加え、メール、SNS、動画などだ。なかでも、インターネット広告(以下、ネット広告)は、オフラインの広告よりも、ずっと安価で、誰でも簡単に出せる。

ここでは、オンラインで使うコピーライティングをまとめて解説する。

# 1. インターネットを使ったマーケティングフロー

## (1) オンラインとオフラインの違い

まず、オンラインとオフラインの大きな違いは次の表のとおりだ。

### ■オンラインとオフライン

| | オンライン | オフライン |
|---|---|---|
| **広告の種類** | ネット広告(グーグル、ヤフー、フェイスブック、ユーチューブ)等 | 屋外ポスター・看板・紙のチラシ・4マス広告(新聞・雑誌・テレビ・ラジオ)等 |
| **メッセージを届ける手段** | メール、SNS(フェイスブック、LINE、ツイッター、インスタグラム等)<br>ブログ(ノート)、動画(ユーチューブ)等 | ダイレクトメール(封筒・ハガキ)を郵送<br>FAX<br>チラシ手渡し等 |
| **メッセージを届けるのにかかる時間** | ほぼ一瞬 | 郵送の場合1～3日 |

オンラインは、メッセージを届ける時間がオフラインに比べて圧倒的に短い。それだけ結果が早くわかるので、次の改善にすぐつなげられる。

紙のダイレクトメールを何千通、何万通送ろうと思うと、封筒に入れる作業だけでも相当な時間がかかる。一人では無理なので、人手が必要だ。そうなればコストもかかる。発送後も、読み手に届くまでに1～2日はかかるだろう。それに対し、メールやSNSでメッセージを送るのは一瞬だ。

また、オフラインの新聞・雑誌広告の場合は、掲載されるタイミングまで待たなければならない。だが、ネット広告なら原稿ができてから出稿するまですぐだ。

ちなみに、ダイレクトメールとネット広告費の推移は次のようになっている。

## ■ダイレクトメールの広告費とネット広告費の推移

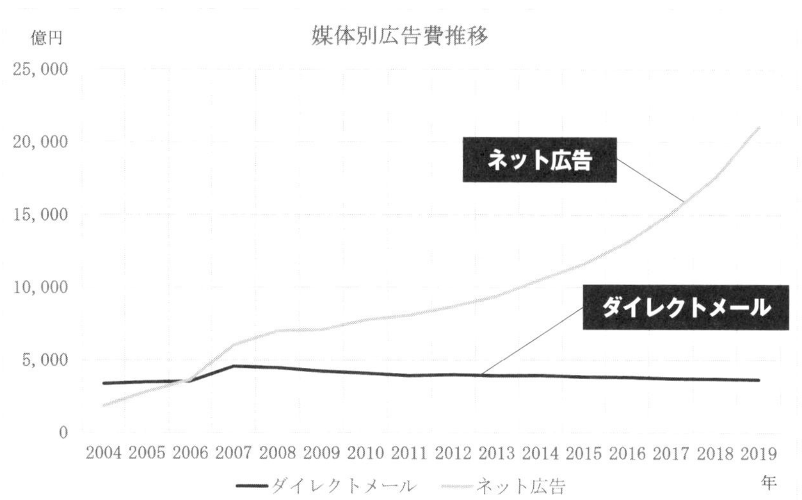


＊ダイレクトメールの広告費に含まれるもの：ダイレクトメールに費やされた郵便料・配達料

＊ネット広告の広告費に含まれるもの：インターネットサイトやアプリ上の広告掲載費および広告制作費（バナー広告等の制作費および企業ホームページのうち、商品/サービス・キャンペーン関連の制作費）

出所：株式会社電通発表の「日本の広告費」のデータをもとに著者作成

ネット広告が年々伸びているのに対し、ダイレクトメールは漸減だが、根強く残っている。

最近では、**オンラインとオフラインを組み合わせる施策も注目**されている。このように、**オフラインは今でも健在**なのだ。

## コラム オフラインで使う技術

オフラインは今でも一定の効果があるが、オフラインにはオフライン独特の技術がある。いくつか紹介しよう。

### ① ニュースレター

ニュースレターとは、**売り手から顧客に向けて定期的に発行する、ページ数の少ない雑誌**のようなもの。

顧客に定期的にコンタクトする手段が「手紙」にほぼ限定されていた時代には、必須ツールと考えられていた。

しかし、現在ではメールやブログがその役割を果たしている。

とはいえ、電子化が進んでも、紙の新聞・雑誌が完全になくならないように、紙のニュースレターも一定の効果がある。

特に、美容室のような店舗ビジネスで、定期的なリピートが見込める場合、顧客とのコンタクトツールとして今でも有効だ。

ニュースレターを書く際のポイントは、売り込みや、なんらかの反応を期待するのではなく、**読み手との関係構築に主眼を置く**こと。

最大の目的は、読み手が**「私のことをよく知っているなあ」という擬似体験を起こすこと**だ。

セールスレターに代表される「人を動かす」メッセージは、基本的に読み手側に立ったメッセージで書く。

だが、ニュースレターは「人を動かす」ことが目的ではないので、自分の趣味やプライベートの話でもOK。こちらから**自己開示**することで、親近感にもつなげられる。

ブログにも種類や位置づけにバリエーションがあって、「人を動かす」ことが目的ではない場合は、自己開示でOK。ただし、自慢話のオンパレードでは逆効果になるので、「さじ加減」は重要だ。

基本的に**「人に読んでもらう」ことが目的の場合には、読み手目線を意識**しよう。

自己開示に加えて、役に立つ情報提供を入れるといい。

ニュースレターの発行頻度は、昔は多ければ多いほどいいとされてきた。

だが、現在では、ニュースレター自体が顧客とのコンタクト手段のメインなのか、ブログなどの補完的な意味合いなのかで頻度は変わってくる。

また、ニュースレターを送るには住所が必要だが、住所がわからないことも多い。

そんなときも、美容室など来店型店舗ビジネスなら、店舗で渡したり、店舗に置いたりすればいい。

ニュースレターの強みは「紙媒体」であること。それが活かせる場合にだけ使えばいい。だから、ブログ、メールなどで対応でき、住所が不明のときは無理して使わなくていいのだ。

参考までに、ニュースレターには、関係構築が目的の無料のもの以外に、株式投資など、お金を出してでもほしい情報を集めた「有料ニュースレター」もある。アメリカでは有料ニュースレターを定期購読にするビジネスがよくある。

## ② ティーザーコピー

ティーザー(teaser)とは、「じらし」という意味。元々はアメリカでダイレクトメールを郵送していた時代に、**封筒の表面に中身が読みたくなるコピーを入れ、開封を促したものを「ティーザーコピー」**と呼んでいた。

その時代の生命線は「いかに封筒を開けてもらうか」だった。

封筒＝即ゴミ箱行きでは、どんなに秀逸なセールスレターが入っていても意味がない。だから、昔のコピーライターは封筒にも魅力的なコピーを書いて開封されるよう、様々な工夫をした。

現在では、メールの件名は、「メールを開けて読んでみよう」という強烈な動機づけが必要となるから、封筒のティーザーコピーと同じ役割が求められる。

### ③ グラバー

紙のセールスレターを郵送する際、封筒に砂時計や方位磁石、車のおもちゃなどを入れておくと、封筒がゴツゴツして何が入っているのか気になって開封されやすくなる。この手法を「**グラバー**」という。グラバーとは「つかむ」という意味の「grab」からきている。

たとえば、砂時計を入れた場合、中のコピーには次のように書く。

この手紙には砂時計を入れました。一つは、あなたに封筒を開けてもらいたかったからです。そして、もう一つは、締切が迫っていて、時間がないことをお知らせしたかったからです。

ただし、ユーモアのセンスが問われるので、乱用厳禁だ。

### ④ リフトノート(リフトレター)

封筒にセールスレターを入れる際に、**本体のセールスレターとは別の紙に書かれた推薦文**のことを「**リフトノート**」または「**リフトレター**」という。

リフトは「lift」で「持ち上げる」、つまり**成約率を持ち上げる**という意味だ。権威者からの推薦の言葉や開発者のコメントなどを入れる。目立つように、紙のサイズや紙質、紙の色も本体のセールスレターと違うものがよく使われる。

### ⑤ バックスリップ

リフトノートに似ているが、**紙幣と同じくらいの大きさで、申込方法やオファーを繰り返すなど、目立たせたい情報を書くものを「バックス**

リップ」という。リフトノートよりもさらに小さなサイズで、コンパクトに書かれているので目に止まりやすい。

■バックスリップとは？

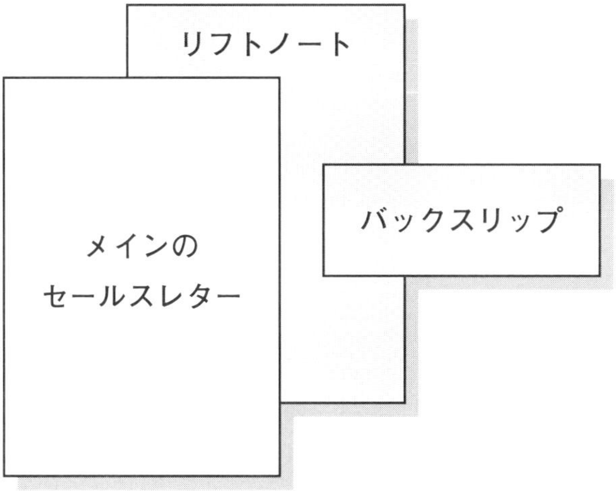

## (2)インターネットを使ったマーケティングフロー全体図

インターネットを使ったマーケティングは、各プロセスが短時間に連動するので、全体を一連の流れでとらえる必要がある。

大きな流れは次の３つだ。

① ネット広告やコンテンツから直接LPに誘導して販売
② ハウスリスト＝自社の顧客リストに対してメールでLPに誘導して販売
③ ネット広告やコンテンツからあらかじめメルアドを取得しておき、その後メールでLPに誘導して販売（メルアド取得後は②と同じ）

これを図にすると、次ページのようになる。

## ■ネット広告を活用したマーケティングフロー全体図

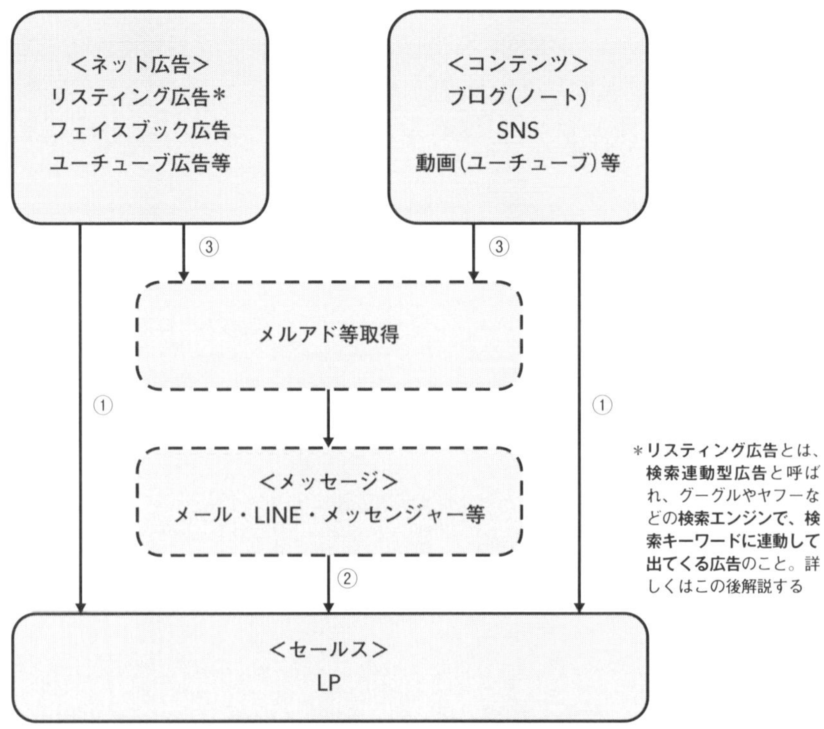


ネット広告、コンテンツ、メッセージの特徴をまとめると、次のようになる。

## ■ネット広告、コンテンツ、メッセージの対象と特徴

| | ネット広告 | コンテンツ | メッセージ |
|---|---|---|---|
| 対象 | 不特定多数 | 不特定多数 | メルアド等で相手は特定される |
| 特徴 | フェイスブック広告はターゲット指定可 | 記事等を公開するだけで、アクセスしてもらえなければ見てもらえない | ・メルアド等の情報が事前に必要<br>・送信者側が送りたいタイミングでメッセージを届けられる |

メール、LINEなどのメッセージの一番のメリットは、**送信者側から能動的にメッセージを届けられる**点だ。

ネット広告の場合、広告を出しても、ターゲットが見てくれるかは受け身で待つしかない。ブログなどのコンテンツはもっと受け身で、ブログの存在を知り、アクセスしてもらえないと、見てもらうことができない。

## (3)インターネット広告(ネット広告)

イメージ広告の媒体は、昔からテレビCM、電車の吊り広告、駅など街中のポスター、新聞・雑誌などがあった。

一方、ダイレクト・レスポンス・マーケティング(DRM)の広告メディアといえば、新聞・雑誌の広告くらいだった。

イメージ広告で使われるメディアは広告費が高く、中小零細企業では、広告費の回収にまで至らないからだ。

しかし、ネット広告では、従来のメディアよりはるかに少額の数百円レベルから出せるようになった。

しかも、広告からLPへ誘導し、そのまま販売できるため、今やネット広告は、顧客獲得の効果的・効率的な手法として確立されている。

ネット広告は多岐にわたり、各広告への出稿技術や運用技術も高度なため、ここでは最低限知っておくべき知識だけを紹介する。

まず、インターネット広告の最も代表的なものは次の2つ。

- **フェイスブック広告**
- **グーグルやヤフーなどのリスティング広告(検索連動型広告)**

特にフェイスブックは、年齢、居住地、職業、趣味などのデータを豊富に持っていることから、**ターゲットを絞った広告**が可能。

たとえば、JR○▽駅から2km圏内に住む、30代男性だけに広告を出すといった、細かなターゲット設定が可能だ。

一方、**リスティング広告**は、ユーザーがキーワードを入れることで、広告を表示できる。

検索エンジンでキーワードを入れるのは、そのキーワードに興味を持っている証拠なので、それに関連した商品・サービスを案内すれば成約率は高まる。

たとえば、検索で「リモートワーク」と入れると「広告」と表示された部分が出てくる。これがリスティング広告だ。

### ■リスティング広告の事例

リモートワーク

すべて　ニュース　画像　ショッピング　動画

広告・https://jp.indeed.com/

リモートワークの求人情報 | Indeed

求人件数世界最大級のIndeedで、あなたの条件にあったお仕事を一括検索。いつでもどこでも仕事探し・世界最強の求人サイト。

従来のイメージ広告でいえば、駅に掲示されるポスターサイズの広告は興味があろうとなかろうと、道ゆく人すべての目に入る。

イメージ広告の目的は知名度アップだからこれでいい。

しかし、レスポンス広告の場合は、広告から商品・サービスの購入につながらなければ意味はない。逆にいえば、**興味のない人に広告を見てもらう必要はない**のだ。

駅のイメージ広告の場合、1件、1回いくらと費用が決められているが、ネット広告は課金方式も違い、効率的に費用をかけられる。

ここでは、基本的な**クリック課金**と**インプレッション課金**だけ覚えておこう。

- **クリック課金：「PPC（Pay Per Click）」**と呼ばれ、**クリックされた分だけ課金**される

**●インプレッション課金：広告が表示された回数に基づいて課金**される

クリック課金は、広告がいくら表示されていても、クリックされなければ費用はかからない。

ネット広告には、グーグル広告のように字数制限があるものと、フェイスブック広告のように字数制限のないものがある。

字数制限がないネット広告でLPに誘導する場合、書き方はメールと同じだ。

ただ、広告の場合、通常のLPと同じボリュームで書くわけにはいかない。詳細が必要な場合は、広告からLPの流れをつくろう。

## 2. メールのライティング技術

### (1)LPよりも重要なメールの役割

メールとメルマガは基本的に同じものだが、あえて違いをいえば、単発で送るのがメール、定期的に配信するものがメルマガといえる。

だが、メルマガでも不定期の場合や、定期配信以外で配信するときはどうかという疑問も出てくる。

また、複数の宛先に一斉送信するのがメルマガという解釈もあるが、事実上両者は同じものだ。

従来DMが担ってきた顧客とのコンタクトツールとしての役割は、現在はメールや、LINEなどのSNSが果たすようになっている。

これらのツールは**売り手側が望むタイミングで、顧客にアプローチできる**のが最大のメリットだ。

ネット広告も、有効なコンタクトツールではあるが、広告を出しても目に触れるまでは受け身で待つしかない。

それに対し、メールやSNSは、売り手がコンタクトしたいタイミングで、顧客に主体的に働きかけることができる。

LINEの普及などもあり、コミュニケーションツールとしてメールが使われる頻度は下がってきているものの、当社でも本書執筆時点では、依然としてメールは、売り手側から発信できるツールの中では頼れるものになっている。

**LINEはブロックされやすい点で注意が必要**なのと、商品・サービスの注文の際に登録するのはLINEよりもメルアドのほうがまだまだ多い点が違う。

メールもLINEも、メッセージを送るためには、あらかじめ送り先となるリストが必要な点は変わらない。

**■HTMLメール**

**■テキストメール**

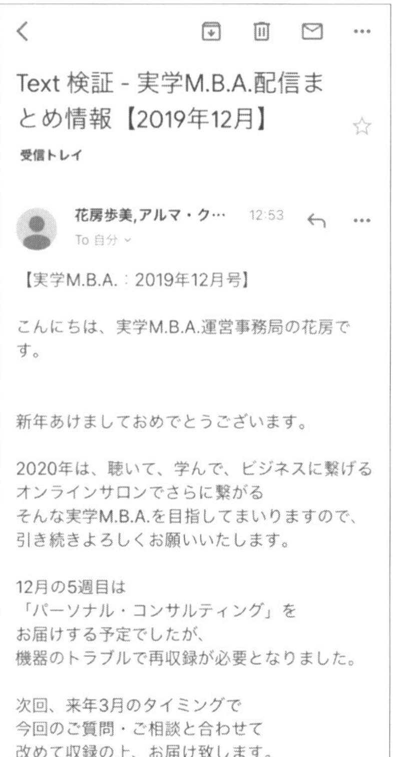

また、デザイン性ではLINEが有利な面があるが、メールも従来のテキストオンリーのスタイルから、HTMLメールであれば、LINE同様、デザイン性を発揮できる。

HTMLとは、ハイパーテキスト・マークアップ・ランゲージ(HyperText Markup Language)の略。ウェブ上の言語の一種で、ざっくりいえば、デザインをつくることができると理解しておけばいいだろう。

HTMLメールとテキストメールの違いは前ページ下のようになる。

両方同じ内容のメールで、HTMLメールは画像が入っているが、テキストメールは文字のみだ。

メール、LINEとも、コピーライティングの基本は共通している。

本書ではLINEも含め、売り手からのプッシュ型ツールの代表例として、メールを位置づけている。

メールを送るにはメルアドが必要だが、それには**広告の受取をユーザー側があらかじめ許可する「オプトイン」**が必要だ。下記がオプトインの例だ。

**■オプトインの事例**

お支払い情報

| | |
|---|---|
| お支払い方法 | ◎クレジットカード |
| カード番号 | ハイフンなし　例）1111222233334444<br>ご利用いただけるカード<br>VISA |
| 有効期限 | 月/年　例）08/22 |
| セキュリティコード | ※カード裏面の3桁の数字を入力してください。アメリカン・エキスプレス・カードは、表側の右横クレジット番号の上にある4桁の数字を入力してください。 |

| | |
|---|---|
| メルマガ | ☑ブレイン・スター速報を購読する<br>知識創造社会で活躍するために役立つ情報をお届けしています。<br>神田昌典が登壇する講演会・セミナー・イベント情報もいち早くお知らせします。 |

これは商品購入の際に、今後メルマガを送る許可を取るためのものだ。下のほうに、我々のメルマガ「ブレイン・スター速報を購読する」にチェックするようになっている。これでメルマガ配信の許可を取るのだ。

これは「特定電子メールの送信の適正化等に関する法律」(略称「特定電子メール法」)という法律で明記することが義務づけられている。

ちなみに、オプトインして受信したメールを登録解除することを「**オプトアウト**」という。

## (2)メールの最重要ポイント

**メールで最も重要なのは、「差出人」と「件名」**である。

件名が重要なのはわかるが、意外と軽視されがちなのは「**差出人**」だ。

正確にいえば、「**差出人の表記**」となる。

差出人と件名は、要するに「**誰から**」「**何の用で**」を示す。

メール配信ツールにもよるが、差出人表記は、送信の都度設定できるケースが多い。この差出人表記をテキトーにつけてはダメだ。

**差出人表記は、開封率を左右する重要な要素**だからだ。

同じ件名で、差出人表記が違うだけで、開封率は大きく変わってくる。

次の例を見てみよう。

A：**神田昌典** → 個人名のみ
B：**神田昌典(アルマ・クリエイション)** → 個人名＋社名
C：**アルマ・クリエイション** → 社名のみ
D：**ブレイン・スター速報** → メルマガの名前のみ

４つの中ではAとBの開封率が高いが、Aのように個人名だけの場合、よほどネームバリューがあり、送信対象リスト全員がその名前を知っている場合以外は効果がない。

当社でも、Aを全体リストに対して使うことはほとんどない。当社が提供するメソッド自体に関心がある人は、必ずしも神田昌典を知っているとは限らないからだ。

ましして、リスト全体にほとんど知られていない「担当者名」だけで送るのは、効果がないばかりか、クレーム対象になる可能性すらある。

実際、当社でも、ある担当者がうっかり社名をつけ忘れ配信したところ、「面識がないのにメールがきた」とクレームを受けたことがある。

男性メインのリストに女性名だけで送ったり、女性メインのリストに男性名で送るのは、一定の効果があるかもしれないが、避けたほうが無難だ。こちらが意図しない人が集まってしまうからだ。

コピーライティングは、なによりも顧客との信頼関係構築が大切。顧客をダマしたり、失望させたりしては絶対にいけない。

ただ反応率がいいからと、テクニックだけを実践するのではなく、**長期的な信頼関係構築に向けて、その方法が自社にとって本当に有益なのか、絶えず吟味しながら改善**していこう。

差出人の次は「**件名**」だ。

件名の書き方は、「BTRNUTSS(バターナッツ)」(106ページ)を活用しよう。「BTRNUTSS」は次の8要素だ。

## ■「BTRNUTSS」の8要素

| | |
|---|---|
| Benefit | 有益性 |
| Trust | 信頼性 |
| Rush | 緊急性 |
| Number | 数字 |
| Unique | 独自性 |
| Trendy | 話題性 |
| Surprise | 意外性 |
| Story | 物語性 |

差出人と件名は、ほぼ同時に見られるから、**セット**で考える。

メールソフトによって違ったり、パソコンとスマホによって見え方が違ったりする。また、読み手側のフォントサイズ設定、画面サイズなどによっても違うが、同時に見られることには変わりない。

一例を挙げると次のようになる。

### ■パソコンでの見え方

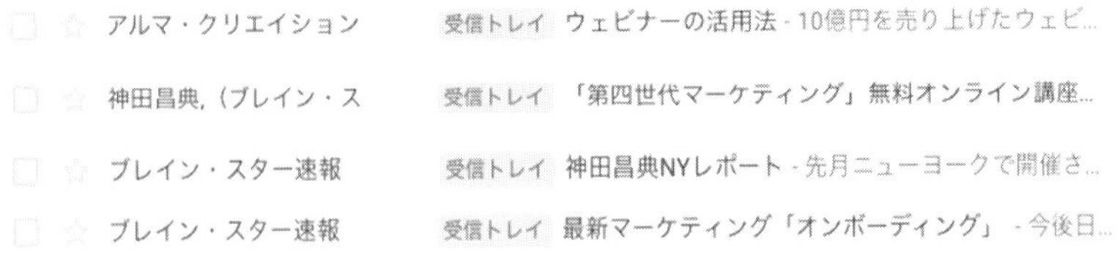

| 差出人 | ラベル | 件名 |
|---|---|---|
| アルマ・クリエイション | 受信トレイ | ウェビナーの活用法 - 10億円を売り上げたウェビ... |
| 神田昌典,(ブレイン・ス | 受信トレイ | 「第四世代マーケティング」無料オンライン講座... |
| ブレイン・スター速報 | 受信トレイ | 神田昌典NYレポート - 先月ニューヨークで開催さ... |
| ブレイン・スター速報 | 受信トレイ | 最新マーケティング「オンボーディング」 - 今後日... |

### ■スマホでの見え方

ブレイン・スター速報　9月18日
神田昌典NYレポート
ー◎ブレイン・スター速報は、送付...

ブレイン・スター速報 2　9月11日
AI時代の広告に必要なこと
ー◎ブレイン・スター速報は、送付...

アルマ・クリエイション 2　9月4日
ウェビナーの活用法
◎ブレイン・スター速報は、送付...

次に、メールの文字数と読み手の感じ方は、概ね右の表のとおりだ。

### ■メールの文字数イメージ

| 字数目安 | 読み手の感じ方 | 書き手側のポイント |
|---|---|---|
| 500字未満 | 短くすぐ読める | ポイントを絞ってコンパクトに書く |
| 500〜800字程度 | ほどよい長さ | だいたい伝えられる |
| 800〜1,200字程度 | 少し長いが、苦痛ではない | 自由度が高く、しっかり伝えられる |
| 1,200〜1,500字程度 | 長いと感じる。面白くなければ、途中で読むのをやめてしまう | じっくりと十分に伝えられるが、冗長になっていないか注意 |
| 1,500字超 | とても長く感じられ、よほど面白くない限り離脱する | 言いたいことが一つに絞れていない可能性が高い |

ブログ記事だと、3000字くらいあるが、メールで1500字を超えると完全に読み物感が強くなる。

一般的なメールの場合は、**500〜1200字、多くても1500字以内を目安**にしよう。また、メールの目的には大きく分けて次の２種類がある。

### ■メールの目的は2種類

| 目的 | 内容 |
|---|---|
| 情報提供のみ | 読み手の役に立つ情報を提供し、関係維持を図る |
| セールス | 売りたい商品・サービスを紹介し、関心を持ってもらいLPに誘導し、成約を狙う |

情報提供だけが目的で、ブログ記事に誘導するメールの場合は、グッと短くすることもできる。

中途半端に書くより、エッセンスだけを抜き出し、すばやくブログ記事に誘導。ブログでしっかり読んでもらう。具体的には次ページのようになる。

### ■本文137字のメール

新型コロナ、鎮静化後の社会　受信トレイ ×

ブレイン・スター速報 <info@almacreations.jp> メーリングリスト
To 自分

連日、様々な情報が飛び交う新型コロナ問題。
今回の出来事は、沈静化したとしても、
過ぎ去れば終わりではない。

このウイルスという見えない敵との戦いは、
大規模な社会変革の引き金になる。

リーダーやマーケッターが考えを巡らせるべき
未来への大きな2つの潮流について
神田昌典が日経MJで解説☞

www.kandamasanori.com/media/12065/

これで本文は137字。

メールの中にすべてが書かれていると、開封後どのくらい読まれたかを把握することは非常に難しい。

だが、上の事例のように**続きをリンク**にしておくと、「もっと読みたい」と感じた人がクリックするので、関心度合を正確に把握できる（クリックされる比率については、この後解説）。

メールでは、メール単体でセールスを完結するケースもあるが、メインはLPに遷移するリンクを入れ、そこに誘導するパターンだ。

したがって、**LPが読まれるかどうかは、その前段階のメールが読まれるかで決まる。**

LPに誘導するメールには、次のようにLPのリンク＝URLが入っている。

だから、このリンクをクリックしてもらうには、まずメールが開封され、リンク部分まで中身を読んでもらう必要がある。

メールが開封されない、あるいは、途中で読むのをやめてリンクまでたどり着かなければ、LPの存在自体なかったものになる。これはむなしい。

### ■LPに誘導するリンク（URL）

> 神田昌典の「2022」講演
> の詳しい講演内容とお申し込みは
> こちらをご覧ください。
> ☞　www.2022.almacreations.jp/2021

ちなみに380ページで触れた、デザインができるHTMLメールなら、URLを表示しなくても、「**ハイパーリンク**」といって、**テキストにURLを埋め込む**ことができる。

その場合、テキスト部分をクリックしたり、タップしたりすればそのまま所定のページに誘導できる。

上の例をハイパーリンクにすると次のようになる。

### ■LPに誘導するハイパーリンク

> 神田昌典の「2022」講演
> の詳しい講演内容とお申し込みは
> こちらをご覧ください。☞

「こちらをご覧ください。☞」の部分に下線が入っていて、URLが埋め込まれているのがわかる。

当社では、URLが見えているものと、見えていないものをテストした際、**具体的なURLが見えているほうがクリックされやすい**という結果が出たので、あえてURLが見えるものを採用している。

## (3) メールの開封率とクリック率

セールスメールには**3つの関門**がある。

1つ目：**開封＝メールを開けてもらえるか？**

2つ目：**メールを読み進めてもらえるか？**

3つ目：**LPのリンクをクリックしてもらえるか？**

そもそも、メールがどれくらい開封されているか、クリックされているかがわからないと話にならない。まず、この点を確認しよう。

メールがどの**程度見られているかを定量的に把握する指標が「開封率」**と「**クリック率**」だ。

開封率は、メールの件名を見て、メールを開けた人（**読んだとは限らない点に注意**）の割合だ。開封率やクリック率を把握するためには「メルマガスタンド」と呼ばれるメール配信システムが必要だ。

開封率（%）＝開封数÷送信数×100

メールを1万通送信して、2000人が開封した場合、

開封数2000÷送信数1万×100＝20.0%。開封率は20.0%となる。

| 送信数 | 開封数 | 開封率 |
|---|---|---|
| 10,000 | 2,000 | 20.0%<br>(2,000÷10,000×100) |

また、メール内のリンクがクリックされた比率を**クリック率**といい、**CTR（Click Through Rate）**ともいう。

クリック率は、メールにあるLPなど、別画面に誘導するリンク（URL）をクリックした人の比率だ。これには2つの見方がある。

① 送信数全体の中で、メール内のリンクをクリックした人の割合

クリック数÷送信数×100

② メールを開封した人が、メール内のリンクをクリックした人の割合

クリック数÷開封者数×100

下記がその例だ。

| | 送信数 | 開封数 | クリック数 | クリック率 |
|---|---|---|---|---|
| ① | 10,000 | | 200 | 2.0%<br>(200÷10,000×100) |
| ② | | 2,000 | 200 | 10.0%<br>(200÷2,000×100) |

一般的にクリック率といえば①を指すが、②の「クリック数/開封数」の比率を見ることで、次のようなことがわかる。

**リンクをクリックしたということは、メール内の文章に興味を持ち、もっと詳しく内容を知りたいと思った**ということだ。

「クリック数/開封数」の比率を見れば、メールの中身を読んだ人の中で、さらに詳しく知りたいと思った人の数がわかる。

逆にいうと、開封はしたが、リンクをクリックしなかった場合は、**面白そうだと思いメールを開封したが、その文章を読んで興味がないと判断した**ということだ。

先ほどの例では、メールを１万通送信し、2000人が開封したが、リンクをクリックした人は200人だったということ。

これを裏返せば、１万通送信したが、8000人は開封すらせず、開封した2000人のうち1800人はリンクをクリックしなかったのだ。

## ◎業種別平均開封率

開封率とクリック率の出し方はわかった。

では、メールの開封率は一般的にどのくらいが目安なのか？

392ページにデータがあるが、概ね**20〜30%**が平均的なところだ。

ただし、開封率を見る場合に注意すべきことが２点ある。

① **テキストメールは把握できない**
② **率の分母となる全体数に左右される**

まず、①開封率・クリック率は、デザインができるタイプの**HTMLメール（380ページ）でしか取れない**。テキストメールの場合は、システム的に計測できないようになっているので要注意だ。

次に②だ。「開封率」「クリック率」は「率」なので、分母となる全体のリスト数に左右される。

下の表のケース１は、あなたの大ファンである顧客を厳選して10名だけに送信したケース。

ケース２は、保有する全リストに送信したケース。

どちらが、「開封率がいい」か？

| | 送信数 | 開封数 | 開封率 |
|---|---|---|---|
| **ケース1** | 10 | 3 | 30.0% |
| **ケース2** | 10,000 | 1,500 | 15.0% |

「率」の絶対値だけ見れば、ケース１のほうがいい。

しかし、大ファンに送っているのに、10人中３人しかメールが開封されない。これは問題だ。本来なら70〜100%はほしいところだ。

ケース２は開封数は1500だから、絶対数は圧倒的に多い。

このように、分母が違えば、当然「率」は大きく変わってくる。

一定期間、購入やメールの開封など、まったくレスポンスのない人を削除するなど、リストのメンテナンスを丁寧にやっていれば、リストの質は上がり、開封率は高くなる。

一方、メンテの頻度が低く、レスポンスのない人を入れたまま新規客を増やしていけば、当然、リストの質は下がり、開封率は下がる。

また、ロイヤリティの高い優良顧客の比率が高いリストを持っていれば、開封率は高くなる。

一方、広告展開などで、ロイヤリティの低い新規客ばかりのリストでは、開封率が低くなるのは当然だ。

先ほど「どちらが開封率がいい」か？　と表現したのは、そのためだ。表面上の数字しか見ていないと、ケース１のほうが「いい」と判断してしまう。インターネットを使ったマーケティングでは様々な数値がデータでとらえられるが、その背景や前提を考慮しないと、判断を間違うことになるので注意が必要だ。

これらを理解したうえで、開封率やクリック率の平均がどんなものか見ておこう。

次ページは、アメリカのメール配信システム大手「ベンチマーク社」が発表した2020年版のメールの平均開封率と平均クリック率のデータだ。

業種別と国別があるが、**平均開封率は概ね20〜30%**。

**平均クリック率は概ね２〜３%**だ。

日本は開封率、クリック率ともに、他国よりも高い傾向にある。

## ■ベンチマーク社のデータ（2020年版）

| 業種別 | 平均開封率 | 平均クリック率 |
|---|---|---|
| 広告 / マーケティング / PR / メディア / デザイン | 18.28% | 2.09% |
| 建築・建設 | 22.09% | 2.34% |
| 観光 / エンターテイメント / ホスピタリティ | 24.61% | 2.93% |
| 教育（大学、社会人） | 29.90% | 2.69% |
| コンサルタント / HR / 人材 | 18.95% | 1.82% |
| ファイナンス | 22.41% | 1.98% |
| 医療 | 21.49% | 2.63% |
| 保険 | 20.02% | 2.12% |
| 製造 / 物流 / エンジニアリング | 16.52% | 1.25% |
| NPO / 行政サービス | 29.27% | 3.68% |
| その他 | 23.06% | 2.20% |
| 不動産 | 17.85% | 1.82% |
| 小売 / 消費サービス | 17.62% | 1.87% |
| 教育（小中高） | 34.81% | 5.55% |
| テクノロジー / 通信 | 20.62% | 1.50% |
| フィットネス | 28.13% | 3.04% |
| 業種不明 | 24.24% | 2.53% |

| 国別 | 平均開封率 | 平均クリック率 |
|---|---|---|
| アフリカ | 17.85% | 1.16% |
| ブラジル | 16.89% | 1.46% |
| 中央アメリカ | 23.45% | 1.67% |

| | | |
|---|---|---|
| **中国** | 11.57% | 0.62% |
| **ヨーロッパ** | 25.35% | 2.83% |
| **フランス** | 33.71% | 3.87% |
| **ドイツ** | 34.71% | 4.52% |
| **インド** | 8.59% | 0.64% |
| **イタリア** | 31.11% | 3.35% |
| **日本** | **35.59%** | **4.47%** |
| **メキシコ** | 21.01% | 1.82% |
| **中東** | 17.66% | 1.48% |
| **オセアニア** | 29.04% | 3.08% |
| **ポルトガル** | 26.65% | 2.61% |
| **ロシア** | 15.42% | 1.48% |
| **南アメリカ** | 25.90% | 1.74% |
| **東南アジア** | 21.83% | 2.00% |
| **スペイン** | 32.55% | 4.50% |
| **台湾** | 16.51% | 1.82% |
| **UK** | 24.88% | 2.88% |
| **アメリカ / カナダ** | 24.39% | 2.47% |

出所：ベンチマーク社ウェブサイト

開封率は分母の前提が変われば、絶対値自体はすぐに変わるので、他社と比較するより、**社内で継続的に数字を追いかけ**、「**過去と比べていいのか、悪いのか**」**を意識するほうが重要**だ。

## (4)ステップメールのやり方

販売キャンペーンは、**1～2週間で締切**を設けたほうが**成約率は高くなる**。151ページの「締切」の箇所で下図を解説した。

**■締切までの成約状況イメージ**

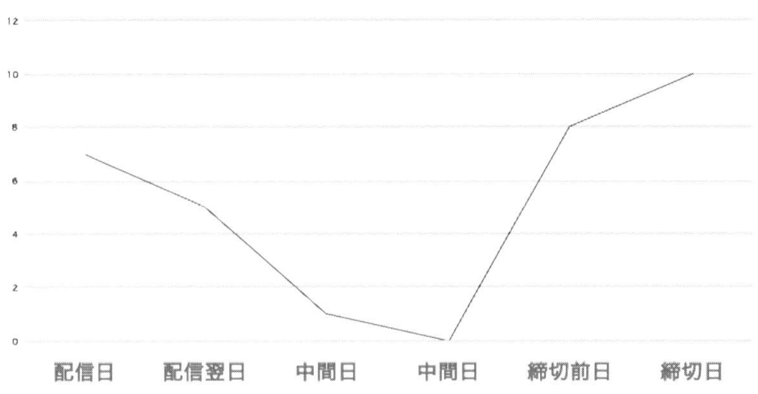


しかし、締切日もしくは締切前日にリマインドメールを送らずにただ待つだけでは、最後の伸びが鈍くなるのは当然だ。

一回の販売期間中に、複数メールを送る必要がある。

少なくとも、**配信日**と**締切日近辺**の**2回**は送ろう。

紙のダイレクトメール時代に発見された手法に、「ステップメール」がある。

ステップメールとは、**同じ人に、ある一定の間隔で、複数回、連続して送るメール**のこと。

一般的に3回が多いが、5回、7回の場合もある。

このステップメールは、現在ではメールでも使われる。

ステップメールは、アメリカの有名なコピーライターであるダン・S・ケネディ(1954～2020)が、借金返済の督促レターがトーンを変えて3回送られてきたことにヒントを得て、考え出したものだ。

文章のトーンや内容を変え、3回送ることで、**1回しか送らない場合と比**

べ、**反応率が2～3倍になる**ことがわかっている。

152ページで触れた下記データでも、締切日と締切前日だけで全体の**44%**が購入している。

**■キャンペーン期間：2020年6月24日～7月1日（8日間）**
**商品：顧客を創造するコピーライティング講座＊**

| スケジュール | 購入者数 | 2日ごとの比率 |
|---|---|---|
| **6/24（水）キャンペーン開始** | 19人 | 26% |
| **6/25（木）** | 27人 | |
| **6/26（金）** | 14人 | 14% |
| **6/27（土）** | 11人 | |
| **6/28（日）** | 15人 | 16% |
| **6/29（月）** | 14人 | |
| **6/30（火）締切前日** | 20人 | **44%** |
| **7/1　（水）締切日** | 59人 | |
| **期間合計** | 179人 | |

＊エッセンシャル編、アドバンス編、マスター編合計

期間が8日間と短いので、中間のリマインドメールを出さなくても一定の申込があるが、最初と最後に申込が多い傾向は変わらない。

期間が2週間くらいになると、中間で一回、リマインドメールを出したほうが成約率は上がる。

### ◎リマインドメールを出すタイミング

当社では、締切のリマインドメールを「**締切前日**」に出す。

締切当日だと、当日中にメールが開封されず、**締切に間に合わない人が多数出てくる**からだ。

実際、メール送信後の時間経過別開封状況は、次のようになっている。

### ■送信日時：2021年2月1日9:00

| 日付 | 時間 | 送信からの経過時間 | 累計比率 |
|---|---|---|---|
| **2/1** | ～9:59 | 1時間 | 42% |
| | ～10:59 | 2時間 | 53% |
| | ～11:59 | 3時間 | 60% |
| | ～12:59 | 4時間 | 66% |
| | ～13:59 | 5時間 | 69% |
| | ～14:59 | 6時間 | 72% |
| | ～15:59 | 7時間 | 74% |
| | ～16:59 | 8時間 | 75% |
| | ～17:59 | 9時間 | 77% |
| | ～23:59 | 15時間 | **85%** |
| **2/2** | ～8:59 | 24時間 | 88% |

2月1日朝9:00に送信した場合、当日中（2月1日23:59まで）に開封する人は、全体の85%だった。

もし、これが締切当日だったら、残り15%は間に合わない。

翌日9:00まで、つまり24時間経過後でも全体の88%だ。

このように、メールを送ったからといって、すぐに読まない人が多いので、それを見越した戦略を考える必要がある。

これは朝9:00に送信した事例だが、我々の場合、夕方や午後でも、9時間経過後で80%弱という傾向はあまり変わらない。

また、同じ人に何度もメールを送ると、「うっとうしい」と反感を持たれるのでは？　と思われるかもしれない。

同内容のメールを何度も送れば当然そうなるから、**内容はその都度変えて送る**ようにする。

同時に大切なのは、メールの「**配信解除**」の状況をよく見ておくことだ。

配信解除があまりにも多いときは、「うっとうしい」と思われているときだ。

我々の場合でも、メール配信の都度、配信数の0.02％、多いときでは0.05％程度の配信解除がある。

この程度であれば、新規リストの獲得状況と成約状況から許容範囲と見ていい。

適切な人に適切なメッセージを届けることで、「うっとうしい」と思われるリスクは軽減できる。そのために有効なのが、次の**セグメンテーション**なのだ。

## (5) セグメンテーション

メッセージを届ける相手をいくつかのグループに分けることを「**セグメンテーション**」または「**セグメント化**」という。

これには大きく2種類ある。

| | | |
|---|---|---|
| ① | ターゲットを分ける | **ターゲットによって違うLPを用意する** |
| ② | リストを分ける | **メール送信対象者をグループに分ける** |

ターゲットは絞り込まれているほど、「刺さる」。

ターゲットごとのLPの数が多いほど、成約率が高くなる調査結果を174ページで紹介した。

7000社以上からベンチマークデータをまとめたアメリカのハブスポット社の調査がある。

**ランディングページを10〜15種類用意している企業は、10種類未満の企業と比べて、コンバージョン率が55％アップ、40種類を超える企業で500％アップ**

出所：『成約のコード』

まず、「①ターゲットを分ける」場合の具体的なやり方を見てみよう。

たとえば、起業セミナーを売るケースだ。

対象となる顧客層が次のようなグループだとする。

● 年齢20代前半〜50代前半
● 男性：女性＝6:4

仕事、趣味、恋愛などに強い関心がある20代前半の女性会社員と定年後のすごし方が頭をよぎる50代前半の男性会社員では、興味・関心もずいぶん違う。

これをひとまとめにしてLPを書こうとすると、かなり難しい。

そこで、次のようにセグメント化してみる。

### ■ターゲットと訴求ポイント

| | ターゲット | 訴求ポイント例 |
|---|---|---|
| ① | 20代男性 | 一生同じ会社に勤めるのは<br>カッコ悪いと思いませんか？ |
| ② | 30〜40代女性 | あなたの能力をもっと発揮でき<br>やりがいのある仕事ができたら<br>と思いませんか？ |
| ③ | 50代前半男性 | 充実したセカンドキャリアを<br>築きませんか？ |

もっと細かく分けられる。

先ほどの調査のように、LPの数が多いのは、細かくターゲットを設定し、それぞれに適切なメッセージで訴求しているからだ。

そうすると、各LPの各ターゲットに、「自分ごと」と思ってもらえ、成約率が上がる。

それは間違いない。だが、LPを多くつくるには時間も労力もコストもかかる。

だから、**メインターゲット層が大きく異なるグループに分け、LPを別に作成する**といい。

下の左側のLPは「社長なら」で**経営者**をターゲットにしている。

一方、右側は「時間と場所に縛られずリモートで働ける！」の部分で**副業を含めた個人**をターゲットにしている。

ターゲットをイメージしたプリヘッドの部分とヘッドラインの「AI時代に」の部分だけが違っている。

ボディコピーも一部齟齬が出ないよう調整しているが、その他の部分はまったく同じだ。

このように、ターゲット別にLPをつくる場合、全部つくり変えなくても、一部を調整するだけでOKだ。

**■「経営者」（左）と「副業を含めた個人」（右）をターゲットにしたLP**

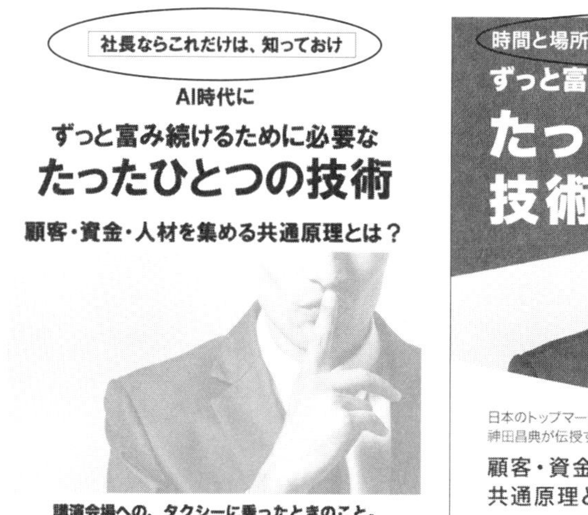

出所：アルマ・クリエイション株式会社LP

次に「②リストを分ける」場合の具体的なやり方を見てみよう。

同じく、起業セミナーを売るメールを送信する場合のリストの分け方として、次のものが考えられる。

## ■リストと訴求ポイント

| | リスト | 訴求ポイント例 |
|---|---|---|
| ① | 過去、別の起業セミナーに参加した人 | 今回のセミナーのテーマはこれ |
| ② | 起業に関する資料をダウンロードしたが、セミナーには参加したことがない人 | あなたのやりたいことを実現できる安心・安全な起業法があります |
| ③ | ①②以外の人 | 会社員の限界 |

①の人はかなり関心は高いし、セミナーに参加する心理的抵抗も少ない。だから、今回のテーマは何で、どんなベネフィットがあるかをストレートに伝えるのがいい。

②の人は、関心はあるものの、具体的な一歩を踏み出せていないので、セミナー参加の心理的ハードルを取り除き、背中を押してあげることが必要だ。

③の人は、そもそも起業に関心がない。だから、会社員の限界や問題点を認識してもらい、起業に関心を持ってもらうところから始める必要がある。

セグメンテーションでよくある間違いは、**「ただ分ければいい」というものではないことだ。**

メールやLP・セールスレターにしても、**セグメント化の目的は、メッセージをターゲットに極力マッチさせること。**

たとえば、上記の「①過去、別の起業セミナーに参加した人」を、次のように分けたりする。

- 「10月１日のセミナーに参加した人」
- 「10月20日のセミナーに参加した人」
- 「11月15日のセミナーに参加した人」

各セミナーは内容が違うので、それに合わせてメッセージ内容を変えるなら意味はある。でも、よくあるのは、メールのグループだけ分けて全部同じメッセージにするパターンだ。笑い話のように思えるが、これをやる人が意外と多い。

メッセージが同じなのにリストを分けるのは、単に事務工数を増やしているだけで無駄だ。配信の手間もかかるし、結果を集計するときに手作業で集計しなければならない。

だから、男女別か、年齢別か、過去に購入した商品別かなど、セグメント化で成功した事例でも、**今回のメッセージに対して効果があるのか、必要なのかはその都度判断**する必要がある。

また、ステップメールの箇所でも触れたが、**複数回メールを送る場合も、セグメンテーションを使うことで「うっとうしさ」を軽減**できる。

次の例のように分けるのだ。

### ■セグメンテーションでうっとうしさを軽減

| | 送信対象者 |
|---|---|
| 1通目 | リスト全体 |
| 2通目 | 1通目未開封者のみ |
| 3通目 | 1通目と2通目の開封者のみ |

1通目未開封者だけに2通目を送ることで、1通目を見逃した人をとらえることができる。

メールは1日にたくさん届くので、見落としは出てくる。

普段は問題ないのに、たまたま迷惑メールに振り分けられることもある。

そして、「一定の関心があった人＝1通目と2通目の開封者」のみに3通目を送る。

**3通目は、締切前日のリマインド**だ。

今まで開封しなかった人が、最終メールで開封して申し込むケースはゼロではないが、何度も送られ、「うっとうしい」と感じるリスクも高い。

我々はそのリスクを重視しているので、そんな送り方はしない。

このように、適切なターゲットに適切なメッセージを届けるために必要なのが、セグメンテーションなのだ。

## 3. 広告テスト

### (1) A/Bテスト

コピーを書くときは、読み手の心に刺さるよう、事前リサーチから最適な言葉を選び出して書くが、どこまでいっても想定の域は出ない。

実際の相手の反応を見ないと答えは出ないのだ。

顧客の反応をテストして確認することは、クロード・C・ホプキンス(1866〜1932)が1923年に出版した『My Life in Advertising』(邦訳『広告マーケティング21の原則』)の中ですでに紹介されている。

その後、アメリカの広告業界で58年間も活躍し続けた伝説のコピーライターであるケープルズが、メッセージをテストして、反応がいいものをデータとして積み上げていき、再現性を高めていった。

なかでも最もポピュラーなのが、「**A/Bテスト**」だ。

A案とB案をテストし、反応のいいほうを選んでいく。

たとえば、文章の中身はまったく同じで、見出し(ヘッドライン)だけ、あるいは、画像だけなど、一部分だけを変えて反応を見る。

一度に2か所以上変える「**マルチバリエイトテスト**」もあるが、一度に複数箇所を変えてしまうと、どこに効果があったのかがわからないという欠点がある。

ケープルズが活躍した時代は、紙のセールスレター全盛なので、AとBを郵送し、申込の返送が多かったほうを効果的と判断していた。
だから、A/Bテストにはかなりの時間がかかった。
しかし、ウェブなら、大幅に時間が短縮できる。
しかも、マーケティングの様々なプロセスを自動化できるマーケティング・オートメーション（MA）を使えば、さらに高速・効率化できるのだ。

たとえば、メールの件名でA/Bテストをする場合、ある一定比率や人数で振り分けたリストでA/Bテストし、開封率の高いほうを勝者と位置づけ、残りのリストには勝者メールだけを自動的に送る。
これを人がやろうとすると、かなりの手間がかかる。
ケープルズが、セールスレター時代の新聞広告の見出しで行ったA/Bテストが、166ページで紹介した次の事例だ。

## ■クーラーのA/Bテスト

| 〈A案〉 | 〈B案〉 |
|---|---|
| 湿気退治は、<br>除湿もできる新型クーラーで | 涼しくぐっすり眠れる方法<br>――熱帯夜でも平気 |

B案の見出しのほうが**2.5倍**も問合せがあったという（『ザ・コピーライティング』）。
A/Bテストで、条件を変えることにより、有益で興味深いデータが集められる。

ところで、DM時代は、顧客からのレスポンスをどうやって把握していたのだろうか？
答えは、商品・サービスの申込や資料請求などの返信用ハガキなどを同封し、それによって把握していたのだ。
ちなみに、新聞・雑誌広告の場合は、申込や資料請求の返信用住所の私書箱の番号を分けたり、クーポンの番号を分けたりして、どの掲載媒体からレスポンスがあったのかがわかるようにしていた。

たとえば、雑誌Aの広告クーポンコードは123、雑誌Bは456、雑誌Cは789としておき、申込や資料請求の際にクーポンを切り取って同封して送付すれば、どの媒体からのレスポンスかが把握でき、媒体別広告効果を測定できたのだ。

## (2)広告テスト事例

広告メッセージは実際に試してみないと結果はわからない。

いいと思ったものがさっぱり反応がなく、今ひとつと思っていたものが反応がよかったりする。

では、我々のA/Bテストの事例をいくつか紹介しよう。

〈事例1〉

こちらはバナー広告(ウェブサイト上に画像などを使った広告。ヤフーの右上に出ている広告)で、私、神田の顔が出ているのがA、出ていないのがBである。全国講演会の広告だが、A/Bテストの結果は右記だった。

■A：顔写真あり

■B：顔写真なし

| 広告 | CTR(クリック率) | CVR(成約率) |
|---|---|---|
| A：顔写真あり | 0.171% | 1.25% |
| B：顔写真なし | 0.150% | 0.37% |
| 差 | 1.14倍 | 3.38倍 |

CTR(クリック率)は、広告が表示された回数(これをインプレッション数という)に対してクリックされた比率だ。

CVR(成約率)は、広告をクリックした人の中で購入した人の比率だが、この場合は講演会に申し込んだ人の数だ。

「A：顔写真あり」は、「B：顔写真なし」に比べ、CTR(クリック率)が**1.14倍**。

これだけ見ると大きな差はないが、この広告から講演会に申し込んだ人の率＝成約率(CVR)は、「A：顔写真あり」は「B：顔写真なし」に比べ**3.38倍**となった。

**顔が出ているほうが信頼性は圧倒的に高くなる**のだ。

この話を聞いて、顔写真を広告に入れてみたらCVRが下がったという報告があった。

よく確認してみると、パンチパーマでにらんでいるような、怖い顔の写真で、誰が見ても、「そりゃあ下がるわ」という画像だった。

なんでもいいから顔写真を出せばいいわけではない。

ぜひ信頼感につながる顔写真を準備しよう。

**〈事例2〉**

次の事例はフェイスブック広告で、改行の箇所(337ページ)で触れたものだが、もう少し詳しく見てみよう。

デジタルマーケティング講座の広告で、Aが改行あり、Bが改行なしで、それ以外は文章も画像もまったく同じだ。

## ■A：改行あり

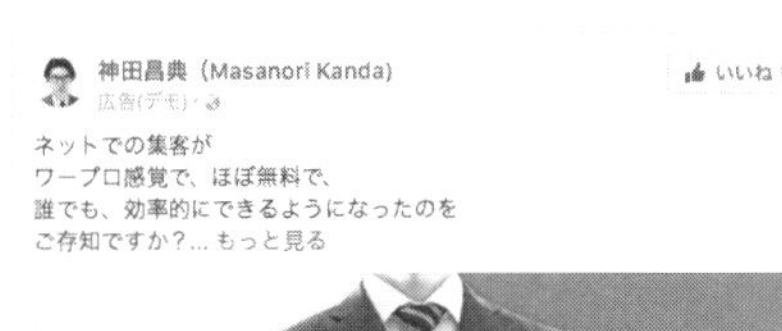

## ■B：改行なし

A/Bテストの結果は次のとおり。

| 広告 | CTR | CVR |
|---|---|---|
| **A：改行あり** | 2.28% | 11.73% |
| **B：改行なし** | 1.94% | 7.02% |
| **差** | 1.18倍 | 1.67倍 |

CTRは、「A：改行あり」が「B：改行なし」の**1.18倍**。この広告から講座に申し込んだ人の比率＝CVRは**1.67倍**となった。

改行ありのほうが読みやすいので、読んでみたいと思われる確率＝クリック率（CTR）が高くなった。加えて、内容の理解度が高く、読んだ後の行動＝成約率（CVR）もかなり高くなった。

ところで、この広告画像では、なぜ刀を持っているのだろうか？

画像の下に「神田昌典が、一刀両断！」とある部分をイメージにしたからだ。さらに、それに続く文章で「経営者は、この３つだけをやりなさい」とある。この「３つだけ」という点にフォーカスした次の画像でもテストを行った。

■A：「一刀両断」の画像

■B：「3つだけ」の画像

A/Bテストの結果は次のとおり。

| 広告 | CTR | CVR |
|---|---|---|
| A：一刀両断 | 1.12% | 26.46% |
| B：3つだけ | 1.74% | 17.30% |
| 差 | （B）1.55倍 | （A）1.53倍 |

CTRは、「B：3つだけ」のほうが「A：一刀両断」の**1.55倍**だった。

しかし、CVRは逆で、Aのほうが**1.53倍**となった。

刀で斬られようとするのは抵抗感があり、クリック数は少なかったが、その抵抗を乗り越えて読んでくれた人は、申し込む確率が高かったと考えている。

〈事例3〉

以前はA/Bテストといえば、画像やコピーなど一部分だけを変えたA案とB案をテストしていた。

だが、テクノロジーの進化で、現在では409ページのように、**複数の広告をまとめてテストすることが可能**となっている。

この事例は、画像は変えずに、コピーが違う6種類をテストしたもので、「人を動かすコトバ365」というメルマガへの登録を促す広告だ。

コピーは次ページの6種類。

さて、クイズだ。どれが最もクリックされた＝CTRが高かっただろうか？

■どれが一番クリックされたか?

| | コピー |
|---|---|
| A | 毎日なぜか、その日に<br>ピッタリのコトバを<br>神田昌典からプレゼント |
| B | 累計15万人・5500社超に<br>配信されてきたメッセージを<br>神田昌典からプレゼント |
| C | 国際的マーケティング賞<br>『ECHO賞』審査員も務めた<br>神田昌典からのプレゼント |
| D | 経営者・起業家のバイブル<br>『成功者の告白』著者<br>神田昌典からのプレゼント |
| E | 経営コンサルタント・作家・<br>国際的マーケッターである<br>神田昌典からのプレゼント |
| F | 累計250名・20年以上にわたり<br>経営者・著名人と対談する<br>神田昌典からのプレゼント |

出所：アルマ・クリエイション株式会社広告

結果は下記のとおり。

### ■最終結果

| | コピー | CTR | CVR |
|---|---|---|---|
| A | 毎日なぜか、その日に<br>ピッタリのコトバを<br>神田昌典からプレゼント | 0.67% | **43.82%** |
| B | 累計15万人・5500社超に<br>配信されてきたメッセージを<br>神田昌典からプレゼント | 0.75% | 43.14% |
| C | 国際的マーケティング賞<br>『ECHO賞』審査員も務めた<br>神田昌典からのプレゼント | 0.45% | 19.20% |
| D | 経営者・起業家のバイブル<br>『成功者の告白』著者<br>神田昌典からのプレゼント | 0.60% | 19.31% |
| E | 経営コンサルタント・作家・<br>国際的マーケッターである<br>神田昌典からのプレゼント | **0.79%** | 41.43% |
| F | 累計250名・20年以上にわたり<br>経営者・著名人と対談する<br>神田昌典からのプレゼント | 0.74% | 38.37% |

CTRは一番高いEの0.79%と一番低いCの0.45%とで**1.76倍**。
CVRは一番高いAの43.82%と一番低いCの19.20%とで**2.28倍**だ。
各広告の評価は次のとおり。

## ■広告の評価

| 広告 | 評価 |
| --- | --- |
| A | 毎日配信するメルマガを端的に表現しているのでCVRが高い |
| B | メルマガの実績を表現しており、CTRも高くCVRも高い |
| C | 国際的マーケティング賞『ECHO賞』の認知度が低いため、CTR、CVRともに低い |
| D | 経営者・起業家にターゲットを絞った形なので、CTR、CVRとも低め |
| E | 私、神田を端的に表現している＝「誰か」がわかりやすいのでCTR、CVRとも良好 |
| F | 対談実績が興味を惹いたと考えられ、CTR、CVRともまずまず |

Ａ～Ｆで、CTR（＝広告に興味を持ってクリックする人）を優先する場合はＥ、CVR（＝この広告からメルマガを登録してくれる人）を優先する場合はＡ、バランス型ならＢをベースに考える。

（注）

CTR、CVRの絶対値自体は事例間で差がある。

これは、様々な条件（例：フェイスブック広告かバナー広告か、対象が有料か無料か、ターゲット設定など）によって変わるためだ。

したがって、事例同士での比較はできず、その事例の中でどのパターンが効果的かという視点で見てほしい。

## 4. 動画で使うコピーライティング技術

インターネットによる動画が普及したことで、以前は巨額のコストがかかったテレビCMやテレビショッピングでしか使用できなかった**動画によるセールス**が、一般人でも手軽に利用できるようになった。

通信環境の高速化により、動画でセールスする流れが今後も加速するのは間違いない。

動画なので、ライティングに関係ないと思われるかもしれないが、**セールスを動画でやる場合でも、「人がモノを買う」原理原則は同じ**なので、コピーライティング技術なくして、動画セールスが成功することはありえない。

**動画の場合も、どんな要素をどんな順番で言うかという基本的な構成や流れはLP・セールスレターとまったく同じ**なのだ。

動画でも、「誰に」というターゲット設定は必須。万人ウケを狙っても、メッセージがぼやけてしまい、かえって刺さらなくなる。これはLP・セールスレターと同じだ。

次に「何を言うか」は「どう言うか」より断然重要という原則も、そのままあてはまる。

ただ、動画の場合、文章以外に、話す人の表情や姿勢、声や話し方など、五感の要素が加わってくる。

文章の場合、多少読みにくくても、内容さえ面白ければ読んでもらえるが、動画の場合、聞くに耐えない、見るに耐えないことはよくあるので、「どう表現するか」はとても大切だ。

しかし、どんなに見栄えよく話しても、話す中身がイマイチなら、人を動かすことはできない。

また、話している内容が激しく前後したり、横道にそれると、何が言いたいのかわからなくなる。

だから、「何を、どんな順番で言うか」を**ストーリーチャート**(304ページ)

＝**シナリオ**にしておくのが有効なのだ。

動画でのセールスで、まず思い出されるのはテレビショッピングだ。

テレビショッピングでは昔から、「それだけではありません」と特典をたくさんつけたり、「0120-xxx-xxxへ今すぐお電話を」と、行動を呼びかけるCTAを入れるなど、コピーライティングの手法が散りばめられている。

テレビショッピングも「PASBECONA」にあてはめてみると、よくわかる。

次の事例は、庭の高い木の枝を切る「高枝切りばさみ」のテレビショッピングだ。

### ■「高枝切りばさみ」のテレビショッピング

出所：画像はトランス・コスモス株式会社。日本直販ユーチューブ公式チャンネル

このテレビショッピングの内容をもとに、我々が「PASBECONA」の流れにアレンジしてまとめたのが、次ページの表だ。問題のとらえ方など、ところどころアレンジしているが、大きな流れはおわかりいただけると思う。

### ■テレビショッピングを「PASBECONA」にあてはめたら

|  |  |
| --- | --- |
| 高く伸びた庭の枝を<br>自分で切るのは大変<br>業者に頼んでも枝はすぐ伸びる<br>（庭の手入れができていないと<br>近所の人が白い目で見ている） | Problem（問題） |
| 切るのは疲れるし<br>脚立（はしご）にのって<br>切ろうとすると……<br>あ、危ない！ | Affinity（親近） |
| そんなときには<br>この高枝切りばさみ | Solution（解決） |
| これさえあれば<br>背の低い方でも<br>安全にラクに切れます<br>だから庭はいつもきれいに<br>（近所の人も称賛） | Benefit（利得） |
| 背の低い私でも<br>ラクに切れました<br>（顧客が何人か登場して証言） | Evidence（証拠） |
| この高枝切りばさみは<br>アルミ製で重さわずか１kg<br>長さは３mまで自由に変えられます<br>（詳細な仕様説明） | Contents（内容） |
| この高枝切りばさみを<br>7,800円でご提供<br>しかも、家庭用はさみ３種類を<br>おつけします | Offer（提案） |
| 今から30分以内に<br>お電話いただいた方限定 | Narrow（適合） |
| さあ<br>0120-xxx-xxxまで<br>今すぐお電話ください | Action（行動） |

ちなみに、こちらは「PASBECONA」の流れに合わせているが、「**何を、どんな順番で言うか？**」というシナリオ設定としては、「ストーリーチャート」の形にしている。

「PASBECONA」よりも、もっと細かく分けてシナリオをつくると、さらに流れがはっきりしてくる。

このように、あらかじめ動画の流れを「ストーリーチャート」で構成しておくと、言いたいことをスムーズに伝えることができる。

また、これをPMMの「**誰が・何をして・どうなった？**」で表現すると、次のようになる。

- **「誰が」**：庭をきれいにしたいけれど、手入れに苦労している人が
- **「何をして」**：背の低い人でもラクに使える、軽量・長尺の高枝切りばさみを使うことで
- **「どうなった？」**：脚立（はしご）から落下の危険もなく安全にラクに手入れでき、庭をいつもきれいに保てるようになった。その結果、近所から白い目で見られる肩身の狭い思いから解放された

動画活用の別事例として、**ライブ配信を活用し、無料オンラインセミナーを開催して、セミナーの最後でセールスする方法**がある。

この手法は、古くから使われてきたが、当時は会場に顧客を集めてセミナーを開催する対面が前提だった。

しかし、オンライン配信の環境が整った現在では、会場を使わなくても誰でも手軽に利用できる。

次ページで我々が実際にやった流れで解説しよう。

## ■無料オンラインセミナーを開催し、セミナーの最後でセールスする方法

書籍出版記念
無料オンライン講演

リモートワークで
結果が倍増する、コピーの力

フェイスブック広告出稿
あらかじめ視聴登録してもらう

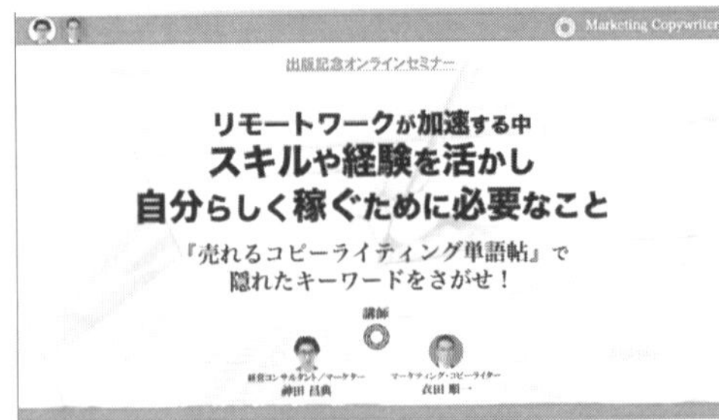


オンラインライブセミナー開催

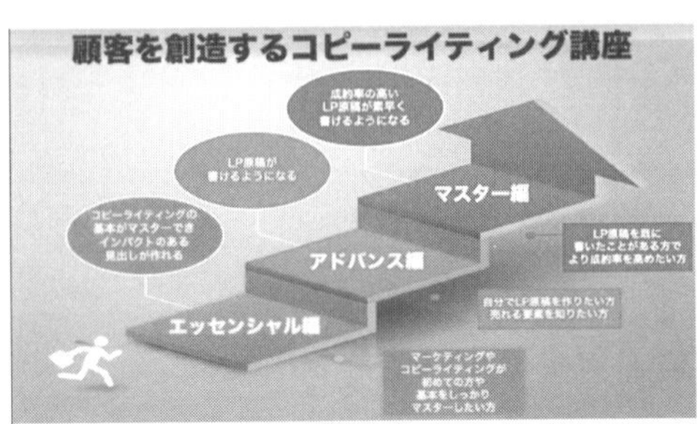


セミナーの最後にセールス

セミナー後にセールスを入れると、オンラインではどのくらい離脱すると思われるだろうか？

我々の実際のデータをお見せしよう。

セミナー開催日時：2020年４月28日（火）19:00〜21:20
配信方法：Zoom

実際にやってみると、**セールスのところで離脱する人は、直後で１割程度。最終的には３〜４割程度**。逆にいうと、６〜７割はセールスを最後まで聞いてくれる。

| 時間 | 視聴人数 | |
|---|---|---|
| 19:00 | 740人 | セミナー開始時点 |
| 19:13 | 835人 | |
| 19:39 | 917人 | 開始40分がピーク |
| 20:40 | 855人 | セミナー終了（20:20頃より減少） |
| 20:45 | 759人 | セールス開始直後（セミナー終了直後から11％減） |
| 21:20 | 492人 | セールス終了時点（セールス開始直後から35％減） |

このオンラインセミナーからセールスの一連の流れを数値でまとめると、次のようになる。

| | | |
|---|---|---|
| オンラインセミナー登録数 | 3,697人 | |
| うちフェイスブック経由 | 2,135人 | |
| フェイスブック広告費用 | 80万6,377円 | |
| セミナー当日ライブでの参加者 | 1,167人 | |
| 収録動画視聴を含めた視聴者数 | 3,184人 | |
| 講座購入者のべ数（複数講座購入者含む） | 321人 | CPA*＝2,512円（80万6,377円÷321人） |
| 売上（税別） | 1,677万4,000円 | この時点のLTV*＝52,255円（1,677万4,000円÷321人） |

＊CPA＝顧客獲得コスト、LTV＝顧客生涯価値（72ページ）

アメリカでは、セミナーの中で、商品宣伝パートを多めに設け、強めに売る手法が使われるが、日本ではあまりなじまない。

当社の場合は、本来のセミナーパートとセールスパートは分けるようにしている。セミナーパート終了時点で、

**「さらに詳しく学びたいという方のために、私どもの商品をご案内します。ご興味のある方は、引き続きご参加ください。では、本日はご参加ありがとうございました」**

と一度締めてから、セールスに移る。

無料セミナーの場合、「せっかく商品を売るために無料で集めているのに、そこで離脱してしまっては意味がないじゃないか」と思う人もいるかもしれない。

だが、無理して自社に合わない顧客をつかむより、同じ価値観を共有できる顧客と我々は取引をしたい。

そのほうがかえって**良質な＝LTVの高い顧客獲得につながる**のだ。

## 5. FAQ

FAQは「**よくある質問**」のこと。

FAQを単なる疑問解消の場ととらえ、「答えがわかればいいんでしょ」と無味乾燥な文章にしてしまうと痛い目に遭う。

**このFAQの悪い印象が、そのままあなたの会社全体や商品・サービスに対する印象**になるからだ。

しかも、私、神田が監修した『世界一シンプルな増客マシーンの作り方——普段のシゴトをしているだけで勝手に顧客がやってくる！』(マーカス・シェリダン著、神田昌典日本語版監修、齋藤慎子訳、実業之日本社)にも、**顧客から「訊かれたことに答える」だけで集客の仕組みが一気にできあがる**ことが書かれている。**FAQこそが最も手軽なデジタル変革**なのだ。

それほど重要なFAQの文章を考えるうえで役立つ技術が「**経験工学**」だ。

経験工学は『おもてなし幻想——デジタル時代の顧客満足と収益の関係』(マシュー・ディクソン+ニック・トーマン+リック・デリシ著、神田昌典+リブ・コンサルティング日本語版監修、安藤貴子訳、実業之日本社)の中でこう定義されている。

**「注意深く選択した言葉づかいで会話をコントロールしてそのかじを取り、告げられている内容を顧客がどう解釈するかを改善すること」**

経験工学の中でも「**肯定的な言葉づかい**」は最も基本。

経験工学を活用して相手の印象をよくするだけでなく、「**オルタナティブ・ポジショニング**」により**商機を逸することを防げる。**

オルタナティブ・ポジショニングとは、**第一希望ではないものの、それと同等もしくは同等以上に、「いい結果を得られた」と感じる代替案の位置づけのこと。**

だが、経験工学をFAQに使うときに必ず出てくる抵抗は、

「ダメなものはダメとはっきり書いておかないといけない。ややこしい書き方だとわからない人が出てきて、後のフォローが大変だ」

というもの。この抵抗感が根底にあると、常に「できません」「やめてください」と否定形ばかりになる。

## ◎悪い例(完全否定型)

ABCカードではお支払いいただけません。

(または)

ABCカードでのお支払いはご遠慮ください。

否定形はあなたに果実をもたらさない。

極力避けよう。

ややこしい場合は、**先に否定形で書き、次に肯定形でフォロー=オルタナティブ・ポジショニングを提示**する。

### ◎よい例（経験工学フォロー型）

誠に恐れ入りますが、お支払いにABCカードはご使用になれません。
DEF、GHI、JKLカードがご利用可能ですので、ご確認のうえお支払い手続きいただけますようお願いいたします。

## この章のポイント

●インターネットを使ったマーケティングが**オンライン**、郵送などインターネットを使わない紙媒体が**オフライン**

●**インターネット広告(ネット広告)**を使うことで、テレビCMや新聞広告などより安価に広告を出すことができる。また、オンラインは顧客からの反応や効果の確認が短時間でできるので、非常に効率がよい

●**メールのライティングでの最重要ポイントは、差出人と件名。**差出人と件名の見え方をよく考えると同時に、見出しは、読まれるように「BTRNUTSS」で確認する

●メールの**開封率**と**クリック率**を把握することで、そのメールが「どの程度読まれているか？」や、読み手の「関心の高さ」などがわかる

●メールの**開封率の平均は20〜30%。**ただし、**分母となる配信対象リスト次第で「率」は変わる**点に注意。他社と比べるより、**社内の過去の事例と比べる**ほうが重要

●**メールは1回より複数回、特に締切前日に出すのが効果的。**何度もメールがきてうっとうしいと思われないよう、**配信対象を効果的に絞るセグメンテーション**が有効

●効果の確認は**A/Bテスト**で行う

●動画セールスにも「PASBECONA」の流れは有効

●FAQは**極力否定の表現を避ける。**否定表現をするときは、**オルタナティブ・ポジショニング**を提示し、肯定表現でフォローする

# 第9章

# 神田昌典
# コピーライティング至言29

神田昌典が初めてコピーライティングと遭遇したのは1995年。「はじめに」で神田が述べているように、外資系メーカーで、半年の間に実績が出なければクビという追い詰められた状況の中、立ち寄った書店でふと目にした雑誌の記事がきっかけだった。

以来、四半世紀にわたり日本の現場で試行錯誤しながら、百年以上続くコピーライティングの極意を書籍や講座を通じて伝えてきた。

コピーライターの中には、クライアントの売上を上げられるようになると、コンサルティングや社長業に集中し、LPやメルマガなど実際にコピーを書くことから離れてしまう人がいるのも事実だ。

だが、神田は自社の経営と同時に他社のコンサルティングもしながら、常に現場でコピーを書いてきた。きっとこれからも書いていくだろう。

神田は自分で思いついたアイデアを形にしていくときには、必ずLPの形で文字にしている。

神田にとってコピーや書籍を書くことは、自己探究の欠くべからざる手段なのだ。

いよいよ最終章となった。ここでは、神田のコピーライティングに関する至言を私、衣田が凝縮してご紹介する。

**いつの時代にあっても、変わらない、肝に銘じておくべきコピーライティングの普遍(不変)の言葉**をお届けしよう。

コピーライティングは、スポーツや芸術などと同様に技術なので、知識として知っていることと、それを現場のライティングで使えることは別問題だ。「あー知ってる、知ってる」と通りすぎるのではなく、折に触れ、ここで紹介する言葉の数々を見直していただくと、きっとその都度、新たな気づきが得られると思う。それによって、あなたのコピーライティング技術は、現場で使える形で、着実に上達していくと確信している。

## 1. 「いい商品」と集客力とのあいだに、明確な相関関係はない。しかし、「いい商品」であることをお客に伝える能力と、集客力とのあいだには、明確な相関関係がある。

『新版 小予算で優良顧客をつかむ方法――マーケティング常識11のウソ』(神田昌典著、ダイヤモンド社)

「いい商品なんだけどな～。使ってもらえば、よさがわかってもらえるんだけどな～」とはよく聞くセリフ。しかし、残念ながら、この人は一番肝心なところを理解していない。

どんな商品も、**使う前によさをわかってもらえなければ買ってもらえない**。

その商品・サービスが持つ**魅力を100%引き出して伝えるのがコピーライティング**だ。

100%未満だと訴求できず、100%超だと事実以上のことを言っているので誇大広告になる。

誇大広告は失望を誘い、リピートにつながらない。誇張せず、事実に基づき、自分が「これだ！」と自信を持って言えれば100%表現できたと考えていい。

それでもコピー自体の魅力が足りないと感じたら、商品・サービス自体を改善しよう。「どう言うか」より「**何を言うか**」の「**何**」を**根本的に改善**すべきだ。

## 2. 広告を見させることと、広告を見て行動をとらせることは、違う。

『新版 小予算で優良顧客をつかむ方法』

この「広告」とは、イメージ広告ではなくレスポンス広告。

これも20年以上前のメッセージだが、今見ても、LP・セールスレターのパーツごとの役割を言い当てている。

まず、「**広告を見てもらう**」ときに**一番重要なのはヘッドライン**だ。

ヘッドラインで失敗すると、その後のメッセージでの敗者復活戦は一切ない。

ただ、**ヘッドラインさえよければ、確実に購入につながるかというと、それはまた別問題**。コピーライティングの世界は実に奥が深いのだ。

ヘッドラインの役割はあくまでも「読み手の興味を惹く」ところまで。そこから先はボディコピーの役割。じっくりとベネフィットを理解してもらうように構成する。

ここで大事なのは、**価格以上の価値**があると納得してもらい、購入へのハードルを取り除くこと(＝リスクリバーサル)。

そして、**最後に「購入」を呼びかけて初めて成約に至る**ものだと肝に銘じておこう。

---

## 3. 1930年代にコリアー氏がまとめた文章の本質を見つめれば、それは目的の実現に向けて必要なサポーターを集めるための「呼びかけの作法」であることがわかる。

『伝説のコピーライティング実践バイブル』

コピーライティングは、言葉をあやつり、人間心理を操作し、あおりながら、人をダマして売る技術ではない。

商品・サービスを通じて実現したい目的＝ビジョンのために、必要とする**サポーターを集める**ものだ。

268ページで「投げかけたメッセージどおりの顧客が集まる」と述べたが、自分はどんな人に集まってほしいのか？　どんな人と一緒に仕事がしたいのか？　それを見極め、「**呼びかける**」のだ。

そこには、もはや売り手と買い手という関係を越えた、相互信頼にあふれた関係性が生まれる。

あなたは、どんな人を必要とし、どんな人とともにビジョンを実現していきたいのだろうか？

それを踏まえ、「呼びかける」ことがコピーライティングの本質の一つである。

**4.** **人間の本質に基づいた言葉を理解するようになれば、何も難しい理論を学ぶことなく、誰でもビジネスを楽しめるようになってくる。まさに「現代の錬金術」といえるほどの魔術ではあるが……。それを現代に広く流布してしまうことは、そのよい面だけではなく悪い面——つまり白魔術だけではなく黒魔術さえも公開してしまうことになる。**

『伝説のコピーライティング実践バイブル』

**人々が不快に思うメッセージは、反応が取れようと、流してはならない。なぜなら、言葉に顧客の心を動かすほどの影響力があるなら、その言葉は、顧客対象以外の大多数の人々にも影響を与えるからだ。**

『ザ・コピーライティング』

コピーライティングの集客効果を象徴するエピソードがある。

あるコピーライターが、知り合いの飲食店開業のチラシをつくった。

その効果で、初日からたくさんのお客さんが集まり、行列ができた。

コピーライターは大喜びだった。でも、店主は浮かない顔。

この店主は初めて自らの店舗をオープンしたばかりで、接客の技術がほとんどなかった。そこへ一気にお客さんが集まり、多くのお客さんから接客の悪さを指摘された。結果、繁盛したのはオープン当初だけで、その後は閑古鳥が鳴くことになった。

コピーライティングは諸刃の剣。まさに**刃物を扱うこと**だと肝に銘じておこう。正しく使えば質のよい顧客を集められるが、使い方を誤ると、**人を傷つける凶器**にもなりうる。

コンサルティング先で、「集客目標はどのくらいですか？」と尋ねると、「できるだけたくさん」という返事をよく聞く。

「本当にたくさん集めて大丈夫なのか？」「在庫はあるのか？」など、**本当に売っていい状態なのかを見極める**こともマーケティング・コピーライターの大事な役目だ。

「そんなことはコピーライターの知ったことではない。依頼どおり商品が売れるかどうかがコピーライターの腕の見せどころ。売った後のことなど考える必要はない」という人もいるだろう。

だが、日本でもコピーライティングが「黒魔術」として疎(うと)まれかけた時期があった。

神田が初期型の「PESONAの法則」を活用していた頃、前述したとおり2つ目の要素は「Agitation(あぶりたて)」だった。

そのノウハウは、限られた会員にのみに公開された。

だが、徐々に「あぶりたてる」手法が広がり始め、危機感を強くした神田は一時期、コピーライティングと距離を置いた時期もあった。

しかし、書籍やセミナーを通じて言葉の危険性を発していったところ、改善傾向が見え始めた。

正しく使えば、これほど効果的でビジネスに好影響を与える技術は他にないと、神田は再びコピーライティングに心血を注ぐようになった。

---

## 5.

**注意が必要なのは、このノウハウは心理誘導に近い部分もあり、アメリカ人よりも自我が希薄な日本人に使った場合、売り上げは急激に上がるものの、その後、マーケティングの闇(苦情や誹謗中傷、ネガティブな口コミ、さらにはその心理的な悪影響)を生むこともある。**

『究極のセールスレター』

**アメリカ流のコピーは、確かに短期的に売上を上げる。しかし、それは劇薬であって、ときに副作用をともなうことがある。**
**結論から言えば、広告表現自体が敵を作ってしまったり、誰かを傷つけてしまったりする場合には、長期的にはうまくいかない。**
**想定できない副作用をともなうことがあるので、よほどの覚悟がない人以外は、やめたほうがいいというのが、私のアドバイスだ。**

『ザ・コピーライティング』

神田は、アメリカの最先端のマーケティングノウハウを日本に持ち込んで現場で活用することを得意としてきた。

マーケティングに関しては、アメリカは日本の5年先を行っている。その最先端ノウハウを取り入れると、あたかもタイムマシンに乗ったように、未来のノウハウを現在に使うことができる。

しかし、神田がアメリカのノウハウを日本で紹介するとき、最も気をつけているのは、**そのまま使える部分と使わないほうがいい部分を区別する**ことなのだ。

たとえば、「警告！」や「○○するな」などの表現は、アメリカでは「Warning！」や「Don't ○○」が該当する。

これらを、そのまま日本で使うと、恐怖感をあおる方向に行きすぎてしまう。また、セミナーの際の売り込みも、アメリカでは長い時間をかけてしっかり売るが、日本ではあまりなじまない。

このように、神田はアメリカ人と日本人の気質や、文化的背景の違いなどを踏まえ、そのまま使う部分とアレンジして使う部分、使わないほうがいい部分を、その都度判断している。

## 6. 我々は「顧客視点で考えろ」と普段から言っているくせに、いかに「顧客視点での言葉」を使っていないかがよくわかる。

『伝説のコピーライティング実践バイブル』

172ページで「**Youメッセージ(顧客視点)**」と「**Meメッセージ(自社視点)**」に触れた。

多くの会社で「顧客視点」が叫ばれているが、実際には自社都合のメッセージが圧倒的に多い。

だが、常に「Youメッセージ」で書くのは難しいもの。だから、意識しないと、誰でもすぐ「Meメッセージ」になってしまう。

常に謙虚な姿勢で「Meメッセージ」になっていないか、検証し続けよう。**「自分はもう大丈夫」と思った瞬間にドツボにハマる。**

これを防ぐにはリリース前に、**信頼できるパートナーや社員と相互チェッ**

**ク**することが肝心。かなり慣れた我々でも「ちょっと『Meメッセージ』が強い感じがしますけど」「ここは、『Meメッセージ』が強くてベネフィット感が薄いよ」などと日々やりとりをしている。一人で苦しまずに人の力を借りよう。

## 7. 今までセールスライティングという言葉になじみのなかった人が、この分野に触れた時の最初の衝撃は、共通している。「……こんな世界があったんだぁぁぁぁぁ！」

『禁断のセールスコピーライティング』

こちらが言った言葉が、相手に違う意味で受け取られたり、言い方一つでうまくいったり、逆に誤解をされたりする。言葉の違いで結果が変わるのは、誰もがなんとなく感じていることだろう。

私、衣田も初めてコピーライティングに触れたときの感動を昨日のように覚えている。人を動かす言葉には原理原則があったのだと。

さらに驚いたのは、自社やクライアントの業績が上がることだけではなく、**自分自身を内省しながら、商品・サービスそのものの意味や意義を深く考えさせられた**ことだ。

本書の読者なら、その衝撃をわかってくれるだろう。これはコピーライティングの技術を研究し、現場で使い続ける限り、ずっと味わえる感動なのだと思う。

## 8. 私が伝えているのは……。単なるハウツーではなく、焼け野原に立っても、翌日から、紙とペンだけで、立ち上がる力だ

『禁断のセールスコピーライティング』

コピーライティング技術の本質は、商品・サービスが売れる仕組みをつく

ること。人が購買行動を起こすメカニズムは、この百年、ほとんど変わっていない。

出口治明APU(立命館アジア太平洋大学)学長の『哲学と宗教全史』(ダイヤモンド社)によれば、**人間の脳は1万2000年以上、ほとんど進化していない**という。ということは今後も、人の購買行動の原理原則は変わらないだろう。扱う**商品・サービスが変わっても、コピーライティングの原理原則は時代を超えて活用できる**のだ。

仮にアクシデントで全財産を失い、ゼロから(あるいはマイナスから)スタートすることになっても、理解者や協力者を募り、資金を集め、商品・サービスを用意し、利益を上げることができる。それがコピーライティングの底力なのだ。

先行き不透明な時代、ますます将来の不安は高まる。だが、どんな焼け野原でも、「立ち上がれる力」を与えてくれるのがコピーライティング技術だ。この技術を徹底的に磨くことで、なによりの安心材料が得られる。

## 9. セールスライティングにより人間性が向上していく理由は、自分を主語にするのではなく、"相手を主語に"考え続けなければならないからだ。

『禁断のセールスコピーライティング』

コピーライティングでは、「Youメッセージ」と「Meメッセージ」、読み手目線・書き手目線、相手中心・自分中心など、いろいろな言い方はあるが、肝心なのは、**いかに顧客=読み手の目線(立場)になれるか**だ。

「刺さる言葉」は顧客の頭の中にしかない。しかも**顧客本人もほぼ自覚していない**こともあるから、見つけるのは容易ではない。

常に「**顧客からはどう見えるか?**」「**この商品によって顧客にどんな変化があるか?**」「**どんなベネフィットが得られるか?**」を考えると、客観的な視点で面白いコピーが生まれる。

いろいろな顧客のものの見方がわかれば、それだけ自分の視野も広がる。

これは、「いつも人の顔色をうかがう」のとは違う。

また、「自分の言いたいことを言ってはいけない」ということでもない。

**自分の言いたいことを、「相手に伝わる」ように、“相手を主語に”して考**えることだ。

## 10. どんな文章でもいい。仕事で使う、身近な一文から変えるのだ。それは、あなたの人生を永遠に豊かにする扉を開く鍵になるだろう。

『禁断のセールスコピーライティング』

身近な文章を変えるのに一番やりやすいのは、「経験工学」(注意深い言葉づかいで、内容を顧客がどう解釈するかを改善すること→418ページ)を取り入れること。

これにより、自分視点から読み手視点へと切り替えられる。

経験工学を活用すると、読み手のベネフィットを探すのが面白くなる。

常に「**読み手にとって役に立つことはないか？**」と考えることで、書き手の世界も広がる。

「読み手のため」に探究してきたものが、結局、自分自身の視野の広がりとなって返ってくる。そうすれば、あなたの人生はさらに豊かになる。

身近な一文を変える意識を持ったあなたは、すでにコピーライティングの大海原へ飛び込んでいるのだ。

## 11. DMを書く本人が、文章を“自分のものにしていく”必要があることをお忘れなく……。

『禁断のセールスコピーライティング』

スワイプファイル(売れた実績のあるLP・セールスレターを集めたもの→61ページ)を活用してコピーを書くと、訴求力の高いコピーをすばやく書ける。

だが、提供する価値と顧客のニーズ・ウォンツをマッチングさせる**「PMM」がスワイプファイルと合っているか必ず確認**しよう。

スワイプファイルを意識しすぎると、スワイプファイルの商品・サービス名だけを変えて、つじつまを合わせようとする。

つまり「型にはめる」ことだけに熱中し、商品・サービス独自の魅力を伝える本来の目的を見失ってしまうのだ。これでは本末転倒だ。

優れたコピーを音読したり、写経したりして、体に染み込ませるのは大いにやるべきだ。

だが、どこかのコピーを切り貼りしても成果は出ない。

コピーライティングの原理原則を自らの商品・サービスに落とし込み、**唯一無二の「自分の言葉」で表現する**ことを絶対に忘れないでほしい。

## 12. チラシは、人間性を誤魔化(ごまか)すことができない

『禁断のセールスコピーライティング』

これは、チラシに限った話ではない。LP・セールスレターにしても、普段のなにげない文章一つにも人間性は表れる。

人間性だけではない。

**書いたそのときの気分もしっかり文章に表れる**。恐ろしいことだ。

イライラしているとトゲトゲしい文章になり、ゆったりと満たされた気分のときは、思いやりのあるやさしい文章になる。

私、衣田は、これまで800人以上に、のべ3500回以上のコピーのフィードバックをしてきた。だから、書き手が迷いながら書いていると、その気持ちがそのまま文章に表れてしまうのが手に取るようにわかる。

コピーライティング技術には原理原則がある。

だが、最終的には、**その人の人間性がそのまま文章となって表れる**。

小手先のテクニックを磨くのではなく、**常に人間性を磨き、人間性がそこはかとなくにじみ出る文章**になるよう、私自身もたゆまぬ研鑽を続けたい。

## 13. 文章は情報を伝えるのではない。“感情”を伝えるために書くのだ。

『稼ぐ言葉の法則』

単に情報を伝えるだけでなく、**読み手にどんな感情を持ってもらいたいのか？ 読み手にどんな感情を伝えたいのか？** を考えながら書くことが大切だ。

読み手の悩みを親身になって考え、その大変な状況を理解したうえで、この商品・サービスでその悩みが消え、「ラクになってくださいね」と親身になって書けば、おのずと文章に感情が込められてくる。

感情を伝えるには、わかりやすい言葉で、**感情を込めて自然体で書けばいい**。ここでテクニックを駆使しようと考えなくていい。

12. の「チラシは、人間性を誤魔化すことができない」のとおり、文章には人間性がそのまま表れる。

だから感情を込めて書くことを意識すれば、ちょっとした言葉遣いの端々に、あなたの感情がにじみ出て、独自の文章になっていくだろう。

## 14. セールスレターでは、お客が聞きたいことを言わなければならない。自分の言いたいことを言っていて、お客が聞きたいことを言ってない

『禁断のセールスコピーライティング』

暖房システムをおばあちゃんに売るときのエピソード(39ページ)を思い出してほしい。

コピーライティングを知らない人は、自分の言いたいことだけを文章にしてしまう。

「この商品はこんなところがすごいんです。こんなこともできます。あんなこともできます」と書き連ねる。だが、読み手には何ひとつ響かない。

おばあちゃんに暖房器具を売る話は、今この瞬間、日本全国で起こっている。常に「Youメッセージ」で書く。「**顧客が聞きたいことは何か？**」を考

えることがベネフィットであり、刺さる言葉の本質なのだ。

## 15. いったい、なぜ反応がないのか? 文章が長いからではない。ズバリ、つまらないからである。

『禁断のセールスコピーライティング』

LP・セールスレターを初めて見た人は、「誰がこんな長い広告を読むんだ？」と疑うことが多い。

しかし、これはセールスレターの時代から、コピーが長いから読まれないのではなく、「単につまらないから読まれないのだ」と言われてきた。

文章に惹き込む力があれば、読み手は長くても読んでくれるのだ。

神田はよく、「こんなコピーじゃ、あくびが出て誰も読まないよ」と表現する。大して興味の湧かない、驚きもない内容を、言い古された表現で書いても、読み手はあくびが出るだけ。

コピーの適切な長さは、「**必要な情報を十分に伝えられる長さで、最も短いもの**」だ。必要最低限のコピーを、興味深く書けば必ず読んでもらえる。

そのために、「**ストーリーチャート**」(304ページ)で**上から下へ水が流れる**よう、**次が読みたくなるように**書いていくのだ。

## 16. お客は何が欲しいのかわからなくなっている

『新版 小予算で優良顧客をつかむ方法』

神田の処女作は『小予算で優良顧客をつかむ方法』(ダイヤモンド社、1998年10月刊、新版2011年12月刊)だった。

今から20年以上前だが、このメッセージは古くなるどころか、商品点数増と情報爆発により、ますます真実味を帯びてきている。

顧客はあまりにも多くの選択肢があることで、何を選んだらいいかわからなくなっている。さらにいえば、**顧客自身が問題そのものに気づけなくなっ**

ている。

こんなときこそ、マーケティング・コピーライターが、**読み手の頭の中や心の中を的確に代弁**することで、読み手は「**そうだったのか**」と気づく。そして、自分に必要な商品・サービスはこれだと納得し、購入につながっていくのだ。

---

## 17. 相手の思っていることを先取りして、文章で表現する。そうすると、お客は行動するのである。

『禁断のセールスコピーライティング』

### 心の止め金を外す言葉を見つける

『新版 小予算で優良顧客をつかむ方法』

### 消費者の心理状態にぴったりマッチした言葉は、行動を誘発しやすくなる

『新版 小予算で優良顧客をつかむ方法』

買い物をするときには、必ず「ほしい」という感情が先立つ。

しかし、その欲求には、普段、カギがかけられている。

「こんなものは必要ないんじゃないか」「節約しなければならないし」と、ほしいと思っているものについても、自制心が働いている。

ところが、この**心の止め金をカチッと外す言葉**が存在するのだ。

いわゆる「刺さるコピー」。顧客の欲求にぴったりはまれば行動につながる。

「顧客の頭の中にある言葉を使う」(274ページ)ことが基本だが、**自分でも気づかなかった深層(潜在)の欲求を言葉で表現できれば、「そうだ、これだよ!」と読み手に「刺さる」**。

そして、その言葉が、読み手が抑え込んでいた欲求を的確に突いたときに心の止め金が外れ、購入に向かうのだ。

## 18. お客が価格のことしか聞かないのは、あなたが価格以外の商品判断基準をお客に伝えていないからである。

『新版 小予算で優良顧客をつかむ方法』

繰り返しになるが、投げかけたメッセージどおりに顧客が集まる。

あなたが「安さ」をウリにすれば、「安さ」に反応する人が集まる。

あなたがもし、自分の顧客は「価格のことしか念頭にない」と思うなら、広告メッセージが「他社に比べてどれだけ安いか？」「この価格がどれだけお得か」になっていないか見直してみよう。

価格の話をしてはいけない、ということではない。

大事なことは、価格の話をする前に、**商品・サービスのベネフィット**が顧客に十分伝えられているかだ。

そのうえで、その**ベネフィット**が**価格に対して割安なことをアピール**すればいいのだ。

## 19. 自分の業界では、どのように使えるか

『新版 小予算で優良顧客をつかむ方法』

うまくいったマーケティングの事例を知っても、「これは自分の業界(会社、商品・サービス)では使えない」という反応をする人は多い。

「ピアノコピー」(48ページ)を見て、「これは音楽業界でしか使えない」と思考を閉じてしまうと、「私がウェイターにフランス語で話しかけられたとき」「私が起業すると言ったら」「私が司法試験を受けると言ったら」といった豊かな発想は出てこなくなる。

少し「ひねれば」いくらでも応用できる。

「どうすれば、自分の業界で使えるか？」と**アイデアを借りる視点**で考えてみよう。まだまだ未知なるアイデアは眠っているはずだ。

## 20. 機能や価格よりも、顧客は、最も信頼できる会社から買うことが多い。そこで重要になるのが、あなたの会社の、何が評価されているのか、既存客の視点から考え、その答えを、新規客にしっかりと伝えられるように言葉にしていくことである。

『稼ぐ言葉の法則』

あなたに一度でも購入してくれた顧客がいれば考えてみよう。

**なぜ、他の店や商品・サービスではなく、あなたを選んでくれたのか？**

そこには、なんらかの理由が必ずある。

本当に「たまたま」の場合でも、「たまたま目についたきっかけがどこにあったのか？」「どんなメディアでたまたま知ったのか？」がわかれば、他の潜在顧客にアプローチできる。

明確に自社を選んでくれた理由があり、同じような声が複数あれば、それこそが他社との差別化要因になっている可能性が高い。

**他と違って何がよかったのか？**

そこに独自性や優位性が隠されている。

常にそんな目線で探してみると、ビジネスがどんどん楽しくなる。

## 21. 商品・サービスを購入するということは、顧客にとっては「自分の抱えている問題を解決する」ということ。もっと言えば「“今の自分”から“新しい自分”に変化する」ということだ。

『稼ぐ言葉の法則』

あなたが提供する商品・サービスは、読み手の困りごと＝問題を解決してくれるか、それともはるかなる理想をかなえてくれるかのいずれかだ。

その両方とも、今の状態から未来へ変化を促すことは変わらない。

あなたのコピーライティングによって現実と理想との間に「ギャップ」が生じ、顧客の感情が動かされ、「ほしい」という欲求につながる。

その一方、どんな人にも、「現状維持バイアス」(240ページ)がかかっているので、すぐに行動には移せないもの。

**いかに現状維持バイアスを乗り越えて、「人を動かす」ことができるかが、コピーライティング技術の腕の見せどころだ。**

---

## 22. ほとんどの会社は、人間の感情を考えていないで、ビジネスをしている。だから本来得られるべき売り上げや効率が得られないのです。

『あなたの会社が90日で儲かる！』

これは、人間は「**買うのは感情**」それを「**理屈で正当化する**」(284ページ)という原理原則を述べたもの。

いくら商品・サービスが優れていて、長所や機能を論理的に説明しても、**顧客の感情**が刺激されなければ購買にはつながらない。

商品・サービスがすばらしくても、売れないものは世の中にたくさんある。

逆に、商品・サービスは、たいしたことがなくても、売れているものも確実にある。

ニーズとウォンツ(42ページ)のように、ニーズだけでは感情が動かず、**ウォンツにアクセスできない限り付加価値は得られないのだ。**

---

## 23. マーケティング・コピーライターとは、単に「目の前の商品を売るための文章を書く人」ではない。マーケティング戦略の奥行きを踏まえながら、商品の真の価値を掴みとり、それを必要とする顧客へと“つなげる物語と言葉”を編み出す人だ。その結果、社内の結束力を高め、また顧客と信頼関係を築きはじめる効果的なきっかけをもたらすのだ。

アルマ・クリエイション講座

商品・サービスを売るには、単に言葉を組み合わせるだけでは不十分。**商品・サービスが持っている真の価値を見出し、あるいは引き出し、それを第三者にわかるように言葉で表現する**ことが大切だ。

そして、それを「物語(ストーリー)」として伝えられると、**顧客に行動変容を促す**。この結果、売り手と買い手には信頼関係ができるのだ。

このように、商品・サービスの真の価値を探索しながら言葉で表現し、顧客に行動変容を促すプロセスは、あなた自身だけでなく社員にとっても、これから会社が目指す方向性の指針を示すことになる。

## 24. 顧客ターゲットを明確に設定しなければ、顧客と感情的なつながりを持てない。この会社は自分にぴったりの会社なんだ、というコミュニティ意識が持てないわけである。

『60分間・企業ダントツ化プロジェクト――顧客感情をベースにした戦略構築法』
(神田昌典著、ダイヤモンド社)

「できるだけたくさんの人に買ってほしい」と考えるのは自然なことだが、多くの人に届けるには、まずターゲットを明確化し、顧客を絞り込む必要がある。

メッセージのターゲットを絞り込むと、他に売れなくなるわけではない。

397ページで触れた「**セグメンテーション**」で、絞ったターゲットを複数設定し、**メッセージをカスタマイズ**して届けよう。

そうすれば、読み手は「自分にぴったりだ」と思い、購買につながる。このひと手間をかけられるかどうかが、ビジネスの成否のカギだ。

## 25. 「あったらいいな」ではなく「なければ困る」と伝えないと売れない。

『日経MJ』2019年12月23日

これはUSP(247ページ)を強化する観点を説明している。

似たような商品・サービスがあふれる現在では、USP=他との違いは重要だ。しかし、それに加えて、顧客は「あったらいいな」程度ではなかなか購買行動は起こさない。顧客にとって、その商品・サービスが「**これがなければ困る**」と感じられるような位置づけにすることを考えよう。

---

## 26. ビジネスの本質っていうのは、次のプロセスを継続的に行うことである。
## ①見込客を費用効果的に集める。
## ②その見込客を、成約して、既存客にする。
## ③その既存客に繰り返し買ってもらい、固定客にする。

『あなたの会社が90日で儲かる！』

これは、**リード→フロントエンド→バックエンド**（67ページ）と**LTV**と**CPA**（72ページ）の関係を述べたものだ。

見込客を「費用効果的に集める」とは、**LTV＞CPA**の関係を吟味しつつ、広告費をかけすぎずに見込客獲得の機会を逸することなく、最大限効果的に集めること。

また、**顧客を育成する**という考え方（80ページ）でファン顧客を増やし、LTVを高めていくことが重要。既存客が新規客を紹介してくれるようになると、CPAは一気に下がり、収益が上がるという好循環になっていく。

---

## 27. 言葉（セールスコピー）は、商品を売れるように変えながら、組織自体も売れるように変えていく「強力な変革力」を持つのである。

『最強のコピーライティングバイブル――伝説の名著３部作が１冊に凝縮！　国内成功100事例付き』
（横田伊佐男著、神田昌典監修・解説、ダイヤモンド社）

神田昌典のコピーライティングは、「売れた」という結果だけを目的にしていない。言葉を生み出すプロセスこそ、自分（自社）を深く見つめ直す絶好の機会。「価値を届ける」という目的に向かい、必要な社内変革を促すことを目的としている。

これは社員がいる、いないは関係ない。クライアントに対して、**気づきと**

**変革を促すファシリテーション能力**がマーケティング・コピーライターには必要なのだ。

ここまで読んでくると、コピーライティングが、モノを売るだけの技術でないことが実感いただけたと思う。

そこからさらに踏み込み、**商品開発や組織変革**にまでいくことが最終ゴール。あなた自身だけでなく、**クライアントの発展にいかに寄与**できるか、今日から考えてみよう。

---

## 28. 客が来なけりゃ、会社は潰れる。いかなるビジネスも、継続的に新規顧客を集めないと潰れる。この原則は、屋台のラーメン屋でも、トヨタやソニーでも変わらない。

『もっとあなたの会社が90日で儲かる！』

これは、**顧客を創造する**重要性を言っている。

「顧客の創造」については、ピーター・F・ドラッカーが次のように述べている。

> 企業とは何かを理解するには、企業の目的から考えなければならない。企業の目的は、それぞれの企業の外にある。企業は社会の機関であり、目的は社会にある。したがって、企業の目的として有効な定義は一つしかない。顧客の創造である。
>
> 『［英和対訳］決定版ドラッカー名言集』（P.F.ドラッカー著、上田惇生編訳、ダイヤモンド社）

そして、顧客を創造する２つの機能について次のように言っている。

> 企業の目的が顧客の創造であることから、企業には二つの基本的な機能が存在する。すなわち、マーケティングとイノベーションである。この二つの機能こそ企業家的機能である。
>
> 『［英和対訳］決定版ドラッカー名言集』

昔からセールスレターは「**印刷された営業マン**」と呼ばれてきた。

現代においても、LP・セールスレターに代表されるコピーライティングの技術が、**顧客を創造する技術**でもあるのだ。

同時に、どんなにすばらしく、社会に役立つビジョンやコンセプトがあっても、顧客がいて、ビジネスとして成立しなければ、元も子もない。

**価値あるものを価値ある形にし、継続できるものにするために**、コピーライティング技術が大いに役立つ。

---

## 29.

**本書(『ザ・コピーライティング』)の読者は、言葉の力を知ることになるからこそ、その力を何のために使うのかを、読む前に、そして読んだあとに自問してほしい。そして、その答えは、まさにケープルズが、本書の最後に引用した言葉――「広告とは、教育である」――から読み取れる。**
**広告を打つということは、数万人に言葉を発する教師であると自覚したとき、読者は自社のために売上を上げながらも、よりよい社会の礎となる言葉を、選択することになるだろう。そのとき、おそらくレスポンス広告は、新しい時代における真の役割を見出すだろうし、その言葉がきっかけとなり、私たちの意識を大きく変容させることになるに違いない。**
**現実は、どんな言葉を選択するかで、創られる。**
**言葉の力を知った者は、創造者としての責任も同時に負うのである。**

『ザ・コピーライティング』

セールスレターを郵送していた百年前のコピーライティングに比べ、インターネットを介し、オンラインで世界がつながる現在、世界中の人々に瞬時に、ダイレクトにメッセージを届けられるようになった。

そして、**メッセージを発する一人ひとりが、よりよい社会の礎(いしずえ)となる言葉を発していくことで新しい時代が拓ける。**

これは何年経とうが、どんな時代にあろうが**真理**だ。

あなたが、みんなの役に立つ商品・サービスを届け、よりよい社会をつくっていくことこそが、コピーライティングの真のありようだと確信する。

言葉であおり、人をあやつるのとは真逆の、**あなた自身の真の価値を掘り起こし、ふさわしい言葉にして発信される**ことを願う。

コピーライティングを次の百年に紡いでいくのは、あなた自身なのだ。

# おわりに（衣田順一）
## コピーライティングを次の百年に

### 「どう言うかよりも、何を言うかのほうが断然重要」

これは、本書でたびたび出てくるジョン・ケープルズの言葉で、間違いなく核心をついた表現です。

しかし、「どう言うか」がわからないと、「何を言うか」は見えてこないのも事実。「どう言うか」＝表現の「引き出し」がないと、アイデアのひらめきは生まれません。

本書にあるとおり、「売れるのはアイデア、アイデアとはPMM、PMMを表現するのが言葉」なのです。

本書は、百年前から続く「どう言うか」の原理原則を網羅しつつ、「PMM」＝「アイデア」＝「何を言うか」にまで踏み込んでいます。

さらに成果検証済事例を豊富に盛り込み、スマホ・動画時代に完全対応した、本邦初のコピーライティング書籍だと自負しています。

断片的な知識の羅列ではなく、体系的にコピーライティングの原理原則と技術をしっかり学ぶことで、神田さんの「はじめに」にある４つの力（「判断力」「思考力」「表現力」「発信力」）が身につくでしょう。

そして、それが自分の意志で生きる力になるのだと確信します。

### 「家でできる仕事」から「天職」へ

新型コロナウイルスのまん延により、テレワーク化（リモート化）が一気に進みました。

私がコピーライティングに出会い、大企業の役職を捨て、マーケティング・コピーライターとして独立したのは、脳性麻痺の子どもの介護と妻の負担軽減のためでした。どうしても「家でできる仕事」が必要だったのです。

もし、もっと早くテレワークが世の中に浸透していたら、私は会社を辞めていなかったと思います。

会社員を続けていれば、コピーライティングという人生を変えるすばらしい技術に出会うことはなかったし、神田さんとの出会いもなかった。なにより、こうして、読者のあなたとご縁ができることもなかったわけです。

これだけテレワークが浸透した今、家で仕事をするだけなら、大企業にいればかなえられたでしょう。

しかし、人を動かす言葉の原理原則や商品・サービスが売れる具体的な方法をクライアントに伝え、その結果を享受する喜びは絶対に味わえなかったと思います。

私にとって、商品・サービスの魅力を文章で伝えられる仕事に就けたのは本当に幸運でした。なによりコピーを書いている時間が実に楽しい。

体調がよくないときは、コピーを書いていると回復するくらいです。

「仕事が趣味なんですね」と思われるかもしれませんが、少し違います。

私にとって、コピーライティングは生活のために我慢してやる仕事ではありません。また、ストレスを解消したり、人生を豊かにしたりする趣味でもありません。それは呼吸するかのごとく、ごく自然に行うものなのです。

## コピーライティングを次の百年に

ただ、私は、セールスコピーライターという仕事があることを知った瞬間、正直、疑いました。

当時は糸井重里氏のようなイメージ広告のコピーライターは活躍していましたが、セールスに特化したコピーライターは、職業として広く認知されるまでに至っていなかったからです。

そこで徹底的に調べたところ、コピーライティングの歴史はアメリカでは百年以上あり、確固たる職業として成立している、誇らしい仕事であることがわかりました。

そして、日本でも神田さんが第一人者で、当時でも20年近く続いていることを知り、この職業に賭ける価値はあると思ったのです。

本書のプロジェクトは、ダイヤモンド社(1913年創立)の寺田庸二編集長からの、「次の百年、読み継がれる百年書籍をつくりましょう」という激励から始まりました。

寺田さんからは、編集のみならず、コピーライティングの本質に関する多くの気づきと発見を得る機会をいただきました。

本書で触れた『ザ・コピーライティング』『伝説のコピーライティング実践バイブル』をはじめ、『ザ・マーケティング【基本篇】』『ザ・マーケティング【実践篇】』『最強のコピーライティングバイブル』(以上、ダイヤモンド社の"黄金のクラシックシリーズ")などの分厚い書籍を編集されたのも寺田さんです。寺田さんの理解と熱意がなければ、本書が世に出ることはなかったでしょう。

装丁・本文デザインの廣田清子さんは上記の"黄金のクラシックシリーズ"をすべて手がけておられ、今回も素敵なデザインに仕上げていただきました。

校正の加藤義廣さん、宮川咲さんには著者たちが気づかないところを丁寧に拾っていただきました。

このようにコピーライティングに深い理解をお持ちの方々とともに、次の百年につながる書籍をつくり上げることができ、本当にありがたく思っています。

そして、本書の共同執筆者の神田昌典さん、第二の人生を応援してくれる家族、いつも笑顔でサポートしてくれるアルマ・クリエイションのよき仲間たちにも、この場をお借りして深く感謝いたします。

また、本書を手に取ってくださったあなたや、アルマ・クリエイションに集い、自らの才能を社会に役立てようとコピーライティングやマーケティングをはじめ、自己研鑽を続けておられる多くの方々にも改めて敬意を表します。

## あなたにお願いがあります

最後に、ここまで読んでいただいた、あなたにお願いがあります。

本書で紹介したコピーライティング技術を、ぜひビジネスや日常生活に使っていただき、あなたが望むすばらしい未来を手に入れてください。

そしてあなたの才能と努力で得た成功の一部分にコピーライティング技術があったことを、他の人にも伝えていただきたいのです。

そうすることで、コピーライティングが次の世代に、次の百年に受け継がれていくと思います。

コピーライティングは商品・サービスを売れるようにできる技術です。

しかし、それだけではありません。

コピーライティングの原理原則に沿って、商品・サービスが売れるように考えることは、その商品・サービスの魅力を掘り起こし、新たな価値を生み出すプロセスでもあります。

このプロセスによって、あなた自身が、生まれ持った才能を表現する喜びを感じることができる。つまり、経済的な豊かさだけでなく心の充実感まで手に入れることができるのです。

経済的に豊かで精神的にも充実していれば、様々な事情であなたより苦しい立場や弱い立場にある人を思いやることができると思います。

リモートワークが当たり前になったことで、以前より世界中の人とつながることが容易になりました。

あなたのビジネスのチャンスも大きく広がっています。

コピーライティングがあなたの人生を豊かにし、ひいてはそれが社会の豊かさにつながり、物心ともに豊かで、弱い立場の人を思いやれる「余裕のある世界」になっていくことを願っています。

**衣田順一**

# 参考文献

『ザ・コピーライティング――心の琴線にふれる言葉の法則』
（ジョン・ケープルズ著、神田昌典監訳、齋藤慎子＋依田卓巳訳、ダイヤモンド社）

『伝説のコピーライティング実践バイブル――史上最も売れる言葉を生み出した男の成功事例269』
（ロバート・コリアー著、神田昌典監訳、齋藤慎子訳、ダイヤモンド社）

『最強のコピーライティングバイブル――伝説の名著３部作が１冊に凝縮！ 国内成功100事例付き』
（横田伊佐男著、神田昌典監修・解説、ダイヤモンド社）

『稼ぐ言葉の法則』
（神田昌典著、ダイヤモンド社）

『売れるコピーライティング単語帖――探しているフレーズが必ず見つかる言葉のアイデア2000』
（神田昌典＋衣田順一著、SBクリエイティブ）

『禁断のセールスコピーライティング』
（神田昌典著、フォレスト出版）

『究極のセールスレター――シンプルだけど、一生役に立つ！お客様の心をわしづかみにするためのバイブル』
（ダン・S・ケネディ著、神田昌典監訳、齋藤慎子訳、東洋経済新報社）

『新版 小予算で優良顧客をつかむ方法――マーケティング常識11のウソ』
（神田昌典著、ダイヤモンド社）

『60分間・企業ダントツ化プロジェクト――顧客感情をベースにした戦略構築法』
（神田昌典著、ダイヤモンド社）

『あなたの会社が90日で儲かる！――感情マーケティングでお客をつかむ』
（神田昌典著、フォレスト出版）

『もっとあなたの会社が90日で儲かる！――感情マーケティングでお客をトリコにする』
（神田昌典著、フォレスト出版）

『口コミ伝染病――お客がお客を連れてくる実践プログラム』
（神田昌典著、フォレスト出版）

『不変のマーケティング』
（神田昌典著、フォレスト出版）

『マーケティング・ジャーニー――変容する世界で稼ぎ続ける羅針盤』
（神田昌典著、日本経済新聞出版）

『ザ・マーケティング【基本篇】——激変する環境で通用する唯一の教科書』
(ボブ・ストーン+ロン・ジェイコブス著、神田昌典監訳、齋藤慎子訳、ダイヤモンド社)

『ザ・マーケティング【実践篇】——激変する環境で通用する唯一の教科書』
(ボブ・ストーン+ロン・ジェイコブス著、神田昌典監訳、齋藤慎子訳、ダイヤモンド社)

『究極のマーケティングプラン——シンプルだけど、一生役に立つ!お客様をトリコにするためのバイブル』
(ダン・S・ケネディ著、神田昌典監訳、齋藤慎子訳、東洋経済新報社)

『隠れたキーマンを探せ!——データが解明した最新B2B営業法』
(ブレント・アダムソン+マシュー・ディクソン+パット・スペナー+ニック・トーマン著、
神田昌典+リブ・コンサルティング日本語版監修、三木俊哉訳、実業之日本社)

『成約のコード——デジタルツールと営業現場を連動する最強ノウハウ』
(クリス・スミス著、神田昌典監訳、齋藤慎子訳、実業之日本社)

『おもてなし幻想——デジタル時代の顧客満足と収益の関係』
(マシュー・ディクソン+ニック・トーマン+リック・デリシ著、神田昌典+リブ・コンサルティング日本語版監修、安藤貴子訳、実業之日本社)

『世界一シンプルな増客マシーンの作り方——普段のシゴトをしているだけで勝手に顧客がやってくる!』
(マーカス・シェリダン著、神田昌典日本語版監修、齋藤慎子訳、実業之日本社)

『広告マーケティング21の原則』
(クロード・C・ホプキンス著、臼井茂之+小片啓輔監修、伊東奈美子訳、翔泳社)

『ある広告人の告白〔新版〕』
(デイヴィッド・オグルヴィ著、山内あゆ子訳、海と月社)

『全米No.1のセールス・ライターが教える 10倍売る人の文章術』
(ジョセフ・シュガーマン著、金森重樹監訳、PHP研究所)

『USP ユニーク・セリング・プロポジション——売上に直結させる絶対不変の法則』
(ロッサー・リーブス著、加藤洋一監訳、近藤隆文訳、海と月社)

『ポジショニング戦略〔新版〕』
(アル・ライズ+ジャック・トラウト著、フィリップ・コトラー序文、川上純子訳、海と月社)

『影響力の武器[第三版]——なぜ、人は動かされるのか』
(ロバート・B・チャルディーニ著、社会行動研究会訳、誠信書房)

『ステーキを売るなシズルを売れ!——ホイラーの公式』
(エルマー・ホイラー著、駒井進訳、パンローリング)

『ウェブセールスライティング習得ハンドブック』
(寺本隆裕著、ダイレクト出版)

『広告の魔術――レスポンスを増やす6人の伝説的マーケターの教え』
（グレイグ・シンプソン＋ブライアン・カーツ著、大間知知子訳、ダイレクト出版）

『実践 行動経済学――健康、富、幸福への聡明な選択』
（リチャード・セイラー＋キャス・サンスティーン著、遠藤真美訳、日経BP）

『行動経済学――経済は「感情」で動いている』
（友野典男著、光文社）

『ファスト&スロー（上・下）――あなたの意思はどのように決まるか?』
（ダニエル・カーネマン著、村井章子訳、友野典男解説、早川書房）

『マネジメント【エッセンシャル版】――基本と原則』
（P.F.ドラッカー著、上田惇生訳、ダイヤモンド社）

『[英和対訳]決定版 ドラッカー名言集』
（P.F.ドラッカー著、上田惇生編訳、ダイヤモンド社）

『アイデアのちから』
（チップ・ハース＋ダン・ハース著、飯岡美紀訳、日経BP）

『哲学と宗教全史』
（出口治明著、ダイヤモンド社）

『Do You Make These Mistakes in English?――The Story of Sherwin Cody's Famous Language School』
（Edwin L.Battistella著、OXFORD UNIVERSITY PRESS）

『The 16-Word Sales Letter™――A proven method of writing multi-million-dollar copy faster than you ever thought possible』
（Evaldo Albuquerque著、Independently published）

『The Victory Lab――The Secret Science of Winning Campaigns』
（Sasha Issenberg著、Crown）

『Confessions of an Advertising Man』
（David Ogilvy著、Southbank Pub）

# 索引

## 【数字】



## 【A～Z】



## 【あ行】

## 【か行】

【さ行】

【た行】

【な行】



【は行】

【ま行】

【や行】



【ら行】



【わ行】

# コピーライティング技術力診断

あなたのコピーライティング技術力を
10個の質問で、100点満点で診断します。

答えはすべて本書の中に。
本書の理解度チェックとしても使えます。

ぜひ、チャレンジください。

**【診断用URL】**
**https://mcw.almacreation.co.jp/CWshindan**

【著者プロフィール】


## 神田昌典(かんだ・まさのり)

経営コンサルタント、アルマ・クリエイション株式会社代表取締役、日本最大級の読書会「リードフォーアクション」発起人、NPO法人 学修デザイナー協会理事。
上智大学外国語学部卒。ニューヨーク大学経済学修士、ペンシルバニア大学ウォートンスクール経営学修士。大学３年次に外交官試験合格、４年次より外務省経済局に勤務。戦略コンサルティング会社、米国家電メーカーの日本代表として活躍後、1998年、経営コンサルタントとして独立。『GQ JAPAN』(2007年11月号)では、"日本のトップマーケター"に選出。2012年、アマゾン年間ビジネス書売上ランキング第１位。2018年、マーケティングの世界的権威の「ECHO賞」国際審査員に選出。2019～2020年、古田土会計が評価する「社長の成績表®」で２年連続No.1に。2021年、『先人たちの底力 知恵泉(ちえいず)』(NHK Eテレ)に出演。現在、ビジネス分野のみならず、教育界でも精力的な活動を行っている。
おもな著書に『稼ぐ言葉の法則』『60分間・企業ダントツ化プロジェクト』『あなたの会社が90日で儲かる！』『非常識な成功法則』『口コミ伝染病』、監訳書に『ザ・コピーライティング』『伝説のコピーライティング実践バイブル』『ザ・マーケティング【基本篇】』『ザ・マーケティング【実践篇】』、監修・解説書に『最強のコピーライティングバイブル』などがある。

## 衣田順一(きぬた・じゅんいち)

マーケティング・コピーライター、アルマ・クリエイション株式会社コンテンツ戦略室ディレクター、株式会社コアリヴィール代表取締役社長。
大阪市立大学文学部卒。鉄鋼メーカーの住友金属工業株式会社(現・日本製鉄株式会社)入社。製造業向けB to B営業と営業企画部門を経験。営業室長、企画部上席主幹(部長級職位)として組織をリード。
脳性麻痺の子どもへの対応からテレワーク(在宅勤務)を志向。時間と場所の自由が利く、セールスコピーライターという仕事に出会う。商品の魅力を文章で表現し、クライアントと買った人両方に喜んでもらえる点に惹かれると同時に、営業と企画の仕事との共通点も多く、これまでの経験も活かせると考え、セールスコピーライターになる。
現在は、社内の各種ライティングやコピーライティング関連講座の講師を担当。これまで800人以上に、のべ3500回以上のコピーのフィードバックを実施。
著書に『売れるコピーライティング単語帖』(神田昌典との共著)がある。

# コピーライティング技術大全
## 百年売れ続ける言葉の原則

2021年11月30日　第1刷発行
2024年5月17日　第4刷発行

著者——神田昌典＋衣田順一
発行所——ダイヤモンド社
〒150-8409　東京都渋谷区神宮前6-12-17
https://www.diamond.co.jp/
電話／03·5778·7233（編集）　03·5778·7240（販売）
装丁／本文デザイン——廣田清子（Office Sun Ra）
本文DTP——ダイヤモンド・グラフィック社
校正——加藤義廣／宮川咲
製作進行——ダイヤモンド・グラフィック社
印刷——勇進印刷（本文）・新藤慶昌堂（カバー）
製本——ブックアート
編集担当——寺田庸二

ISBN 978-4-478-11177-2

**◆ダイヤモンド社の本◆**

## 神田昌典「これは、今後100年、歴史に刻まれる名著だ！」

サントリー、ソフトバンク、アウディ、ソニー損保、再春館製薬所、山田養蜂場、ユニクロ、イオン、資生堂、JAL、JR東海、カゴメ、四谷学院……
すべて国内事例だから、すぐ使える！

### 最強のコピーライティングバイブル

伝説の名著3部作が1冊に凝縮！ 国内成功100事例付き

横田伊佐男［著］、神田昌典［監修・解説］

●A5判並製●定価（本体1980円＋税）

https://www.diamond.co.jp/